ÉTIOLOGIE ET PROPHYLAXIE

DE LA PELLAGRE

ÉTIOLOGIE ET PROPHYLAXIE

DE

LA PELLAGRE

COMMUNICATIONS ADRESSÉES

A S. E. LE MINISTRE DE L'AGRICULTURE & DU COMMERCE

PAR

LE Dr A. COSTALLAT

Ancien Interne des Hôpitaux civils de Paris

SUIVIES DE

DEUX RAPPORTS AU COMITÉ CONSULTATIF D'HYGIÈNE ET DE SALUBRITÉ

Par M. le Docteur A. TARDIEU

ET DU RAPPORT FAIT A L'ACADÉMIE DES SCIENCES

SUR LE CONCOURS DU GRAND PRIX DE LA PELLAGRE

Par M. le Docteur RAYER

* * *

SECONDE ÉDITION

REVUE ET AUGMENTÉE

* * *

PARIS

J.-B. BAILLIÈRE ET FILS

LIBRAIRES DE L'ACADÉMIE IMPÉRIALE DE MÉDECINE

Rue Hautefeuille, 19, près le boulevard St-Germain.

Londres	Madrid	Milan
HIPPOLYTE BAILLIÈRE	G. BAILLY-BAILLIÈRE	DUMOLARD FRÈRES

LEIPZIG : E. JUNG-TREUTTEL, QUERSTRASSE, 10

1868

Préface.

—

Dès le début de mes études sur la pellagre, j'ai compris que cette question ne pouvait être définitivement résolue que par l'expérimentation, et dix ans de discussions n'ont abouti qu'à rendre plus palpable la vérité de cette proposition.

Le 1ᵉʳ mars 1857, j'avertis l'autorité supérieure que le maïs est tellement altéré par le verdet que si la théorie du docteur Balardini, qui attribue la pellagre à cette altération, est fondée, nous allons avoir la plus terrible épidémie de pellagre qu'on ait jamais vue dans notre contrée, et l'événement me donne raison.

Le préfet des Hautes-Pyrénées adresse aux maires une circulaire dans laquelle on ne trouve pas même le mot *maïs*. Il est clair que le conseil départemental d'hygiène qui l'a rédigée, fait fausse route. Je m'en plains à M. le ministre de l'agriculture et du commerce, et lui propose d'instituer officiellement mon projet d'expérience, lequel consiste à substituer à la farine de maïs ordinaire, qui peut renfermer du verdet, de la farine provenant de maïs *torréfié au moment de la récolte*, qui en est toujours exempte. Ma demande est renvoyée au comité consultatif d'hygiène. Le conseil d'hygiène des Hautes-Pyrénées publie son rapport. Je le réfute. Le comité consultatif le condamne sévèrement, et me donne gain de cause en approuvant hautement mon expérience; mais il ne propose pas à l'administration de l'entreprendre, comme il le faudrait pour qu'elle donnât des résultats authentiques. Tous ces faits sont consignés, avec pièces à l'appui, dans les *Annales d'hygiène* (janvier 1860), sous le titre d'*Etiologie et prophylaxie de la pellagre.*

A dater de cette publication, commence une polémique ardente, qui n'est pas toujours de bon goût; mais à qui la faute?.... L'un prétend que la pellagre est due à la misère, à l'insuffisance de l'alimentation; mais qui donc l'a signalée dans les grandes famines, ou dans les quartiers les plus misérables des grandes villes où la mort par inanition n'est pas rare? D'autres croient l'avoir observée en dehors du domaine du maïs; pourquoi alors n'en pas montrer *un cas manifeste, un seul?* C'est qu'on n'en a pas trouvé un de *réellement manifeste.* Il peut, en effet, se produire, sans l'intervention du verdet, des états pathologiques plus ou moins analogues à l'une des phases de la pellagre, à un moment donné, mais non pendant le cours entier de la maladie. A ceux qui ont péniblement forgé de toutes pièces tant de pseudo-pellagres, je dis invariablement : « A quoi bon discuter, quand je vous offre un moyen infaillible de savoir la vérité ? Ne feriez-vous pas mieux de vous joindre à moi pour demander au ministre l'expérience officielle qui tranchera la question ?... » Pour toute réponse, quelques-uns se sont efforcés, mais vainement, d'infirmer l'expérience. On est allé plus loin, on a donné à entendre que, loin de l'avoir inventée, je l'avais trouvée dans les ouvrages de deux auteurs très connus.

Si, comme je l'avais prévu d'avance, ma polémique avec mes adversaires de France a été à peu près stérile, l'opposition que m'ont faite plusieurs médecins espagnols n'a pas été sans profit pour la science. Aussitôt que je leur eus envoyé ma brochure, trois de ces messieurs m'engagèrent à aller voir la pellagre dans des contrées de l'Aragon et des Castilles, où l'usage du maïs est totalement inconnu. Acceptant avec empressement l'invitation de mes confrères, je visitai Villahoz et Mahamud (Vieille Castille), où j'acquis la certitude que l'affection qu'on y observe, de temps immémorial, sous le nom de *flema salada*, et qui ne porte le nom de pellagre que depuis 1847, n'était nullement identique à la pellagre des pays à maïs, quoique lui ressemblant plus qu'à toute autre maladie. J'y reconnus plusieurs traits particuliers à l'acrodynie. La cause m'en parut résider dans la carie du froment ; je n'osai cependant pas l'affirmer, ne possédant pas encore les preuves certaines que je trouvai, trois ans plus tard, près de Calatayud, dans les montagnes de l'Aragon.

Sur ces entrefaites, j'avais l'honneur d'être présenté à S. Exc. le Ministre de la Gobernacion à Madrid, et je lui adressais, sur sa demande, un plan d'études à faire en Espagne, sur la pellagre, l'acrodynie et l'ergotisme ; l'Aca-

démie des sciences proposait pour grand prix de médecine :
Faire l'histoire de la pellagre, et je lui envoyais un
travail, non que je prétendisse au prix, mais pour engager
l'Académie à proroger le concours jusqu'après l'expérimentation officielle, qui bien certainement l'aurait rendu
inutile ; j'adressais successivement au Ministre de l'agriculture et du commerce la nouvelle formule simplifiant l'expérience, les plan et devis du four aérotherme qui torréfiera
rapidement et économiquement de grandes quantités de
maïs ; enfin, la relation de mes deux voyages en Espagne,
dans lesquels, fécondant la doctrine du docteur Balardini,
j'ai découvert la cause et le remède préventif d'une maladie
plus ancienne et plus terrible que la pellagre des pays à
maïs, et lui ressemblant au point que j'ai cru devoir lui
donner le nom de *pellagre par la carie*, la variété de
pellagre déjà connue prenant le nom de *pellagre par le
verdet*.

Pour ne pas trop m'éloigner des prescriptions du programme, j'avais intitulé mon travail : *Histoire de la
pellagre*, mais en même temps il portait pour épigraphe :
*La question de la pellagre ne peut être définitivement
résolue que par l'expérimentation*, et l'introduction com-
mençait ainsi : « L'histoire définitive de la pellagre ne
» pourra être écrite que quand on sera d'accord sur son
» étiologie et sur sa prophylaxie. Nous touchons évidem-
» ment à ce terme, qu'il n'a pas dépendu de moi de pré-
» cipiter. Jusqu'alors il y aurait de la témérité à refaire
» l'historique que nous devons à M. Th. Roussel...... »

Quant aux résultats du concours, le rapport s'exprime
ainsi : « C'est sous la réserve de l'expérience proposée

» que la commission fonde son appréciation du concours et
» des ouvrages qu'il a suscités...... Si elle eût pu, la Com-
» mission aurait fait l'expérience de M. Costallat et aurait
» apporté, au lieu d'une réserve, une décision à l'Aca-
» démie. »

Un prix a été décerné, mais l'*Histoire de la pellagre*, demandée par le programme, a-t-elle été écrite? Pouvait-elle l'être?..... M. Rayer le croyait si peu que, la dernière fois que je suis allé prendre congé de lui, il me dit et me répéta : « Depuis que j'ai lu mon rapport, je suis aussi » intéressé que vous à ce que votre expérience soit faite. » Qui n'aurait cru que ces paroles présageaient un avis favorable et sans restriction de la part du Comité consultatif dont M. Rayer était président? Dans cette persuasion, je gardai et je garde encore à la disposition des personnes qui seraient chargées de l'expérience, mille exemplaires de mon *Instruction populaire pour l'extinction de la pellagre*. Malheureusement, j'avais compté sans la maladie qui finit par emporter notre excellent maître.

On peut lire à la fin de ce livre *(page 214)* le second rapport du comité consultatif. Bien qu'il n'ait pas rempli mon attente, j'attends la décision de M. le Ministre de l'agriculture et du commerce avec la conviction d'avoir rempli mes devoirs de médecin et de citoyen.

ÉTIOLOGIE ET PROPHYLAXIE

DE LA PELLAGRE

CHAPITRE Ier

Grande Epidémie de 1857.

Note sur le verdet. — Circulaire du Préfet des Hautes-Pyrénées aux Maires du département. — A Son Exc. Monsieur le Ministre de l'agriculture et du commerce : première lettre. — Au même : seconde lettre. — Extrait du Rapport du Conseil départemental d'hygiène de Tarbes. — Réfutation. — Note sur la conservation du maïs. — Expérience du verdet. — Rapport du Comité consultatif d'hygiène et de salubrité. — A M. le Docteur Balardini, de Brescia. — Notice sur l'état actuel de la Pellagre en Italie.

Sur l'altération ou maladie du maïs, connue dans nos marchés sous le nom de *verdet*, et qui, très probablement, est la cause *unique* de la Pellagre. *(Note remise à M. le Sous-Préfet de Bagnères, le 1er mars 1857.)*

La question de la conservation du maïs est l'une des plus importantes pour l'hygiène et une de celles dont il serait le plus urgent que l'administration s'occupât.

"

Il faut donc que les médecins indiquent d'une manière spéciale, pour chaque pays, les mesures à prendre et que les autorités fassent exécuter ces mesures.

Dans les années froides et pluvieuses, le grain de maïs, à une époque avancée de l'année, est à peine mûr et n'a pas atteint la dessiccation nécessaire à sa conservation. C'est sans doute pour parer à ces inconvénients que les Bourguignons ont été conduits à terminer artificiellement la dessiccation du maïs en le faisant passer au four. Cette pratique a peut-être puissamment contribué à préserver les paysans de la Bourgogne de la pellagre épidémique.

En 1845, le docteur Balardini, de Brescia, fit une étude spéciale du développement d'un parasite fongoïde, qui s'observe fréquemment dans l'Italie septentrionale, où il est connu sous le nom de *verderame* (vert-de-gris). Ce fongus parasite a été placé dans le genre *sporisorium* et paraît être, d'après bon nombre d'auteurs récents, l'altération principale qui présiderait au développement de la pellagre. Cette altération ne se manifeste qu'après la récolte et lorsque le grain est placé dans les greniers. Elle apparaît dans le sillon oblong couvert d'un épiderme très mince qui correspond au germe. Cet épiderme (qui, dans l'état normal, est ridé et est adhérent à l'embryon), se détache de celui-ci et s'épaissit un peu lorsque la production morbide que nous examinons est née ; pendant quelque temps cependant, il conserve son intégrité, laissant voir seulement une matière verdâtre qui paraît lui être sous-jacente ; si l'on enlève la pellicule épidermique, on trouve en effet au-dessous un amas de poussière ayant la couleur du vert-de-gris plus ou moins foncé ; c'est un véritable produit parasite, qui attaque d'abord la substance voisine du germe, se porte ensuite sur le germe lui-même et le détruit. Le docteur Balardini a plusieurs fois essayé de faire germer des grains de maïs affectés de *verderame*, en les plaçant dans les conditions les plus favorables, il n'a jamais pu réussir. Plusieurs personnes qui ont fait avec lui des expériences, ont reconnu que le développement de ce parasite,

en modifiant la composition intime du grain de maïs, transforme aussi sa saveur naturellement assez douce, lui donne
un certain degré d'amertume et d'âcreté, de manière à
produire une sensation de chaleur au palais, le long de
l'œsophage et à déterminer des nausées.

De l'ensemble de ses expériences, le docteur Balardini a
conclu : 1° que la partie encore nutritive qui reste dans le
grain malade, est moins apte à la nutrition et à la réparation
de l'organisme et des forces, puisqu'on voit maigrir et dépérir
lentement les animaux qui s'en nourrissent exclusivement ;
2° que le grain affecté de *verderame* renferme, en outre, des
principes délétères âcres, inassimilables, capables de produire des effets nuisibles sur l'homme, et s'il est longtemps
mis en usage comme aliment du cultivateur et du journalier
pauvre, de ravager tellement l'organisation en altérant les
conditions normales des organes digestifs, pervertissant les
humeurs et la crasse du sang, qu'il arrive à engendrer une
forme morbide spéciale qui est la pellagre.

La production de la pellagre par une altération spéciale du
maïs n'est pas un fait plus étrange que la production de
l'*ergotisme gangréneux* par l'ergot du seigle (sclerotium); de
la *pelatina*, chez les Colombiens, par le *peladero* du maïs
(sclerotium zeinum). Ces trois maladies, quoique distinctes,
ont des points de ressemblance.

On sait aujourd'hui, d'après les recherches de Jussieu,
Paulet et Saillant, que ces terribles maladies du moyen âge,
connues sous le nom de *mal des ardents, feu Saint-Antoine et
Saint-Marcel,* ne sont autre chose que l'*ergotisme* lui-même.
Pendant le XVI° siècle on confondit souvent cette maladie avec
le scorbut.

On pourrait en dire autant de l'épidémie qui s'est montrée
à Paris et dans les départements voisins, de 1828 à 1832 ou
1833, et qu'on a désignée sous le nom d'*acrodynie.* L'analogie
de cette affection avec la pellagre a été reconnue par plusieurs
auteurs, notamment par M. Rayer, et quant à sa cause, on sait
que M. Cayol, qui l'a observée le premier, et plusieurs méde-

cins des campagnes l'ont attribuée à la farine de froment
altérée dont une partie a été consommée à Paris et dans les
départements voisins.

Enfin, il est très probable, comme l'a dit M. Roussel, qu'en
étudiant mieux les épidémies d'Allemagne, connues sous le
noms de *maladies convulsives*, *convulsion cérébrale*, *mal de
crampe*, *maladie du fourmillement*, etc., on reconnaîtrait
qu'elles dépendent d'une maladie du seigle et du blé très
différente de l'*ergot* et très analogue à la maladie du maïs qui
produit la pellagre.

Ce qui précède est extrait presque textuellement du *Dictionnaire d'hygiène publique et de salubrité*, de M. Ambroise
Tardieu (1). J'ai peu de choses à y ajouter.

Les marchands de grains revendeurs de Bagnères connaissent la maladie du maïs en question sous le nom de
verdet. Aucune espèce de maïs, disent-ils, n'en est entièrement exempte cette année. Le maïs, dit *étranger,* parce qu'on
suppose qu'il entre en France par les ports de Bayonne, de
Bordeaux, de Marseille ou de Cette, en est incomparablement
plus affecté et se vend à prix réduit. On m'a assuré que,
quand il était par trop altéré, on le mêlait avec d'autre maïs
de même couleur pour le faire passer. Il est probable que
celui dont j'envoie des échantillons est dans ce cas. J'en
ai mondé un litre, et sur 745 grammes qu'il pesait, j'en ai
séparé 17 grammes de grains altérés à des degrés divers. La
classe la plus nécessiteuse de nos campagnes, se nourrissant
presque exclusivement de maïs, c'est à elle qu'échoit le grain
le plus altéré à cause d'une légère différence de prix, c'est
elle aussi qui fournit tous les pellagreux ; on est encore à
constater l'existence de la pellagre chez une personne
aisée (2).

Pour combattre la pellagre, il serait à désirer qu'on pût
remplacer momentanément le maïs suspecté par du maïs

---

(1) Et pris en grande partie dans l'ouvrage de M. Th. Roussel.

(2) J'ai connu depuis un propriétaire aisé de Trébons affecté de pellagre ; mais soit
par économie, soit par goût, il ne mangeait guère que de la bouillie de maïs.

parfaitement sain ou par une autre céréale, dans l'alimentation des malades ; mais c'est le plus souvent impossible dans les conditions actuelles de la société. Il vaut mieux encore détruire la cause de cette maladie, et heureusement nous pouvons le faire à peu de frais. Il suffit de prévenir le développement du *verdet* ou de sacrifier, sans regret, avant la mouture, tous les grains même le plus légèrement attaqués par le champignon parasite.

Le meilleur moyen de conservation est certainement celui que l'on pratique généralement en Bourgogne et auquel on attribue l'immunité dont jouissent les paysans des départements de l'Est, au point de vue de la pellagre. Il consiste à placer, pendant un certain temps, les épis dans un four chauffé. La farine qu'on en obtient ensuite se conserve presque indéfiniment, sans autre soin que de la tenir dans un endroit sec ; tandis que la farine provenant de maïs de qualité supérieure, mais qui n'a pas subi la haute température du four, se couvre de moisissures après quelques semaines, quelques précautions qu'on prenne pour la conserver (1).

On sait que les Indiens et même les Européens qui naviguaient dans les mers australes et qui emportaient avec eux pour le voyage de la farine de maïs, avaient soin d'emporter de la farine grillée.

J'ai fait usage à Paris, pendant quatre ans, de farine de maïs, dite *gaudes de Bourgogne*, qui m'avait été donnée en 1839, et que je tenais dans un sac de toile, dans un placard de ma salle à manger. Il m'en reste encore un peu.

En 1845, j'ai fait mettre des épis de maïs dans un four

---

(1) C'est ici le cas de signaler une fraude peu connue et dont quelques meûniers se sont rendus coupables.

Pour peu qu'une fissure un peu large (et la cupidité sait les élargir et les multiplier) mette en communication l'intérieur de la caisse des meules avec la vapeur d'eau produite par la turbine en mouvement, et connue sous la dénomination de brouillard du rouet, la farine est tellement avide d'eau au moment où elle se forme, qu'on peut prélever *deux fois* le prix de la mouture en nature et rendre encore en farine un poids supérieur à celui du grain livré.

immédiatement après la cuisson du pain. Vingt heures après, ces épis s'égrenaient avec une extrême facilité, et ils fournirent une farine moins douce au toucher, mais d'une saveur plus franche et plus agréable que la farine ordinaire. C'est la même farine que je montrai en 1848 au Conseil municipal de Bagnères. J'en envoie un échantillon qui est resté douze ans sur un rayon de ma bibliothèque dans un sac de papier gris très imparfaitement fermé.

Conclusion. — Il est urgent que l'administration prenne au plus tôt l'avis des hommes de l'art qui possèdent particulièrement sa confiance, afin que, s'il y a lieu, elle ait tout le temps d'agir efficacement avant la récolte prochaine.

Tous les moyens de publicité seraient employés pour avertir les populations des campagnes du danger qu'elles courent à se nourrir de maïs avarié par le verdet, leur donner une description claire et succincte de cette maladie, et leur recommander de rejeter avec soin, avant la mouture, les grains qui en seraient affectés à un si faible degré que ce fût.

On inviterait les agriculteurs à passer au four, suivant le procédé usité en Bourgogne, tout le maïs qui n'est pas destiné aux semailles, ou qui, n'étant pas assez mûr ou assez sec, doit servir à la nourriture des cochons et de la volaille.

Il y aurait aussi des mesures à prendre dans les ports de mer et dans les marchés pour empêcher l'importation et la vente des maïs avariés.

Le Préfet des Hautes-Pyrénées à MM. les Maires du département.

Tarbes, le 10 juillet 1857.

MESSIEURS,

L'existence d'une maladie, connue sous le nom de *pellagre,* a été constatée par plusieurs médecins sur quelques points du département.

L'administration a soumis au Conseil départemental
d'hygiène et de salubrité les rapports qui lui sont parvenus
à ce sujet, qui intéresse au plus haut degré la santé
publique.

Ce Conseil, désireux de traiter la question avec tout le
soin que son importance réclame, fait appel à l'expérience
et aux lumières de tous les médecins des Hautes-Pyrénées.
Il désirerait surtout que MM. les praticiens voulussent bien
donner les renseignements suivants :

1° La pellagre règne-t-elle dans leur clientèle ? A quelle
époque y a-t-elle fait irruption ? Combien de cas observés ?

2° Quelle est la cause présumée de cette maladie ? Quelle
est sa nature probable ? Comment s'est-elle terminée dans le
plus grand nombre des cas ? Quels sont les moyens qui ont
paru les plus propres à la prévenir ? A quels traitements
pensent-ils devoir donner la préférence pour la combattre ?
Quel est en ce moment le nombre de pellagreux dans leur
clientèle ?

Les maladies qu'ils ont traitées diffèrent-elles sensiblement
des cas observés déjà dans les Hautes-Pyrénées, et qui ont
donné lieu aux remarques suivantes :

1er degré. — Rougeur du dos, des pieds et des mains ;
l'épiderme se fendille, se dessèche et tombe sous forme de
squames, laissant le chorion d'une couleur rouge, vitré,
luisant. L'épiderme qui est ainsi détruit se reconstitue au
bout de quelques jours, pour devenir à son tour le théâtre
de phénomènes identiques à ceux qui viennent d'être décrits,
avec cette circonstance que des douleurs cuisantes ne tardent
pas à se manifester sur le siége du mal, qui n'est pas toujours limité à l'extrémité des membres, le visage, le dos par-
ticipant à ce premier degré de la maladie, dans un certain
nombre de cas.

2e degré. — La première phase de la maladie, se produisant
ordinairement vers le printemps, va croissant jusqu'à l'automne où on la voit s'amoindrir, à ce point qu'on la croirait
se terminer de la manière la plus favorable. Mais le printemps

suivant, aux symptômes sus-énoncés s'en joignent d'un ordre nouveau. Le malade perd ses forces, l'appétit diminue, les digestions se troublent, la tête est le siége de douleurs ; des étourdissements les accompagnent, les facultés intellectuelles baissent manifestement de jour en jour. On voit aussi chez quelques sujets l'œdème des membres inférieurs.

3e degré. — L'appareil symptomatique se complique de plus en plus ; la respiration se précipite ; le cœur, dont les battements sont fréquents, ne donne plus qu'un jet de sang très faible. Le pouls se sent à peine aux artères radiales. — La langue est rouge, sèche, fendillée, et la salive visqueuse. — Les parois buccales se couvrent de plaques diphthéritiques. —L'appétit nul.—La diarrhée commence et dégénère bientôt en dyssenterie incoercible. — Le coma se manifeste, alternant chez certains sujets avec un délire furieux. — L'œdème fait des progrès incessants. — Des suffusions séreuses se manifestent dans les cavités splanchniques. — Le sujet maigrit de jour en jour, sa peau, qui est collée sur les os, revêtant une couleur brune caractéristique. Il expire après un, deux ou trois ans de souffrances, dans un état squelettique, la putréfaction tardant peu à dissocier ses éléments.

Je prie MM. les maires de donner connaissance de la présente circulaire à MM. les docteurs et officiers de santé qui résident dans leurs communes, et de les engager à m'adresser par leur intermédiaire, le plus tôt possible, les renseignements dont elle renferme la demande.

Recevez, messieurs, l'assurance de ma considération distinguée.

Le préfet, O. MASSY.

A S. Exc. Monsieur le Ministre de l'agriculture et du commerce.

(Première lettre.)

MONSIEUR LE MINISTRE,

La pellagre, dont l'existence dans ce pays n'est signalée que depuis dix ou douze ans, n'y a jamais fait autant de victimes que cette année. Aussi ai-je pu me convaincre aisément qu'elle consiste en un empoisonnement lent par le maïs avarié. Les belles recherches du docteur Balardini avaient mis le fait hors de doute dès 1845. Ainsi donc, une maladie, probablement contemporaine du maïs, reparaît périodiquement, de plus en plus meurtrière, dans un grand nombre de communes des Hautes-Pyrénées et des départements voisins, quoique la science ait indiqué, depuis douze ans, un moyen infaillible de les en préserver.

Pour mettre un terme à un aussi déplorable état de choses, j'ai remis, le premier mars dernier, à M. le Sous-Préfet de Bagnères, une note dont j'ai l'honneur de vous adresser copie. A cette époque, la recrudescence annuelle étant à son début, je n'osais affirmer, comme je l'ai fait deux mois plus plus tard, que le *verdet* du maïs est la cause unique de la pellagre. Mais au mois de mai il fallut se rendre à l'évidence. L'épidémie venait de prendre des proportions telles que M. Soulez, officier de santé à Cieutat (8 kilomètres à l'est de Bagnères), comptait dans sa clientèle quarante-deux cas de pellagre, dont quatre avec les accidents cérébraux de la dernière période. Les symptômes caractéristiques étaient très tranchés et rendaient le diagnostic si facile qu'on a pu dire avec raison : Qui a vu trois pellagreux en a vu mille.

Chez beaucoup de malades, la sensation de chaleur âcre au gosier et le long de l'œsophage était accompagnée de nausées et d'un profond dégoût pour la bouillie de maïs, base principale de leur alimentation. Ils lui trouvaient une odeur

et un goût fades qu'ils attribuaient à la présence du verdet.
Ils en étaient même venus à monder assez soigneusement
le maïs avant la mouture. La quantité de matière toxique
introduite dans l'économie se trouvait ainsi notablement
réduite, mais pas toujours assez pour empêcher la pellagre
de se développer.

M. le Préfet des Hautes-Pyrénées, à qui ma note fut transmise, a consulté le Conseil d'hygiène du chef-lieu et adressé
aux maires du département la circulaire ci-jointe *(voy. p. 6).*
Permettez-moi, monsieur le Ministre, de faire remarquer à
Votre Excellence qu'une publication qui ne tient aucun
compte des moyens prophylactiques proposés, et dans
laquelle on ne trouve même pas le mot *maïs*, ne peut, en
aucune façon, conjurer le danger qui menace nos populations
rurales.

La récolte prochaine, on le sait, sera insuffisante autant
que l'a été la précédente (1), et, si l'importation, chargée de
combler le déficit, se fait dans les mêmes conditions que
l'hiver dernier, nous pouvons compter pour le printemps
prochain sur une épidémie de pellagre comme nous n'en
avons pas encore vu.

Le commerce ne tardera pas à faire ses commandes à
l'étranger. Il a préservé nos populations rurales de la famine ;
lui seul pourra les en préserver encore ; mais vous ne voudrez pas qu'il continue à leur fournir un aliment empoi-
sonné.

Il est urgent d'interdire l'introduction dans nos ports, et la
vente sur nos marchés, du maïs atteint du champignon
parasite. Cette mesure ne saurait nuire à la production
ni à l'importation de cette céréale ; l'agriculteur et le négociant n'hésiteront pas à employer un procédé simple et
peu coûteux, dès qu'ils seront convaincus qu'il met le
maïs à l'abri d'énormes risques de dépréciation. Après tout,

_ (1) On le craignait, mais, au contraire, la récolte a été bonne en 1857.

si le négociant, bien averti, s'obstinait dans sa routine et laissait le verdet envahir le maïs dans les navires et les magasins, on ne le plaindrait pas quand le magistrat, chargé de surveiller les subsistances, confisquerait et ferait détruire sa marchandise.

Je souhaite que ma demande vous paraisse digne d'être immédiatement soumise au Comité consultatif d'hygiène.

J'ai l'honneur d'être, monsieur le Ministre, de Votre Excellence, le très obéissant serviteur,

Costallat, médecin.

Bagnères-de-Bigorre, le 5 octobre 1857.

A Monsieur le Ministre de l'agriculture, du commerce et des travaux publics.

(Deuxième lettre.)

Monsieur le Ministre,

Le traitement prophylactique et curatif de la pellagre est une question de vie ou de mort pour 3,000 habitants des landes de Gascogne seulement; ce traitement a été tracé en 1845 par le docteur Balardini et par son éloquent interprète M. Th. Roussel (1). Aucune vérité n'étant, à mes yeux, mieux démontrée en thérapeutique, vous ne serez pas étonné de l'insistance que je mets à la faire triompher. Depuis la lettre que j'ai eu l'honneur d'adresser à Votre Excellence le 5 octobre 1857, le mauvais effet produit par la circulaire de M. le Préfet des Hautes-Pyrénées est plus manifeste (voy. p. 6). Mais aussi, pourquoi consulter le corps médical du département, sur la pellagre en général, quand il suffisait de lui

---

(1) De la pellagre. Paris, 1845.

dire : Un de vos confrères assure que le *verdet* est l'unique cause de la pellagre et que le maïs est, à coup sûr, préservé du *verdet* par son passage au four, au moment de la récolte.... qu'en pensez-vous ?.... Le débat étant mal engagé, il était visible qu'il n'aboutirait pas.

Dès lors m'a été démontrée la nécessité de poser autrement le problème et d'en chercher la solution ailleurs. La question scientifique, me suis-je dit, sera interminable tant qu'on suivra les errements actuels ; elle doit céder le pas à la question pratique, car ce que l'excellent livre de M. Th. Roussel n'a pu faire, aucun autre ne le fera. Le temps des discussions est donc passé ; il faut en venir à la démonstration, à la preuve.

Il ne s'agit plus, comme on l'a proposé, tant que l'étiologie et la thérapeutique sont restées dans le vague, de mettre les populations sujettes à la pellagre dans de meilleures conditions hygiéniques, surtout quant à l'alimentation, ce qui dépasserait les forces des plus gros budgets et ne mènerait qu'à ajouter un chancre de plus à notre état social, la *taxe des pellagreux ;* l'expérience à faire ne sera ni difficile, ni coûteuse, ni même bien longue.

On n'en conçoit cependant pas de plus propre à dissiper les doutes et les illusions, en un mot, de plus décisive. La voici :

Projet d'expérience. Dans une des localités les plus maltraitées par la pellagre, on désignerait une famille où cette maladie sévirait plus particulièrement et semblerait héréditaire, mais dont quelques membres (présumés devoir en être atteints inévitablement tôt ou tard) n'en auraient jamais éprouvé, n'en présenteraient alors aucun symptôme. Rien ne serait changé aux conditions hygiéniques de cette famille, sauf deux modifications, légères en apparence, à introduire dans son alimentation. La farine, dont cette famille ferait usage proviendrait de maïs de bonne qualité, passé au four *au moment de la récolte,* et les aliments qu'on préparerait avec cette farine seraient consommés dans les vingt-quatre heures.

Si cette expérience était faite avec soin sur plusieurs points des départements envahis par la pellagre, l'empoisonnement lent, produit par le champignon parasite, cesserait chez les individus soumis à l'observation, et l'on verrait les uns n'être pas atteints, ou plutôt être préservés, et les autres se rétablir au moins pour la plupart ; car les guérisons de malades atteints de symptômes cérébraux de la dernière période sont fort rares. M. le docteur Gazailhan m'en a montré un cas très remarquable. Rien n'empêcherait d'ailleurs de venir plus rapidement au secours de cette classe de malades, au moyen d'une nourriture tonique et réparatrice. Il serait enfin prouvé que le *verdet* est la cause spécifique de la pellagre, et que le maïs de bonne qualité et préservé du *verdet*, est un aliment très salubre, sans que pour cela, pas plus que toute autre substance, il puisse suffire seul à la nourriture de l'homme.

Telle est la combinaison sur laquelle je compte le plus pour arriver promptement à la vérité.

Depuis qu'elle s'est présentée à mon esprit, je me suis constamment efforcé de la faire adopter. C'était peu de jours avant l'ouverture de l'exposition agricole de Mont-de-Marsan. Voulant profiter d'un aussi puissant moyen de publicité, j'adressai au jury des échantillons de maïs altéré par le *verdet*, des plaques préparées pour étudier le champignon parasite au microscope, et de la farine de maïs parfaitement conservée depuis treize ans par le procédé bourguignon. Des étiquettes détaillées accompagnaient les échantillons et je suppliais au nom de l'humanité MM. les membres du jury de prendre sous leur haute protection mon projet d'expérience, et d'en provoquer la réalisation auprès de l'autorité supérieure. Malheureusement mon envoi n'arriva qu'après la clôture du procès-verbal d'admission. Loin de me décourager, je n'en ai que mieux senti la nécessité de faire moi-même une sorte d'enquête.

Je viens de parcourir plusieurs contrées, à pellagre, des départements de la Gironde et des Landes, développant les idées du docteur Balardini et mon projet d'expérience devant mes bienveillants confrères, et, autant que possible, en présence de personnes étrangères à l'art médical, mais intelligentes, charitables ; m'adressant à l'autorité locale en l'absence des hommes de l'art, constatant l'état du maïs dans les greniers, demandant partout à voir de ces cas de pellagre, non précédés de l'usage du maïs, dont on a tant parlé, et qui ne résistent pas à un examen approfondi ; montrant, au besoin, les caractères distinctifs du *verdet*, à l'aide du microscope, et faisant goûter de la farine de maïs conservée depuis 1845, par le procédé bourguignon.

Les doctrines que je soutiens et les résultats de ma tournée peuvent se résumer en quelques pages : le *vèrdet* attaque le grain de maïs toujours par le même point, le sillon oblong, ce qui le distingue des autres altérations de la même céréale avec lesquelles on pourrait le confondre. Il m'a constamment présenté les mêmes caractères sur des maïs de provenances diverses. C'est toujours, d'après la description du docteur Balardini, confirmée par M. Ch. Robin, un amas de spores unicellulaires, sphériques, brunes, à surface lisse, à contenu homogène, toutes larges de quatre à six millièmes de millimètre, et qui ne diffèrent pas, en tant que famille végétale, des champignons, des moisissures, qui sont en général vénéneux pour l'homme et pour les animaux. Ce fongus parasite est le *sporisorum maydis* du baron Cesati, et probablement le *reticularia ustilago* de Linné, la quatrième espèce de *charbon du maïs*, de Bosc, et l'*ustilago carbo*, de M. Tulasne. Aucun maïs, excepté peut-être celui que l'on choisit et que l'on conserve soigneusement pour semence, n'en est entièrement exempt. Tel grenier de la Lande en contient une proportion trois, six fois, même dix fois plus forte que le sac le plus avarié, vendu cette année au marché de Bagnères. Le *vendet* ne se montre qu'après la récolte et lorsque le grain est placé dans les greniers. Le maïs est d'autant plus exposé à ce genre d'altération qu'il est moins mûr et moins sec. Hors de la Lande, on sème ordinairement le maïs sur le chaume du froment ou du seigle de l'année précédente, et il mûrit bien, sauf dans quelques parties élevées des départements pyrénéens où l'on s'obstine à le cultiver ; mais, dans la Lande, il est très rare qu'on agisse ainsi. On sème le maïs dans le fond du sillon du seigle un certain nombre de jours avant la moisson, si même on n'attend pas que le seigle soit coupé pour le remplacer par le maïs. Comment s'étonner ensuite de l'énorme proportion du *verdet* qu'on rencontre dans les greniers des Landes ?

Mais ce n'est pas tout, le mode de préparation des aliments est généralement défectueux ; presque toujours la bouillie de maïs, nommée *cruchade*, s'obtient en faisant bouillir de l'eau avec un peu de sel et en y ajoutant peu à peu la farine. Ce n'est qu'exceptionnellement, et jamais pour toute la famille, qu'on torréfie la farine dans un vase de terre avant d'y ajouter l'eau, comme le pratiquent les paysans des Hautes-Pyrénées, pour leur *pastet*. La *millade* est une bouillie faite avec les farines de panis et de millet blanc non torréfiées. Vient enfin la *miche*, autre aliment dont la composition varie non-seulement d'un canton à l'autre, mais dans la même commune. Tantôt semblable à la *méture* ou *mesturet* des Hautes-Pyrénées, c'est un mélange de quatre parties de farine de maïs, d'une de seigle, d'un peu de levain, de sel et d'eau, que l'on cuit au four. Tantôt, et le plus souvent, elle se compose d'une partie de seigle et de deux de maïs, de panis, de millet blanc ou de blé sarrasin et d'un peu de sel ; on en fait une pâte sans levain, que l'on divise en masses grosses comme le poing et que l'on cuit à l'eau.

Le Landais ajoute à l'insalubrité de ces aliments en en préparant à la fois de grandes quantités pour les besoins de la famille pendant plusieurs jours. De sorte que souvent ils se couvrent de moisissures. La *cruchade* acquiert ainsi une odeur fade et repoussante rappelant celle du phosphore (1).

---

(1) La pollenta du maïs s'altère parfois par le développement d'un cryptogame que M. Bizio appelle *serratia marcescens (Comptes-rendus hebdomadaires des séances de l'Académie des sciences,* 1844, p. 951) ; *Dictionnaire de matière médicale,* par Mérat et de Lens, Paris, 1846, t. VII, p. 744.

La bouillie faite avec de la farine de maïs préparée d'après le procédé bourguignon est bien préférable ; car, outre qu'elle est préservée du *verdet*, elle est plus savoureuse, plus digestible et moins sujette à s'altérer. Il est fort heureux qu'il en soit ainsi. Il ne paraît pas possible, en effet, de renoncer à la culture du maïs. Cette précieuse graminée, par son rendement, pourvoit sans comparaison mieux qu'aucune autre aux besoins d'un accroissement incessant de la population.

La pellagre ne peut être confondue avec aucune autre maladie. Elle présente des caractères identiques dans les Landes de la Gascogne, sur les bords de la Garonne, du Gave et de l'Adour et dans les gorges des Pyrénées. Elle ne règne que parmi les populations qui font un usage habituel du maïs, et s'étend avec la culture de cette graminée. C'est *un mal défini, produit par une cause définie ; c'est une réalité morbide, aussi distincte par ses manifestations extérieures que par sa cause* (Th. Roussel).

Aucun des confrères que j'ai visités ne croit que le *verdet* soit la cause unique de la pellagre (1) ; mais bon nombre d'entre eux tendent vers cette opinion. Car tel est convaincu que la cause de la pellagre *réside uniquement dans les céréales ;* tel autre considère le maïs altéré comme *une des causes.*

Au reste, la plupart ont renoncé aux saignées et résistent aux instances des malades qui en ont éprouvé un soulagement momentané. Ils défendent l'usage du maïs, et prescrivent une alimentation tonique et fortifiante. Les cas non contestés de guérison ont tous été obtenus par ce traitement. Ce qu'on a dit de l'action curative des eaux sulfureuses de Labassère et de Cauterets n'était d'abord qu'illusion, et a fini par être une mystification.

M. le docteur Gazailhan (de Biscarosse) n'a jamais observé un cas de pellagre qui n'eût été précédé de l'usage habituel

---

(1) Dans ses *Recherches sur la pellagre dans l'arrondissement de St-Sever (Landes)*, le docteur Cazaban, d'Aurice, se montre chaud partisan des idées de MM. Balardini et Th. Roussel (Thèse soutenue le 2 février 1848).

du maïs; et cependant il exerce la médecine dans un canton où il y a deux cents pellagrenx sur une population de 6,700 habitants. Dans ce canton, ajoute-t-il, le maïs était à peu près inconnu, quand il y a quarante ou quarante-cinq ans, à la suite d'une grêle qui détruisit la première récolte et fit périr beaucoup de panis, la peur de la famine fit semer du maïs dont la culture se trouva substituée à celle du panis et du millet blanc, dont le pauvre se nourrissait presque exclusivement jusqu'alors. M. Gazailhan ne sait pas si la pellagre existait dans ce canton avant cette époque; il ne se prononce pas à cet égard, et reste dans le doute. Toujours est-il, comme il le fait observer, que ce n'est que postérieurement à l'introduction du maïs que le savant Hameau rencontra le premier cas de pellagre observé dans les Landes.

M. de Pons, de Bazas, affirme que des paysans très misérables de la Lande, ne mangeant pas du maïs, parce qu'ils n'avaient pas de quoi en acheter, et se nourrissant de pain que leur donnaient leurs maîtres, n'ont pas eu la pellagre pendant que leurs voisins moins pauvres en étaient atteints.

Parmi les opinions ayant eu cours dans les Landes de Gascogne, on a à peu près abandonné aujourd'hui celles qui attribuent la pellagre à un virus, ou à l'action combinée de poussière des Landes et des rayons solaires, ou qui la considèrent comme une lèpre amoindrie et dégénérée. Quelques médecins accusent encore la *millade*, quoique cet aliment soit totalement inconnu dans plusieurs pays à pellagre, tels que celui que j'habite. L'*expérience* seule pourra les détromper; si d'autres s'en prennent au seigle ergoté, cela s'explique jusqu'à un certain point par la grande quantité d'ergot contenue dans le seigle, quantité qui peut aller jusqu'à 250 grammes par hectolitre, ainsi que l'ont constaté MM. les docteurs Pauillac et Gintrac fils, dans les environs d'Arès. Une erreur déplorable, entretenue par l'ignorance, aggrave cette situation. Pour beaucoup d'habitants de la campagne, l'ergot, loin d'être nuisible, *donne de la force au grain*, et on ne les détermine à l'en séparer qu'en le leur achetant, à raison de 1 franc à 1 franc 20 centimes le kilogramme, pour les besoins nécessairement très bornés de la pharmacie. On est effrayé de la masse de matière toxique mêlée à l'aliment du pauvre. Aussi, suis-je porté à croire que l'ergotisme complique quelquefois la pellagre, en précipite la marche et la rend plus terrible. La pensée de la simultanéité de ces deux empoisonnements m'est venue à Lacanau, en présence d'un cas de pellagre parvenu à son extrême période, dans l'espace de deux ans seulement. Cette partie des Landes est la plus maltraitée. M. le docteur Drillon me montrait à Sadouillan, entre Castelnau de Médoc et Sainte-Hélène, une famille dont tous les membres, y compris un enfant de cinq ans, sont atteints, et M. le docteur Pauillac (d'Arès) n'estime pas à moins de cent cinquante le nombre des pellagreux de la seule commune de Porge (802 habitants).

On parviendra, j'en ai la ferme conviction, à détruire la pellagre dans ces malheureuses contrées. On saura alors si l'ergotisme se cache parfois derrière cette maladie et la part qui lui revient dans la mortalité.

J'ai dû entrer dans ces considérations afin d'aller au-devant d'un reproche qu'on adressera peut-être plus tard à mon procédé de démonstration. Il se pourrait, en effet, que dans les quartiers où l'ergot abonde, les résultats de l'expérience proposée fussent masqués ou faussés par la présence et la persistance de l'ergotisme.

J'arrive maintenant au point le plus important de ce travail, à savoir l'opinion de mes confrères des Landes sur mon projet d'expérience. Le but principal de mon voyage était de leur en faire saisir l'opportunité. Hé bien! j'ai la satisfaction de pouvoir dire que tous ceux que j'ai visités et dont je joins ici la liste, lui sont très favorables, quoique tous n'en attendent pas le même résultat. Il faut faire l'expérience, disent ceux qui ne croient pas à la spécifité du *verdet*, quand ce ne serait que pour éliminer une inconnue fort incommode et n'entendre plus parler du maïs. Il faut la faire, disent de leur côté ceux, en bien plus grand nombre, qui, sans partager entièrement ma confiance, se sentent entraînés, parce qu'elle dissipera les ténèbres dont cette malheureuse question de la pellagre est environnée.

J'ai cru devoir faire connaître les principaux résultats de ma tournée à MM. les préfets de la Gironde et des Landes. Si vous croyez devoir ordonner une enquête dans ces deux départements, ils vous confirmeront, je n'en doute pas, les bonnes dispositions de mes confrères. Elles sont telles que plusieurs de ces messieurs m'ont promis de commencer immédiatement l'expérience, sans attendre qu'elle soit instituée officiellement. Les malades soumis à l'observation seront privés entièrement de maïs jusqu'à ce qu'on puisse préparer de la farine suivant le procédé indiqué, c'est-à-dire jusqu'à la récolte prochaine.

Conclusions. — Je désire, monsieur le Ministre, que ce travail vous paraisse digne d'être envoyé au Comité consultatif d'hygiène et de salubrité auquel vous avez déféré mon premier mémoire; et qu'il plaise à votre Excellence d'adjoindre à ce comité, comme expert, M. le docteur Charles Robin, l'un de nos naturalistes le plus au courant des études micrographiques, et dont l'autorité en ces matières est généralement acceptée.

J'ai l'honneur d'être, monsieur le Ministre,
votre très humble serviteur,

Costallat, médecin.

Bagnères, 8 juillet 1858.

Extrait du Rapport du Conseil départemental d'hygiène et de salubrité des Hautes-Pyrénées à M. le Préfet, par M. le docteur Dominique Duplan.

Monsieur le Préfet, en saisissant le Conseil d'hygiène et de salubrité de la question de la pellagre, vous avez voulu obtenir de lui des renseignements propres à vous éclairer sur les causes de la récente irruption de cette maladie dans le département des Hautes-Pyrénées, sur sa nature et sur les moyens de la combattre et d'en arrêter la propagation.

Pénétré de l'importance et de la gravité de la mission que vous lui avez confiée, le Conseil a pris dans son sein une commission qu'il a spécialement chargée de l'étude de ce nouveau mal. Cette commission se compose de tous les médecins faisant partie du Comité d'hygiène.

Elle émit le vœu qu'une invitation fût adressée à tous les médecins du département, dans le but d'obtenir d'eux la relation des cas de pellagre qu'ils auraient eu l'occasion d'observer dans leur pratique.

Cette circulaire ne se fit pas attendre ; et la forme de questionnaire que vous voulûtes bien lui donner, monsieur le Préfet, dut rendre et plus prompts et plus faciles les renseignements demandés.

Il est difficile de fixer avec une précision rigoureuse l'époque de la première manifestation de la pellagre dans notre département. Mais ce que l'on sait bien, c'est qu'un modeste praticien, M. Verdoux père, alors officier de santé à Labassère, eut occasion de constater cette grave maladie dès l'année 1817. Il fit plus : après avoir employé vainement, de 1817 à 1840, seul, ou de concert avec d'autres médecins, sur trente-neuf pellagreux, les traitements préconisés contre ce mal, il eut l'heureuse idée de le combattre à l'aide de l'eau sulfureuse qui jaillissait à côté même de ses malades. Dès ce moment, au dire de M. Verdoux, il n'eut plus que des succès à enregistrer.

Cette précieuse découverte n'a pas été perdue pour la science.

Dans ses recherches de 1851 sur l'eau minérale sulfureuse de Labassère, le docteur Cazalas, médecin militaire très distingué, signale l'utilité de cette source dans la pellagre. Il en confirme les bons effets par l'histoire de dix-neuf cas de guérison empruntés à la pratique de M. Verdoux père.

Et comme le nom de ce dernier praticien semble désor-

mais, inséparablement lié au traitement de l'affection pellagreuse, nous le retrouvons, très honorablement cité, dans
une thèse sur la pellagre, soutenue en 1853 devant la Faculté
de médecine de Paris, par le docteur Hameau de la Teste de
Buch.

Cependant, à l'exception des faits que nous venons de rappeler et de quelques autres très rares qui s'étaient manifestés,
sous la forme sporadique, dans plusieurs localités, la maladie
semblait avoir épargné les Hautes-Pyrénées, jusqu'à une époque qui remonte à l'année 1852. Mais déjà dans le courant
de cette année, le docteur Duplan, de Laborde, eut l'occasion
d'en constater six cas, sur des sujets adultes, appartenant à
la classe indigente, le sexe féminin entrant dans ce nombre
pour les deux tiers.

Depuis lors, la maladie s'est répandue dans diverses localités sous le type endémique, frappant çà et là des victimes,
qu'elle a presque toujours choisies dans la classe la plus pauvre et la plus malheureuse de nos campagnes. Le nombre des
malades s'est tellement accru, qu'à l'époque où nous sommes,
le docteur Pédebidou n'en compte pas moins de cent dans sa
pratique particulière.

Ce chiffre, hâtons-nous de le dire, se trouve hors de toute
proportion avec celui qui a été fourni au Conseil par les
autres observateurs des Hautes-Pyrénées. Nous devons ajouter
qu'il égale au moins la somme totale des cas signalés dans le
reste du département.

Cependant les faits rapportés en si grand nombre par
M. Pédebidou, offrent une importance réelle, en ce qu'ils
prouvent que la pellagre tend à se répandre et à se perpétuer
dans notre département. Ils sont d'autant plus dignes d'être
pris en sérieuse considération, que la maladie n'a pas encore
eu le temps d'y pousser des racines profondes, et qu'il est
permis d'espérer d'en enrayer la marche avant qu'elle ait
entraîné des conséquences plus graves.

Etiologie. — La plupart des observateurs attribuent à la
misère l'invasion du fléau dans notre département. Ils la con-

sidèrent comme la cause unique, indiquant par ce mot : *mal de misère*, la nature, la source et les indications de la maladie. Voici comment s'exprime, à ce sujet, le docteur Pédebidou :

« Pour ce qui nous concerne, nous pensons que l'étiologie
» de la pellagre qui a fait invasion depuis trois ans dans nos
» contrées, se trouve tout entière dans une alimentation
» défectueuse, insuffisante et insalubre. Tous les malades
» appartiennent à la classe pauvre ou malaisée. Tous, ou
» presque tous, sont des ouvriers agricoles ou des paysans
» possédant une petite propriété, travaillant avec excès, mal
» vêtus, mal nourris et ne buvant à leurs repas, contraire-
» ment à leurs habitudes, ni vin, ni boisson alcoolique.

» La dénomination de *mal de misère*, appliquée jadis à
» cette maladie, me semble complétement justifiée dans nos
» contrées. »

Aux yeux du docteur Lacoste, d'Ibos, la pellagre n'aurait fait irruption dans son voisinage que par suite de la privation de vin, à laquelle les agriculteurs ont été condamnés depuis trois ans. Les pellagreux, auxquels cet estimable confrère a donné des soins, vivaient pour la plupart dans une honnête aisance ; leur nourriture, composée d'aliments variés, mais faiblement azotés, n'avait pas été modifiée sensiblement dans ses dernières années. *Le vin seul faisait défaut chez ces ouvriers des champs adonnés à un travail constant et pénible.*

Suivant le docteur Duplan, de Laborde, *la cause présumée de cette maladie gît tout entière dans le défaut d'alimentation répa-ratrice, la malpropreté et une habitation insalubre pouvant et devant bien en favoriser le développement ;* mais il admet, comme condition spéciale de l'éclosion de la pellagre, une prédisposition du sujet.

L'honorable confrère, dont nous reproduisons les idées, s'inscrit contre l'opinion des médecins qui attribueraient une influence fâcheuse pour la santé publique, à l'usage, soit du maïs indigène, soit de celui qui nous est venu dans le courant de l'année dernière de la Turquie, de la Perse et des Etats-

Unis. Selon lui, c'est *à la préparation défectueuse qui en a été faite par l'insuffisance, ou souvent par le manque absolu de graisse, que cette nourriture a dû d'être mise en cause, bien plutôt qu'aux qualités nuisibles que l'on peut attribuer au grain lui-même.*

Cette opinion, si explicitement formulée, de l'innocuité des grains comme cause de la pellagre, est partagée par le plus grand nombre de nos confrères du département.

Ils sont fort éloignés aussi, malgré l'autorité des noms, d'accepter comme une démonstration rigoureuse, ce fait, si énergiquement défendu par le docteur Marzari (1), médecin de Trévise, que l'alimentation à peu près exclusive avec le blé turc engendre la pellagre.

A ceux qui soutiennent cette opinion, les médecins des Pyrénées répondent que la maladie n'a jamais révélé son existence dans les régions des Hautes-Pyrénées où l'on se nourrit exclusivement de cette céréale, tandis qu'elle sévit par contre dans une foule de localités où l'on mange du pain de seigle, de froment, de sarrasin et d'orge ; le maïs n'étant guère employé que sous forme de bouillie, laquelle, préparée tantôt avec des choux et de la graisse, tantôt avec du lait, tient lieu de soupe dans les principaux repas.

Si l'on cherche, en effet, quelles sont les localités envahies jusqu'ici par la pellagre, on est forcé de reconnaître que la maladie ne se retrouve guère que dans les belles vallées de l'Adour, de l'Arros et de l'Echez, précisément dans les régions les moins déshéritées de la fortune. Or, nous savons tous que là la classe inférieure se nourrit bien, qu'elle mange du pain de froment mélangé, en proportions variables, avec du seigle, de l'orge et très exceptionnellement avec du maïs, du sarrasin. Ne voit-on pas, d'un autre côté, la haute montagne, cette région si étendue de notre département, où l'ouvrier, le pasteur et l'homme des champs font du blé de Turquie leur

----

(1) L'opinion de cet auteur s'était formée à la suite de la constatation de l'absence complète, ou à peu près complète, du gluten dans le maïs.

principale nourriture, le seigle ou le blé sarrasin n'entrant que pour une faible part dans l'alimentation ; ne voit-on pas, disons-nous, la haute montagne jouir jusqu'à ce jour des bénéfices d'une immunité complète? Peut-être dira-t-on que le montagnard prépare ordinairement les farines de maïs avec du lait ou du beurre, et qu'il peut bien neutraliser ainsi les caractères toxiques attribués à ces farines. Sans doute, l'habitant de nos campagnes fait entrer en assez forte proportion le lait et ses produits dans son régime alimentaire ; mais le lait ou ses produits revêtiraient-ils donc des propriétés prophylactiques de la pellagre? L'histoire de l'endémie est là pour répondre à cette question.

En résumé, pour les médecins des Hautes-Pyrénées, la pellagre qui sévit dans nos campagnes ne saurait être attribuée à l'usage du maïs. Il est démontré pour eux qu'elle a été amenée par un concours de causes débilitantes, telles qu'une alimentation insuffisante, la privation de vin pour bon nombre d'individus qui en faisaient leur boisson habituelle, l'excès de travail, l'habitation des lieux insalubres. Ainsi envisagée, la manifestation de cette maladie s'explique naturellement, tandis qu'elle devient inexplicable quand on la rattache à l'usage du maïs.

Tout près du théâtre de la pellagre, dans la commune même qui a payé un plus large tribut au mal, coule avec abondance une eau sulfureuse froide, justement en renom dans les maladies chroniques des voies digestives et respiratoires. C'est à cette source que M. Verdoux père eut l'idée de confier la guérison de ses malades, et dès ce jour (1840), l'eau de Labassère résuma pour lui toute la médication de la pellagre.

OBSERVATION. I. — Dans le mois de mars 1855, M. Cardeilhac est consulté par la fille Bajac, âgée de vingt-quatre ans, domestique dans la commune de Trébons.

Cette fille accuse des étourdissements se renouvelant par intervalles, des *rougeurs* aux pieds et aux mains, et, de plus, un trouble manifeste dans la menstruation qui est devenue plus rare et moins abondante.

Invitée à s'expliquer sur la cause qui a pu amener sa maladie, la jeune fille n'en peut trouver d'autres que l'insolation et les refroidissements auxquels l'exposent des courses quotidiennes qu'elle doit faire pour aller vendre à la ville de lourdes charges de légumes.

Ne méconnaissant pas la nature du mal, M. Cardeilhac se hâte de lui opposer l'eau de Labassère, secondée de bains du Foulon.

Le traitement thermal dure quelques jours à peine ; et cependant il réalise déjà un changement notable dans l'état du sujet.

Cette amélioration n'a que peu de durée. Bientôt l'érythème cutané reprend une activité nouvelle, les téguments de la face, de la région antérieure du cou, du dos des mains et des pieds se couvrent de vésicules auxquelles succèdent de larges squames, laissant au moment de leur chute le chorion profondément fendillé, d'un rouge vif et luisant.

A ces symptômes viennent ensuite s'ajouter la perte de la mémoire et l'obscurcissement périodique de la vue, l'appétit disparaît, la bouche est tapissée de sécrétions diphthéritiques, la diarrhée se manifeste et les membres inférieurs tombent dans un état de faiblesse qui rend la marche chancelante.

C'est dans cet état que la malade est envoyée à Cauterets.

Quinze jours de l'usage de l'eau thermale suffisent pour y mettre un terme. Les sécrétions de la bouche ont recouvré les conditions physiologiques, la diarrhée a cessé, l'appétit est revenu et les digestions se font avec la plus grande facilité. Une amélioration analogue se fait remarquer du côté du système nerveux.

A son retour chez ses maîtres, l'état de santé de la jeune Bajac est tel qu'il permet à cette jeune fille de reprendre son régime et ses travaux accoutumés.

Disons, pour abréger l'histoire de cette maladie, que le bénéfice des eaux n'a pas duré plus de trois mois. Au bout de ce temps, la scène pathologique s'ouvre de nouveau pour la fille Bajac, qui a fini par succomber vers la fin de 1857, épuisée par les troubles les plus profonds des appareils nerveux et digestifs, et surtout par les souffrances que lui causent de larges et profondes eschares occupant à la fois la région sacrée et les deux genoux.

Obs. II. — Rose Pambrun, quarante-quatre ans, du village de Trébons, adonnée aux travaux de la campagne, est prise, dans les premiers jours de 1856, d'éblouissements légers, de tournoiements de tête et de faiblesse générale.

Peu préoccupée d'abord de son état, elle se livre à son genre de vie ordinaire jusqu'au mois d'avril suivant, époque où elle voit le dos des mains et des pieds se couvrir d'une éruption érythémateuse qui lui fait éprouver des douleurs cuisantes, et entraîne après elle la desquamation des parties malades.

Rose Pambrun se décide alors à appeler M. Cardeilhac. Cet honorable praticien lui prescrit, outre des lotions sur la tête avec l'eau sédative, des bains de pieds et de mains dans une décoction émolliente. L'affection cutanée ne résiste pas à l'emploi de ces moyens ; mais elle est bientôt remplacée par des symptômes d'un autre ordre.

Des bourdonnements se manifestent dans l'intérieur du crâne ; ils sont accompagnés d'étourdissements fréquents, de tiraillements douloureux le long du rachis, lesquels provoquent la chute du corps en arrière ; les idées sont confuses, la mémoire affaiblie et la vue sensiblement troublée. L'estomac est le siége d'une chaleur brûlante qui, partant de l'œsophage, descend dans l'abdomen.

Nonobstant une abondante sécrétion salivaire, la bouche est brûlante, et la malade est obligée de l'ouvrir souvent pour aspirer l'air atmosphérique qui semble apporter quelque soulagement par sa fraîcheur. Langue rouge, fendillée, racornie.

Les propriétés de la vie ont déjà subi une profonde atteinte chez cette femme. Son pouls est petit, fréquent, concentré. Les règles ont cessé de couler depuis plusieurs mois.

Prescriptions. — Eau sulfureuse de Labassère en boisson, bains de Bagnères (source du Foulon). Aliments substantiels, tisane de douce-amère, vésicatoire au bras, lavements par intervalles.

Cette médication est continuée pendant quinze jours, au bout desquels l'état de la malade s'est sensiblement amélioré.

Mais l'année suivante, dans le courant du mois d'avril, la maladie se renouvelle en s'aggravant de jour en jour.

On retrouve la série des symptômes qui s'étaient montrés durant le cours du premier accès, mais il s'y joint des phénomènes pathologiques témoignant d'un grand désordre du système nerveux.

Un délire d'abord tranquille, mais devenu furieux dans le mois de juin, ne laisse ni trève, ni repos aux assistants. Les yeux sont injectés, hagards, la face animée. Le pouls a pris de la force.

Saignée copieuse du pied, qui est réitérée à court intervalle, potion calmante, révulsifs sur les membres abdominaux, fomentations sur la tête avec l'eau sédative ; — quelques jours plus tard, purgation ordinaire.

Sous l'influence de cette médication, on voit s'amender peu à peu les troubles de l'appareil nerveux ; l'état général du sujet s'améliore aussi de son côté. Il devient tel que la malade peut être envoyée à Cauterets.

Les eaux de cet établissement sont employées sous forme de bains et de boisson. Quinze jours de cette médication suffisent pour conduire la malade à un état de santé parfaite. Elle a repris ses occupations ordinaires, sans qu'il y ait eu de récidive.

Passons maintenant aux faits observés par M. Verdoux fils, officier de santé à Saint-Pé.

OBS. III. — Capdevielle (Jean), âgé de cinquante ans, tempérament lymphatico-sanguin, de forte constitution, exerce la profession de tailleur dans la ville de Saint-Pé qu'il habite depuis une douzaine d'années.

Dans les derniers jours d'avril 1855, cet homme est pris de chaleur intense à l'épigastre, langue rouge, traversée de sillons profonds, tuméfaction des gencives, dégoût pour toute sorte d'aliments.

Ne pouvant plus vaquer à ses travaux, Capdevielle se décide spontanément, et sans prendre avis d'un médecin, à aller faire usage des eaux de Cauterets, où il n'a garde de consulter un homme de l'art.

A son retour de l'établissement balnéaire, le malade est pris d'érythème à la face dorsale des mains et des pieds ; les forces baissent insensiblement, viennent ensuite de fréquents éblouissements qui rendent la marche impossible sans le secours d'un bâton ; les jambes fléchissent sous le poids du corps. Des phénomènes nerveux se déclarent à leur tour ; Capdevielle a presque entièrement perdu la mémoire, diplopie manifeste ; affaiblissement général qui oblige le sujet à garder le lit. Tel est l'état dans lequel M. Verdoux trouva son malade lors de sa première visite en mai 1856.

Eau de Labassère (1/2 litre par jour), coupée avec un décocté d'orge, lotions avec l'eau sulfureuse sur le dos des mains. Après un mois de ce traitement, le malade pouvait déjà quitter son lit, et le mois d'octobre suivant il était en état de supporter le voyage de Cauterets. Il passa dans cette station thermale une quinzaine de jours, après lesquels on le vit rentrer chez lui presque entièrement rétabli. Il avait déjà repris son travail depuis plusieurs mois, quand se montre de nouveau (mai 1857) l'érythème à la région dorsale des mains.

Le malade est soumis, pour la seconde fois, à l'usage de l'eau de Labassère, à la dose d'un demi-litre par jour. Cette fois le remède est suivi du meilleur résultat. Dès les premiers jours de juin, il ne restait plus de traces de la maladie ; les forces s'étaient rétablies ; la dipoplie n'existait plus ; la mémoire avait reparu et le sujet reprenait ses occupations journalières de tailleur. Pas de récidive.

OBS. IV. — Un laboureur, Cazenave (Baptiste), âgé de quarante-six ans, habite Saint-Pé depuis une vingtaine d'années. Cet homme, de tem-

pérament lymphatique-sanguin, de constitution vigoureuse, a perdu de
la pellagre une des sœurs, dans le courant de 1853. Dans le mois de juin
1856, Cazenave est pris de douleurs aiguës, de sa bouche découle presque involontairement une salive abondante et salée ; l'appétit se conserve ;
la langue devient rouge sans présenter de sillons ; il y a des éblouissements et une vive démangeaison aux tempes. Presque aussitôt, apparition
d'érythème squameux sur les pommettes et le dos des mains.

Eau de Labassère pure (un demi-litre par jour). Dès le neuvième, les
troubles digestifs avaient complètement disparu, et il ne restait plus aucun
symptôme morbide vers la fin du dixième-septénaire. Pas de récidive.

OBS. V. — Le sujet de cette observation est encore un laboureur âgé
de cinquante ans, né et domicilié à Saint-Pé. Mengelatte (c'est le nom de
ce malade) avait éprouvé, dans le mois de mai 1854, les symptômes suivants : éblouissements fréquents, surdité presque complète, sensation
douloureuse de l'estomac avec chaleur brûlante le long du tube digestif,
excrétion d'une salive copieuse et amère tout à la fois.

Ces phénomènes morbides s'étaient successivement dissipés, et le malade semblait avoir recouvré sa santé vers la fin de l'automne et dans le
courant de l'hiver. Mais au printemps, l'érythème squameux envahit
le dos des pieds et des mains ; la bouche devient chaude ; le ptyalisme
se renouvelle : il y a de la diarrhée. A ces symptômes viennent se joindre
les troubles du système nerveux, la vue est affaiblie, la mémoire incertaine et l'ouïe d'une dureté remarquable; la marche ne s'effectue qu'avec
la plus grande difficulté, et la titubation est portée au point que le
malade est exposé à des chutes par le moindre mouvement.

Tel est l'état de Mengelatte au moment où il consulte M. Verdoux. Ce
praticien l'envoie à Cauterets, d'où il est revenu dans un état de santé
qui ne s'est pas démenti.

OBS. VI. — Marguerite Cassadou, ménagère, cinquante-six ans,
née à Aucun, habite la ville de Saint-Pé depuis l'année 1835 ; de
constitution chétive et de tempérament lymphatique, cette femme est
néanmoins obligée, pour vivre, de se livrer à un travail fatigant.

La maladie débute chez cette pauvre femme dans le printemps de
1853 : elle n'éprouve pour tout symptôme que l'érythème cutané, com-
pliqué d'œdème des deux membres abdominaux.

L'eau sulfureuse de Cauterets est prise avec avantage pendant une
quinzaine de jours. Le mal en est amendé. Mais, au printemps suivant,
quelques symptômes morbides s'étant reproduits, Marguerite est de nouveau soumise à l'eau thermale de Cauterets, qui produit encore chez elle
de très bons résultats.

A partir de ce moment, cette femme paraît jouir d'une santé parfaite, et elle se croit à tout jamais débarrassée de son mal.

Elle passe trois ans dans cet état ; et ce n'est qu'au printemps de 1857 que l'érythème se montre de nouveau sur les pommettes et le dos des mains ; la vue s'affaiblit de jour en jour ; les muscles de la face, du tronc et des membres supérieurs sont pris de tremblements ; la faiblesse gagne de plus en plus le système musculaire. La malade reste dans cet état jusqu'au mois de septembre, époque à laquelle elle demande des conseils.

Après avoir constaté chez cette femme les symptômes les plus caractéristiques de la maladie, M. Verdoux se décide à l'envoyer à Cauterets. Quinze jours de cette station balnéaire suffisent, sans autre traitement, pour amener la guérison de Marguerite Cassadou. Elle vaque depuis lors à tous les soins de son ménage.

On le voit, les faits de M. Verdoux fils revêtent une importance pratique incontestable ; ils sont évidemment concordants avec ceux observés par M. Verdoux père, il y a déjà plusieurs années, et ils viennent à l'appui des observations faites dans ces derniers temps par M. Cardeilhac. A eux seuls ils suffiraient pour démontrer la salutaire influence de l'eau sulfureuse dans le traitement de la pellagre.

Cependant, nous ne pouvons le dissimuler, ces faits ont paru si extraordinaires que quelques doutes se sont fait jour au sein de la Commission. Et, bien qu'elle fût édifiée par la notoriété sur la valeur de la nouvelle découverte ; qu'elle eût appris aussi les succès de plusieurs praticiens qui avaient suivi, dans la voie qu'il venait d'ouvrir, l'officier de santé de Labassère, la Commission a voulu voir de ses propres yeux. Elle s'est rendue, privée d'un de ses membres, empêché pour cause de maladie, dans les communes le plus anciennement visitées par l'endémie, dans celles qu'elle frappe encore en ce moment avec le plus d'intensité. Ces communes sont celles de Labassère, de Trébons et de Saint-Pé. Là elle a visité un certain nombre de malades qui ont donné lieu aux résultats suivants, recueillis par un des commissaires, M. Dastas. Le nombre des malades observés par la Commission s'élève au chiffre de quinze.

Obs. VII et VIII. — Quant aux malades examinés dans le village de Trébons, ce sont quatre femmes, dont deux sont guéries sous l'influence de l'eau de Labassère et des bains pris à Cauterets. Pas de récidive depuis deux ans.

Obs. IX. — La troisième malade a éprouvé dans le courant de l'année dernière (1856) des signes manifestes de colite. Au printemps suivant, elle présente quelques phénomènes pellagreux, assez peu tranchés cependant pour laisser quelques doutes dans l'esprit sur la nature de la maladie.

Obs. X. — Il s'agit d'une femme qui n'a ressenti les premières atteintes du mal qu'au printemps de 1857. Mais déjà, à cette époque, la maladie revêtait des caractères d'une certaine gravité. L'usage de l'eau de Labassère en boisson, suivi de l'action des eaux de Cauterets *intùs et extrà*, a amené une amélioration notable chez cette malade, de même que chez celle qui fait le sujet de l'observation précédente.

Obs. XI. — Il s'agit de Domenge Costallat, âgée de quarante ans, de constitution robuste, mère de trois enfants, ayant perdu son mari, il y a six mois, atteint de la pellagre (il s'est noyé). Depuis cette époque, cette veuve éprouve les symptômes généraux qui constituent la pellagre. — Pas de traitement.

Obs. XII. — Caussade Doublet est âgé de quarante-deux-ans; sa constitution est bonne; il travaille comme manœuvre dans une ardoisière; son père est mort apoplectique à un âge très avancé, et sa mère a succombé à l'âge de soixante-douze ans à une affection cancéreuse de la face.

Il a toujours joui d'une santé parfaite jusqu'au mois d'août 1856.

Mais, à cette époque, se montrent des douleurs au creux de l'estomac; des nausées et quelques vomissements ne tardent pas à se manifester; suivent ensuite des déjections alvines très fréquentes, accompagnées d'épreintes et de tranchées.

La langue devient rouge, fendillée, avec sensation d'une chaleur incommode qui se répand le long du pharynx et de l'œsophage jusqu'à la cavité abdominale, ptyalisme.

L'appétit se maintient bon, la sécrétion urinaire est abondante, nonobstant la persistance de la diarrhée. Cet état dure jusqu'en mars 1857. A partir de ce moment, des phénomènes d'une autre nature se sont produits. Le dos des mains et des pieds a été envahi par un violent érythème, dont les traces existent encore. Le malade est devenu triste et mélancolique; ses facultés intellectuelles ont sensiblement faibli; il est sujet à des éblouissements, des vertiges et des tintements d'oreilles; les objets lui paraissent doubles; il accuse une faiblesse musculaire excessive, surtout dans les membres inférieurs; la démarche en est devenue incertaine et chancelante.

La nourriture de ce sujet se compose de pain de méteil, de bouillie de maïs préparée tantôt à la graisse, tantôt au lait, et de viande salée. Le vin entre en petite proportion dans sa boisson.

Au mois d'avril 1857, le malade est soumis à l'usage de l'eau de Labassère, sous forme de boisson. Il en prend deux verres tous les matins. Au bout de trois mois de ce traitement, la diarrhée a disparu et l'on a vu s'amender notablement les troubles de l'innervation.

Obs. XII. — Baptiste Barrau, pasteur, âgé de soixante ans, est pris, dans le printemps de 1857, d'étourdissements avec faiblesse générale ; troubles des voies digestives. L'érythème se montre bientôt au dos des pieds et des mains, il s'accompagne du gonflement de ces parties ; la langue rougit ; bientôt se déclare une diarrhée incoercible.

Pour tout traitement, il boit l'eau de Labassère à la dose de trois verres par jour. Et après la deuxième septénaire, l'état de ce malade avait subi une amélioration sensible.

Obs. XIV. — Françoise Arramon, brassière, âgée de quarante ans, a présenté, il y a huit ans, les symptômes qui vont suivre : érythème avec gonflement au dos des mains et des pieds ; langue rouge, traversée par des sillons profonds ; digestions laborieuses, diarrhée excessive ; faiblesse des jambes ; éblouissements très-incommodes.

Eau de Labassère, quatre verres par jour. Après le quinzième jour, la guérison était complète sans qu'elle se soit jamais démentie.

Obs. XV. — Rousse (Louise), de Labassère, âgée de vingt-neuf ans, mère de trois enfants, brassière, présente, au printemps de 1855, les symptômes suivants : érythème au dos des mains ; douleurs vives à la bouche et le long du pharynx ; diarrhée ; douleurs aiguës de l'abdomen ; affaiblissement des membres inférieurs.

La malade prend l'eau de Labassère pendant l'espace de trois mois, à la dose de quatre verres par jour. Le mal en paraît conjuré.

Mais au printemps de 1857, la maladie semble renaître ; les symptômes sont beaucoup moins intenses, à la vérité.

Douze jours de l'usage de l'eau de Labassère et des bains du Foulon ont amené une guérison qui semble radicale. Le sujet, rendu à ses travaux habituels de journalière, n'a rien éprouvé depuis un an.

Obs. XVI. — Fourcade (Vincent), cultivateur, de constitution vigoureuse, était parvenu à sa soixante-deuxième année, quand il éprouva tous les phénomènes qui caractérisent la pellagre, tels que : l'érythème des mains et des pieds ; la rougeur de la langue, sa sécheresse, l'expuition d'une salive abondante et salée ; le trouble des organes digestifs et de ceux qui président à l'innervation ; il avait été en proie à une diarrhée longtemps prolongée, à la faiblesse des membres abdominaux ; les éblouissements ne lui avaient pas été épargnés non plus que les bourdonnements d'oreilles et la perte presque absolue de la mémoire.

Fourcade prend deux verres d'eau de Labassère chaque jour, et au bout de trois semaines il est parvenu, sans autre traitement, à un état de guérison complète. Pas de récidive.

Obs. XVII. — Marie Courtade, âgée de trente-trois ans, journalière, mère de cinq enfants, a présenté, il y a quatre ans, la même série de symptômes signalés dans l'observation précédente.

L'eau de Labassère, à la dose de deux verres par jour, a suffi pour guérir au bout du troisième septénaire, cette intéressante malade, dont la santé n'a cessé depuis lors de se maintenir bonne.

Après des faits aussi concluants, peut-on méconnaître une action spéciale de l'eau sulfureuse dans la pellagre ? Nous sommes loin de le penser.

Si cependant le doute pouvait naître encore dans l'esprit de quelqu'un, les deux faits qui vont suivre convaincront, j'en suis sûr, les plus incrédules. Dans ces observations, qui appartiennent au docteur Peyramale, à qui nous en devons la communication écrite, il ne s'agit plus que de l'eau de Gazost. C'est à cette source éminemment sulfureuse que notre confrère a demandé la guérison de ses malades, et l'on va voir qu'il a eu lieu de s'applaudir de sa détermination.

Obs. XVIII. — Marie Dulac, du village de Horgues, vingt-neuf ans, constitution faible, mais jouissant habituellement d'une bonne santé, malgré les rudes travaux des champs auxquels elle se livre sans relâche. Habitant une maison salubre, elle se nourrit de pain de froment, de seigle, mange de la viande de temps à autre et ne boit que fort peu de vin. Le maïs n'est cependant pas étranger à son alimentation, et il est permis de croire que celui qu'elle a employé avait été altéré par la gelée. Pas de maladie héréditaire dans la famille, qui vit dans une certaine aisance.

Dans le mois de mars 1854, érythème à la surface des mains, tristesse profonde, fatigue extrême pour le travail le plus léger. L'affection de la peau résiste à la pommade camphrée, elle suit ses phases ordinaires.

Bientôt se montrent des douleurs aiguës dans l'estomac, accompagnées de vomissements. La céphalalgie ne tarde pas à paraître : viennent ensuite des vertiges, des tremblements de membres, suivis de chutes fréquentes.

Aménorrhée. Les facultés intellectuelles se prennent à leur tour, l'idiotie est manifeste.

Tel est l'état de Marie Dulac au moment où M. Peyramale est appelé auprès d'elle (1856). Pour toute prescription, il lui ordonne l'eau sulfureuse de Gazost, à prendre à la source, soit en bains, soit sous forme de boisson.

Grand est l'étonnement de notre confrère, lorsqu'au bout de douze jours il voit revenir la pellagreuse *complètement guérie, tant au physique qu'au moral.*

Depuis ce moment, Marie Dulac a repris son genre de vie habituel ; elle va aux champs et n'éprouve aucune incommodité, à part quelques légers maux de tête, que le docteur Peyramale croit étrangers à la maladie.

Obs. XIX. — Vers la fin de l'année 1856, le même praticien est mandé par le sieur Jean-Marie Noguès, domicilié au village de Saint-Martin. Cet homme, de tempérament sanguin, de constitution vigoureuse, était parvenu à sa quatre-vingt-quatrième année, sans jamais avoir essuyé la moindre maladie.

Très laborieux, il passait la plus grande partie de son temps au milieu des champs, bravant, sans être dérangé, les intempéries de l'air et du soleil, et conservant toujours le caractère le plus gai.

Bien logé, bien nourri, n'usant jamais de maïs, Noguès avait eu de tout temps l'habitude de boire du vin assez généreux, sans l'étendre de beaucoup d'eau. Mais obligé de se restreindre depuis deux ans par suite du renchérissement de la denrée, le bon vieillard s'était vu condamné à boire beaucoup d'eau, dont il parvenait à peine à dissimuler la couleur par l'addition d'une faible quantité de mauvais vin.

C'est à partir de cette modification dans le régime, qu'éclatent chez Noguès les symptômes de la pellagre. Ses mains, ses pieds et ses jambes sont envahis par l'éruption érythémateuse, qui s'accompagne de l'engorgement de ces parties ; des squames se forment, et leur chute laisse voir sur chaque jambe un ulcère fétide du plus mauvais aspect. L'appétit est diminué, les digestions sont lentes et laborieuses ; il y a des vertiges ; un trouble profond se remarque dans les facultés intellectuelles, et, bien que chez cet homme la maladie remonte à peine à un an, il existe dans tout son être une faiblesse extrême.

Sur le conseil de M. Peyramale, Noguès est conduit à la source de Gazost. Il s'y baigne, lotionne plusieurs fois le jour ses jambes ulcérées, et boit quelques verres d'eau minérale. Le régime ne se compose que de bouillon substantiel et de vin rouge étendu dans de l'eau commune.

Cinq jours de ce traitement ont suffi pour amener la guérison de Noguès, à la grande surprise de M. Deffis, desservant de la commune et de plusieurs voisins.

Conclusions. — De tous les documents mis à la disposition du Conseil départemental d'hygiène et de salubrité, il ressort :

1° Que, depuis plusieurs années, la pellagre a fait irruption dans les Hautes-Pyrénées, où elle est en cours d'accroissement ; qu'elle règne surtout dans les vallées de l'Adour, de l'Arros et de l'Echez ;

2° Que cette maladie revêt la forme endémique, et constitue un même type pathologique avec la pellagre observée par les médecins français, italiens et espagnols, dont elle ne diffère en rien ;

3° Qu'elle est due à l'influence combinée des privations qu'entraîne la misère à sa suite, l'intervention de l'usage du maïs n'étant pas indispensable comme on le pense généralement ;

4° Que les ressources de la thérapeutique, à peu près impuissantes jusqu'à ces derniers temps, ont été dirigées d'une manière utile dans le traitement de cette maladie par des praticiens des Hautes-Pyrénées qui sont parvenus à la guérir ;

5° Que le traitement de la pellagre consiste dans l'usage de l'eau sulfureuse naturelle, en bains et sous forme de boisson, aidé d'un bon régime alimentaire ;

6° Mais que c'est de l'application de l'hygiène, fondée sur l'intervention active de la science, de l'administration et de la charité publique et privée, qu'il faut attendre l'extirpation de ce fléau.

Réponse du docteur Costallat au Rapport du Conseil départemental d'hygiène et de salubrité des Hautes-Pyrénées sur la question de la Pellagre.

Ce rapport est, à bien peu de chose près, l'œuvre d'un seul homme, de M. le docteur Duplan, vice-président du Conseil; mais une certaine part de responsabilité revient à deux de ses collègues, MM. Dastas et Claverie, qui ont pris part à l'enquête faite à Saint-Pé, à Labassère et à Trébons.

Le Conseil d'hygiène croit avoir combattu victorieusement les idées dont je me suis constitué le défenseur. Je crois, au contraire, et je vais prouver, que jamais attaque plus faible, aussi impuissante n'a été dirigée contre elles. J'aurais voulu ne plus discuter et aller tout droit à l'expérimentation, comme je le dis dans mon mémoire du 8 juillet dernier *(voir p. 12)*, mais les opinions exprimées dans le rapport sont si contraires aux faits, qu'il m'est impossible de me taire. Si quelques amours-propres ont à souffrir de la brutalité des faits que j'ai à produire et de tel argument *ad hominem* que je suis forcé d'employer, à qui la faute?

Deux points importants sont en discussion : d'un côté, la nature et la cause de la pellagre; de l'autre, sa prophylaxie et son traitement. Avant de les aborder, rappelons brièvement en quoi consiste la doctrine nouvelle.

Au point de vue du docteur Balardini, la misère la plus complète, les infractions les plus graves aux lois de l'hygiène, la privation de toute liqueur fermentée peuvent affaiblir le sujet le mieux constitué et le conduire plus ou moins rapidement au tombeau; mais la pellagre ne se montrera qu'avec le *verdet.* Cette maladie fera des progrès, restera stationnaire, ou diminuera d'intensité, suivant que l'entophyte vénéneux se trouvera en plus ou moins grande quantité dans l'aliment de chaque jour ; elle cessera même tout à fait, un certain temps après la disparition complète du verdet.

Avec cette formule, tout s'explique aisément, l'étude et l'interprétation des faits particuliers et généraux observés impartialement, froidement, sont faciles et fécondes en résultats. Prenons un exemple. La grande épidémie de 1857, qui a donné l'éveil, est incomparablement la plus forte qui se soit jamais montrée dans les Pyrénées ; qu'on veuille bien jeter les yeux sur le tableau que j'ai dressé des prix du froment, du seigle et du maïs, depuis 1844 jusqu'à ce jour, d'après le registre des mercuriales du marché de Bagnères. Bien que 1857 y figure en première ligne comme année disetteuse, la pellagre n'aurait pas sévi plus qu'elle n'avait fait jusqu'alors, si l'énorme déficit, indiqué par la hausse extraordinaire des prix, avait pu être comblé par une autre céréale que le maïs.

Mais nos paysans ne peuvent se passer de leur *pastet* (bouillie de maïs), qu'ils prétendent être plus économique que la soupe au pain de seigle et de froment, même lorsque le maïs se paie 29 fr. 50 l'hectolitre, le seigle ne coûtant que 25 fr., et le froment 37 fr. 50, c'est-à-dire bien moins, eu égard à la différence des qualités nutritives. Avec le maïs étranger, provenant des provinces danubiennes, s'introduisit une quantité de verdet hors de toute proportion avec tout ce qu'on avait pu voir jusqu'alors ; de là aussi, les effets désastreux sur la santé publique.

L'année 1858 a été la contre-partie de 1857 ; la récolte a été bonne et abondante, et comme il n'y a pas eu de déficit à combler, le maïs n'a pas séjourné dans les navires, dans les magasins, et n'a pas présenté plus de verdet que dans les années ordinaires ; aussi y a-t-il eu bien moins de cas de pellagre, ce qui implique nécessairement qu'un certain nombre de pellagreux ont guéri spontanément ; peut-on trouver un enchaînement de faits et de déductions plus simple, plus naturel ?

Le Conseil d'hygiène en jugea autrement quand il rédigea

la circulaire préfectorale du 10 juillet 1857; il ne dit pas un mot de ma note du 1ᵉʳ mars qui l'avait provoquée et dans laquelle j'avais nettement posé la question, en disant : *La pellagre est un empoisonnement par le verdet. La grande épidémie de 1857, coïncidant avec la consommation d'une grande quantité de maïs altéré par le champignon parasite, en est une preuve presque certaine; on empêche le verdet d'apparaître, en passant au four le maïs à peine récolté; on arrêterait le fléau, en interdisant l'introduction dans nos ports et la vente sur nos marchés de maïs avariés, etc., etc.*

Au lieu de porter à la connaissance de nos confrères ces idées ignorées de la plupart d'entre eux et dont l'étude leur aurait certainement paru intéressante, les éléments ne leur manquant pas pour en faire l'application, au grand avantage de leurs clients, le Conseil d'hygiène les a consultés sur la pellagre en général; aussi qu'est-il arrivé? Dans le petit nombre de mémoires que l'on a reçus, *les praticiens ont cru pouvoir se contenter d'écrire, chacun de son côté, l'histoire de la maladie envisagée au point de vue de leur observation personnelle.* C'est M. Duplan qui s'en plaint ainsi *(page 8 du rapport),* comme s'il en pouvait être autrement. Mais ce qui étonnera bien M. Duplan, c'est ce qui m'est arrivé avec un des confrères qui ont répondu à l'appel du Conseil. Je lui avais fait dire par son père que je l'engageais à ne rien écrire sur la pellagre qu'après m'avoir vu : à la fin de mai dernier il vint me voir et m'avoua qu'il avait fait un mémoire. Alors, je lui lus mes notes et observations; mon confrère tomba en admiration devant les recherches de Balardini et de M. Roussel et m'exprima le plus vif regret de n'avoir pas tenu compte de mon charitable conseil. Ce confrère est M. le docteur Duplan, de Laborde, le même dont le mémoire est cité avec tant de complaisance par M. le rapporteur. Ainsi se trouvaient justifiées mes plaintes adressées le 5 octobre précédent à S. E. le Ministre de l'agriculture, contre la circulaire préfectorale du 10 juillet, et la résolution que je venais alors de prendre de me soustraire au verdict de juges évidemment prévenus, en posant autrement la question et en cherchant la solution ailleurs *(voyez page 12)*.

Si M. le rapporteur avait soumis aux procédés d'analyse de la clinique moderne les travaux de ses confrères, il aurait évité les contradictions dans lesquelles il est tombé pour avoir voulu en faire un tout homogène. Si M. Duplan avait rigoureusement vérifié les observations, s'il avait reçu les pellagreux au printemps, il aurait acquis la conviction que les cas de guérison qu'on lui avait montrés étaient imaginaires, sauf un seul dont je parlerai plus loin ; il aurait mis au feu ce rapport qu'il regrettera certainement d'avoir livré à l'impression.

Du moment où, sur de trompeuses apparences, M. Duplan s'est figuré que l'eau sulfureuse naturelle était un remède à peu près infaillible contre la pellagre, il a été fatalement entraîné à condamner, presque sans examen, l'explication la plus nette et la plus claire de cette maladie ; et cependant la logique semblait devoir le faire remonter de la spécificité supposée du traitement à la spécificité de la cause.

La pellagre, dit-il, est due à l'influence combinée des privations qu'entraîne la misère à sa suite, l'intervention de l'usage du maïs n'étant pas indispensable, comme on le pense généralement ; troisième conclusion du rapport. A cela l'on répond qu'on ne voit pas de pellagreux dans les grandes villes où l'on trouve les exemples de la misère et de la détresse les plus profondes, mais où on ne fait pas usage du maïs.

La pellagre, ajoute-t-il, *a été observée chez des individus qui n'avaient jamais fait usage de maïs,* c'est là pour M. le rapporteur *un argument irrécusable.* J'ai de bonnes raisons pour ne pas l'admettre comme tel ; en effet, depuis le 25 février 1857, et surtout pendant ma tournée dés Landes, je n'ai cessé de demander partout et toujours à voir des cas de pellagre non précédés de l'usage du maïs ; et, quand on a voulu m'en montrer, il ne m'a pas été difficile de prouver qu'on s'était trompé. Pour moi, *l'argument irréfutable* est tout simplement une assertion sans fondement ; mais M. le rapporteur croit trouver une preuve éclatante en faveur de son opinion dans la dix-neuvième observation du rapport. Comme c'est le seul cas de pellagre sans maïs qu'on ait pu se procurer, il est nécessaire de le discuter :

« Noguès, quatre-vingt-trois ans, tempérament sanguin,
» constitution vigoureuse, aucune maladie antérieure, très
» laborieux, passant la plus grande partie de son temps au
» milieu des champs, bravant sans en être dérangé les intem-
» péries de l'air et du soleil, conservant toujours le caractère
» le plus gai, bien logé, bien nourri, n'usant jamais de maïs,
» ayant de tout temps l'habitude de boire du vin assez géné-
» reux, sans l'étendre de beaucoup d'eau, mais obligé de se
» restreindre depuis deux ans, par suite du renchérissement
» de la denrée, etc., etc. (1).

» Sur le conseil de M. Peyramale, Noguès est conduit à la
» source de Gazost, il s'y baigne, lotionne plusieurs fois le
» jour ses jambes ulcérées et boit quelques verres d'eau mi-
» nérale... Cinq jours de traitement ont suffi pour amener
» sa guérison. »

Notons en passant que, lorsque, il y a deux ans, M. Peyramale publia cette observation avec deux autres de la même importance (2), notre confrère n'avait pas parlé de la circonstance relative au maïs, ni dit que Noguès se fût rendu à Gazost.

Un paysan de la vallée de l'Adour, qui *jamais de sa longue carrière n'adopta l'usage du maïs*, et que l'on a guéri de la pellagre en cinq jours!... cela valait la peine d'être vérifié. Je me suis rendu le 21 novembre dernier à Saint-Martin, et voici ce que Joseph Noguès m'a dit en présence de plusieurs membres de sa famille.

« Mon oncle Jean-Marie (le sujet de l'observation) est mort
» le 28 décembre 1856; il mangeait comme nous tous, du

---

(1) La pellagre ne serait donc pas toujours due *à l'influence combinée des privations qu'entraîne la misère à sa suite.*

(2) Voir *l'Intérêt public, journal de Tarbes*, du 18 novembre 1856.

» *pastèt* (bouillie de maïs au bouillon ou à l'eau) deux fois
» par jour, durant tout l'hiver et assez souvent le reste de
» l'année; il était surtout grand amateur de *hariat* (bouillie
» de maïs au lait); il buvait du vin du crû et il n'y mettait
» pas plus d'eau et il n'en buvait pas moins que d'habitude
» dans les dernières années de son existence; il n'est jamais
» allé à Gazost. Le 1er novembre 1856, François Noguès (un
» autre neveu de Jean-Marie) alla chercher à Gazost deux
» bouteilles d'eau sulfureuse, de la contenance de deux litres
» chacune. Le malade en a bu tous les jours un verre et s'est
» bassiné, une fois par jour, les mains, les pieds et les jambes
» avec une égale quantité de la même eau préalablement
» tiédie devant le feu. »

Après cela personne ne croira que Jean-Marie Noguès ait
eu la pellagre, ni n'attendra un résultat quelconque du mode
d'administration de l'eau sulfureuse suivi par lui. Il ne reste
donc rien de cette cure tant vantée. Je me trompe, il reste
démontré que M. Peyramale a mal observé et que, dans l'examen de ces observations, M. Duplan n'a pas montré une
critique assez rigoureuse.

Les cures qui s'opèrent par l'amélioration du régime
alimentaire et par la suppression plus ou moins complète de
l'usage du maïs, sans l'intervention d'aucun moyen thérapeutique, ces cures que j'appelle spontanées, deviennent
tous les jours plus nombreuses, à mesure que l'on constate
l'inutilité de tous les traitements, et sont une nouvelle
preuve de la spécificité de la cause. M. Duplan, de Laborde,
en rapporte une qui est mentionnée à la page 31 du rapport.
M. le docteur Gazailhan, de Biscarosse (Landes), en a recueilli
une autre très remarquable; il s'agissait d'un homme atteint
de folie pellagreuse : on verra plus loin que la quinzième
observation du rapport rentre dans cette catégorie. On peut
aussi voir à Arcizac (rive droite), à égale distance de Tarbes et
de Bagnères, une femme de quarante-cinq ans, Marie
Haliouéyos, femme d'Abadie Couré, maçon, qui, au moment
où elle éprouvait les premiers symptômes de la pellagre, fut

prise d'un si profond dégoût pour la bouillie de maïs, qu'elle assure n'avoir pas consommé, pour sa part, un décalitre de maïs depuis deux ans et chez qui la pellagre paraît entièrement éteinte. Veut-on des exemples, en grand nombre et aussi concluants, on n'a qu'à lire dans l'ouvrage de M. Th. Roussel les résultats des expériences dont G. Cerri fut chargé en 1795 par le gouvernement de Milan, expériences qui ont été renouvelées souvent et toujours avec le même résultat.

Examinons maintenant quels rapports existent entre l'état du maïs et sa consommation, à diverses époques de l'année, d'une part, et l'apparition et la disparition périodiques des symptômes extérieurs de la pellagre, d'une autre.

Les paysans qui récoltent le maïs dont ils se nourrissent, consomment d'abord le moins bien venu, de peur qu'il ne moisisse; pour le même motif, les producteurs écoulent la qualité inférieure. Durant l'hiver les pauvres mangent plus de maïs qu'à aucune autre époque de l'année, et nous venons de voir que c'est le plus avarié; aussi le principe vénéneux s'accumule-t-il dans l'organisme. Le degré de saturation en quelque sorte est marqué par l'explosion de symptômes qui s'opère au printemps. Plus tard ces symptômes cèdent; c'est alors aussi que le régime alimentaire est un peu moins mauvais; en effet la proportion relative de verdet diminue tous les jours; le pauvre journalier trouve plus facilement du travail, il peut se permettre quelques légumes, un peu de graisse, de lait, et quelquefois du pain et du vin. Avant de quitter ce sujet, faisons remarquer que M. Verdoux père disait en 1851 :

« La pellagre se développe plus particulièrement chez les personnes faibles, pauvres et qui se nourrissent exclusivement et constamment de maïs (1). »

---

(1) *Recherches pour servir à l'histoire de l'eau sulfureuse de Labassère,* par le docteur Louis Cazalas, p. 86.

Traitement de la pellagre par l'eau sulfureuse naturelle.

A mesure que ma tâche avance, elle devient plus pénible. Je cite le rapport :

« La confiance de M. Verdoux dans l'eau sulfureuse natu-
» relle est telle qu'il n'hésite pas à la proclamer comme in-
» faillible dans le traitement de la pellagre. Ainsi, pour ce
» praticien, l'eau sulfureuse est à la pellagre ce que le mer-
» cure est à la syphilis *(page 33 du rapport).* »

Cette comparaison n'est pas heureuse. Tout au plus l'aurait-on admise il y a trente ans : aujourd'hui on ne croit plus à l'infaillibilité du mercure ; mais passons.

« Les ressources de la thérapeutique, à peu près impuis-
» santes jusqu'à ces derniers temps, ont été dirigées d'une
» manière utile dans le traitement de la pellagre par les
» praticiens des Hautes-Pyrénées qui sont parvenus à la
» guérir (1). »

« Le traitement de la pellagre consiste dans l'usage de
» l'eau sulfureuse naturelle, en bains et sous forme de bois-
» son, aidé d'un bon régime alimentaire (2). »

Les faits produits par M. Verdoux remontent à 1840. Depuis 1851, aucun moyen de publicité ne leur a manqué, de sorte que, dans ces sept dernières années, le corps médical aurait eu le temps de constater les vertus que le rapport attribue à l'eau de Labassère et à ses congénères. Pourquoi, au contraire, est-il resté indifférent? il faut bien le dire, c'est qu'il n'a pas tardé à s'apercevoir que ces prétendues guérisons n'étaient que la cessation périodique et temporaire des symptômes principaux, hâtée par le repos, le changement d'air et de régime alimentaire, et à laquelle l'eau sulfureuse n'avait aucune part.

____

(1) Quatrième conclusion du rapport.
(2) Cinquième conclusion du rapport.

M. Verdoux père a traité à Labassère :

Joseph Palisse, atteint de folie pellagreuse, qui s'est noyé le 15 juillet 1857.

Lacoste, vieillard pellagreux, demeurant à la côte des Matestes, qui est mort le 27 décembre 1851.

Domenge Dubau-Arnaou, pellagreuse, morte le 17 septembre 1857.

Jeanne-Marie Destarac, femme Dubau, âgée de trente-quatre ans, qui est venue mourir à Bagnères, le 28 mars 1856, après deux mois de délire pellagreux (1).

Il a traité tous les pellagreux de Labassère cités dans le rapport et qui sont encore malades, à l'exception de Louise Rousse.

Cela n'a pas empêché M. Verdoux d'écrire à M. Hameau, en 1855, *qu'il avait toujours les mêmes succès*, et de dire tout récemment à M. Duplan que l'eau sulfureuse naturelle est un remède infaillible contre la pellagre.

A ces faits je pourrais en ajouter d'autres aussi probants, pris dans la pratique de nos confrères ou dans la mienne propre; mais on en pourrait contester la réalité ; il en est cependant un tellement accablant pour les guérisseurs par l'eau sulfureuse naturelle en *cinq*, *dix* ou *quinze* jours que je ne puis me dispenser d'en dire quelques mots.

Dominique Dallier, dit Barbe-d'Or, laboureur, âgé de quarante-trois ans, grand et vigoureux, demeurant à Bagnères, quartier des Palomières, ayant perdu son père et une sœur, tous deux atteints d'une folie pellagreuse, a passé quinze jours du mois d'août dernier à Gazost et y a pris un bain et plusieurs verres d'eau par jour : il n'en a pas moins été repris le 12 ou le 15 octobre de l'érythème pellagreux aux mains et aux pieds. Le 24 du même mois, je l'ai visité avec M. Mailhes,

---

(1) J'ai soigné cette malade à Bagnères pendant les derniers mois de sa vie. Je l'ai montrée au docteur Peiriga, qui se souvient de l'avoir signalée sept ans auparavant à M. Verdoux père, dans son domicile à Labassère, comme présentant les premiers symptômes de la pellagre ; ne connaissant alors (mars 1856) aucun moyen de guérir cette maladie, je me crus, en conscience, obligé de prescrire l'eau de Labassère, quoiqu'elle ne m'inspirât aucune confiance dans ce cas.

son médecin ordinaire. L'érythème n'avait pas encore cessé aux mains et à la partie externe sous-malléolaire du pied droit. Le même point du pied gauche était en desquamation. Le ptyalisme, les étourdissements, la faiblesse des jambes, l'état caractéristique de la langue, l'affaiblissement de la mémoire étaient moins prononcés qu'au printemps, mais tout aussi manifestes. Ce fait contrariera les guérisseurs en cinq jours, mais nous en trouverons de plus surprenants dans la revue que je vais faire des observations du rapport (1).

OBSERVATION I. — L'eau sulfureuse n'a pas manqué à la fille B...., et elle est morte.

OBS. II. — R. P.... est allée aussi plusieurs fois à Cauterets, elle est toujours malade.

OBS. III. — C.... est allé deux fois à Cauterets et a pris deux fois de l'eau de Labassère chez lui, il n'en est pas plus avancé.

OBS. IV. — C...., propriétaire assez aisé, a pris l'eau de Labassère chez lui et était si peu guéri quand je le vis, qu'il se trouvait alors sous le coup d'une recrudescence.

OBS. V. — M.... est malade depuis au moins dix ans. Le rapport ne parle que de quatre, et dit *qu'il est revenu de Cauterets dans un état de santé qui ne s'est pas démenti ;* tout bien examiné et toutes informations prises, la maladie de M.... n'a pas cessé de faire des progrès, c'est bien certainement le cas le plus grave que j'aie vu à Saint-Pé.

OBS. VI.—M. C.... est pellagreuse depuis dix-huit ans environ au lieu de cinq que porte le rapport; elle est allée à Cauterets en 1856 et 1857 et a été soulagée chaque fois ; n'a pas pu y aller en 1858 faute de ressources, et est de plus en plus affectée.

Les quatre observations suivantes ont été recueillies à Trébons. Le rapport ne donne pas le nom des malades ; quant aux notes, jamais on n'en a publié d'aussi incomplètes, d'aussi peu probantes. L'occasion était cependant belle de donner un spécimen de la manière de *grouper les faits et par conséquent de*

____

(1) Mort de la folie pellagreuse, le 14 avril dernier.

les juger (page 8 du rapport). J'ai su par M. Cardeilhac que ces quatre malades sont :

Obs. VII. — Femme P...., morte dans le délire pellagreux, en juin 1858.

Obs. VIII. — D. V...., veuve T....., a passé quinze jours à Bagnères, en septembre dernier, a pris chaque jour un bain du Foulon et deux verres d'eau de Labassère, a été soulagée un moment, mais non guérie.

Obs. IX. — A. M...., veuve S... Elle prétend qu'elle serait bientôt débarrassée de la pellagre, si elle ne mangeait plus de maïs, est allée plusieurs fois à Cauterets, est bien décidée à se priver de maïs ou à le préparer selon le procédé bourguignon. Non guérison.

Obs. X. — C. J...., femme C...., a fait usage de l'eau de Labassère en 1856 et 1857, n'en a pas pris en 1858, parce qu'elle n'a pu se la procurer gratis, a passé quatre ou cinq mois de 1857 sans manger de maïs et se croyait guérie quand elle revint à cet aliment et rechuta. Non guérison.

Obs. XI. — D. C.... Cette femme, veuve d'un pellagreux qui s'est noyé et mère de trois enfants, n'avait fait aucun traitement lorsque la Commission l'a vue. Elle n'a pris, en 1858, que quatre bouteilles d'eau de Labassère dans l'espace d'un mois. Non guérison.

Obs. XII. — C. D.... Le rapport parle d'un amendement notable chez ce malade qui était mort le 20 février 1858. Il avait cependant pris deux verres d'eau de Labassère tous les matins pendant trois mois.

Obs. XIII. — B. B...., a pris pendant deux semaines trois verres d'eau de Labassère par jour. Aucune amélioration.

Obs. XIV. — F. A.... Loin que sa guérison soit *complète et ne se soit jamais démentie,* elle est toujours pellagreuse et n'a pas cessé de l'être depuis huit ans. Au reste, elle a pris l'eau sulfureuse à peu près comme J.-M. N...., le sujet de la cure miraculeuse.

Obs. XV. — L. R.... Le seul cas de guérison que j'admette parmi tous ceux qui sont publiés par la Commission. Reste à savoir comment il s'est opéré.

Certes ce n'est pas l'eau sulfureuse qui a fait défaut, mais L. R.... a éprouvé un grand dégoût pour toutes les préparations de maïs et s'en est privée totalement pendant plusieurs mois, elle a fait en outre un plus fréquent usage du pain de méteil. C'est pourquoi j'ai rapporté ce cas aux guérisons spontanées.

Cette guérison ne s'est pas maintenue, parce que ni la malade ni son mari n'ont jamais voulu comprendre que la maladie tenait au défaut de torréfaction du maïs. Louise Rousse, femme de Jean-Marie Barthe, est morte au mois de juillet 1863.]

Obs. XVI. — V. F.... Il s'agit ici d'un vieillard, bon propriétaire, chez qui les symptômes ne sont bien prononcés qu'au printemps sans jamais disparaître entièrement. Il serait facile de le guérir, mais il s'en faut bien qu'il soit guéri.

Obs. XVII. — M. C...., de Labassère. Pendant que je prenais des notes à la mairie, M. le secrétaire l'avait fait prier d'y venir ; en y arrivant et sans attendre qu'on la questionnât, elle s'écria : *Qu'est-ce que me veut encore ce M. Verdoux avec sa pellagre? Est-ce que j'ai jamais eu les pieds et les mains pelés? Croit-il encore que j'aie bu l'eau de Labassère qu'il m'a prescrite? Je l'ai pourtant déjà dit aux médecins de Tarbes* (1) *en présence de son fils.* Et comme j'avais l'air de ne pas croire qu'elle se fût exprimée ainsi, M. le secrétaire déclara que les termes dont M. C.... venait de se servir étaient exactement les mêmes qu'elle avait prononcés devant la Commission. Je n'attendais que ce témoignage pour mettre fin à cette étrange scène ; il va sans dire que M. C.... ne présentait aucun symptôme de pellagre actuelle ou passée. Quatre jours après, F.... A.... que je n'avais pas trouvée chez elle lors de ma visite aux pellagreux de Labassère, et qui fut présentée l'an dernier à la Commission, en même temps que M. C...., m'a rapporté les paroles de cette dernière comme je viens de les écrire, ajoutant que les médecins de Tarbes, qui d'abord ne purent s'empêcher d'en rire, s'en montrèrent bientôt après tellement courroucés qu'ils s'écrièrent : *Pourquoi ne voulez-vous pas dire la vérité?* Ces messieurs préféraient donc le témoignage de M. Verdoux père, absent et qui après tout avait pu se tromper, à celui d'une pauvre femme dont l'imposture, si ça avait été une imposture, eût été facile à dévoiler. Il suffisait d'une enquête très facile à faire, puisque M. C.... demeurait au centre du village, tout près de la mairie, où se trouvaient réunis en ce moment les pellagreux de la commune désignés par M. Verdoux.

Obs. XVIII. — M.... D.... Le 21 novembre dernier, cette malade éprouvait, depuis huit jours, les symptômes précurseurs d'une recrudescence : malaise, maux d'estomac, salive abondante et salée, ardeur au gosier, coliques, douleur aux lombes, sentiment de brûlure au dos des mains, rougeurs et tuméfaction commençante dans ces parties. La colo-

---

(1) C'est ainsi qu'on désignait la Commission du Conseil d'hygiène du chef-lieu.

ration jaune des pieds, qui n'avait pas tout à fait disparu, a sensiblement augmenté. L'état d'ivresse, les étourdissements, la faiblesse des jambes avaient cependant diminué, mais existaient toujours.

Voilà la malade présentée par le rapport *comme complétement guérie tant au physique qu'au moral*, par les eaux de Gazost prises sur les lieux, en bains et en boisson, *en douze jours*.

M. le rapporteur a beau ajouter : *Nous aurions hésité à reproduire ce fait, si la probité scientifique bien connue de M. Peyramale n'en garantissait l'exactitude.*

Il n'est pas question ici de probité, il s'agit d'observation exacte ; la Commission l'aurait peut-être compris, si elle s'était donné la peine de contrôler les observations de M. Peyramale comme celles de MM. Verdoux et Cardeilhac.

Il est inutile de revenir sur la dix-neuvième et dernière observation (1). Ce fait est plus curieux encore que le précédent, dit le rapport : ce qu'il y a de vraiment curieux, ce sont les réflexions et les explications qui suivent l'exposition de ces deux faits. C'est une dissertation nouvelle sur la dent d'or.

M. le rapporteur cite plusieurs docteurs et officiers de santé des Pyrénées ; mais avait-il bien le droit de passer sous silence les noms et les notes ou mémoires de MM. Labayle père et fils, de M. Rousse, de M. Jarrou et de M. Bène ?

Il parle aussi de M. le docteur Hameau fils, de la Teste, et de M. le docteur Cazalas, qui n'ont fait que reproduire ce que M. Verdoux père leur avait dit ou écrit. Au reste, M. Hameau sait à quoi s'en tenir maintenant sur la médication sulfureuse dans la pellagre ; d'un autre côté, M. Cazalas ne manque pas d'employer le correctif suivant : *pourvu que les assertions de M. Verdoux soient confirmées par l'expérience des autres praticiens* (2). M. le rapporteur nomme aussi M. Léon Marchant. Pourquoi n'a-t-il pas, à l'exemple du Conseil général de salubrité de la Gironde, dont M. Marchant était secrétaire et

____

(1) J'en ai donné l'analyse à la page 89.
(2) Ouvrage déjà cité, p. 94.

rapporteur (1), publié en entier les documents soumis au Conseil départemental ? On y trouverait peut-être *ces travaux du plus haut intérêt auxquels nous devons des aperçus nouveaux, des appréciations remarquables et souvent ingénieuses sur la nature, les causes et le traitement de la pellagre* (page 7 du rapport).

M. Duplan a préféré n'y prendre que ce qui lui a paru favorable à sa thèse de prédilection, supprimant ce qui s'en éloignait, écourtant ce qui le contrariait, ou qui pouvait être trop compromettant pour les *observateurs pyrénéens*, donnant l'éloge d'une main, le retirant de l'autre.

En terminant, je ferai remarquer que, si je n'avais pas apporté des échantillons de maïs de la dernière récolte, le Comité consultatif n'aurait pas pu constater les caractères du verdet, les échantillons envoyés de Tarbes n'étant que du maïs sain.

Conclusions. — Contrairement aux propositions qui terminent le rapport du Conseil départemental d'hygiène des Hautes-Pyrénées, nous conclurons que :

1º La *pellagre* est un empoisonnement lent par le *verdet;*

2º La pellagre disparaîtra quand toute la farine de maïs sera préparée par le procédé bourguignon ;

3º En attendant, il ne faut plus parler de cas, existants ou ayant existé, de pellagre sans maïs, ni de pellagre guérie par une eau sulfureuse naturelle quelconque ; il faut en montrer.

Note du docteur Costallat sur la conservation du maïs.

Le 8 août dernier, le Comité consultatif d'hygiène publique a présenté à S. Exc. le Ministre de l'agriculture, du commerce et des travaux publics un rapport qui constate que le verdet du maïs est l'unique cause de la pellagre, ainsi que l'avait

---

(1) *Documents pour servir à l'étude de la pellagre des Landes.* Bordeaux, 1844, in-8º, fig.

annoncé dès 1845 le docteur Balardini, de Brescia (Lombardie), et qui recommande, comme moyen le plus efficace d'en prévenir le développement, le passage du maïs au four, *au moment même où l'on vient de le récolter*, ainsi qu'on le pratique en Bourgogne, où la pellagre est inconnue.

Il est donc de la plus grande importance d'employer, avant la prochaine récolte, tous les moyens de publicité pour informer les producteurs de maïs du procédé qui préserve infailliblement cette céréale du verdet.

Le verdet est un amas de champignons microscopiques, qui, peu de temps après la récolte, se montrent dans le sillon de la face supérieure du grain, sous la pellicule qui recouvre le germe. C'est une tache verte, d'où le nom de verdet. Les grains affectés de verdet ne peuvent pas germer ; la volaille les refuse ; et la farine qui en provient a un goût très prononcé d'amertume et d'âcreté.

A la fin de février 1857, j'ai mondé du maïs étranger acheté au hasard sur le marché de Bagnères, et le poids des grains altérés à divers degrés était au poids de la masse totale dans le rapport de un à quarante-quatre. Le 1er mai 1858, je fis le même triage sur le maïs le plus altéré que je pus trouver au marché de Bagnères, et la proportion n'était plus que de un à soixante-trois.

Dans les Landes de Gascogne, on sème le maïs au fond du sillon du seigle, un certain nombre de jours avant la moisson, si même on n'attend pas que le seigle soit coupé pour le remplacer par le maïs. Qu'on s'étonne ensuite de l'énorme proportion de verdet qu'on rencontre dans les greniers des Landes ?

Après le défaut de maturité, ce qui contribue le plus à produire le verdet, c'est la mauvaise habitude qu'on a de laisser les épis de maïs en gros tas, une ou plusieurs semaines avant de les dépouiller de leurs robes et de les exposer à l'air. On a beau ensuite les suspendre au plancher et dans tous les endroits intérieurs et extérieurs de la maison, le verdet a commencé ses ravages et les continuera ; on aura beau, plus tard, torréfier, à mesure de la consommation, la farine qu'on en aura obtenue, le verdet ne perdra rien de ses qualités vénéneuses.

En Bourgogne et en Franche-Comté, en appliquant le feu au maïs, on a moins pour objet d'assurer sa conservation que de lui donner une perfection qu'il n'a pas reçue de la nature. En effet, le maïs passé au four et celui qu'on laisse dans son état naturel ne se ressemblent que pour la forme; l'odeur et le goût de l'un et de l'autre varient en quelque sorte autant que celui du café brûlé et du café vert.

C'est ainsi que les départements de l'Est ont échappé à la pellagre, sans se douter à quoi cette immunité, au fond, était due.

Dans ces départements, aussitôt la récolte rentrée, on met de côté les plus beaux épis pour les semailles, on donne aux cochons et à la volaille tout ce qu'il y a de plus mal venu, et on passe au four ce qui est destiné à la nourriture de l'homme; mais, comme on opère sur de grandes quantités, on a de vastes fours chauffés comme pour la cuisson du gros pain. Une plus haute température n'est pas nécessaire pour la conservation du maïs, et aurait l'inconvénient de charbonner les épis, en contact avec la sole, et de produire une farine trop brune.

Le four une fois chauffé, on le nettoie, on y jette les épis que l'on étend avec un ringard de fer recourbé, on ferme le four aussitôt. Une heure après, on le débouche, et au moyen de la pelle de fer on a soin de remuer le fond du four, de soulever les épis, de renverser ceux qui sont sur l'âtre. On remue les épis une seconde fois, et au bout de vingt-quatre heures, la dessication est complète et le four se trouve rempli aux deux tiers. On réitère la même opération tant qu'il reste du maïs à passer au four.

Ainsi préparé, le maïs ne demande aucun soin et peut rester plusieurs années dans des tonneaux défoncés sans éprouver la moindre avarie. Il suffit de le garantir de l'atteinte des rongeurs; tandis que les procédés ordinaires de conservation exigent une grande vigilance, des soins constants, de grands espaces couverts, et sont loin de préserver du verdet la précieuse graminée, dans des pays comme le nôtre.

C'est maintenant aux producteurs à voir si la dépense en combustible, du procédé bourguignon et la certitude de livrer toujours au commerce une substance alimentaire parfaitement saine et de qualité supérieure, compensent suffisamment les frais qu'entraînent la routine et les chances de dépréciation de leurs produits. Depuis longtemps, ce n'est plus une question pour moi, et ce n'en sera plus une pour personne, quand l'administration supérieure enjoindra aux autorités municipales et aux officiers de police de surveiller, d'une manière toute spéciale, la mise en vente et le débit du maïs, comme le conseille le rapport du Comité consultatif d'hygiène.

Expérience qui démontrera que le verdet est l'unique cause de la pellagre.

La voici telle que j'aurais désiré que Son Excellence le Ministre de l'agriculture l'eût fait instituer officiellement :

1° *Choix des sujets.* Une famille de pellagreux se soumettra facilement à une surveillance rigoureuse, si on lui fait comprendre qu'on veut la guérir, et qu'il suffit pour cela de substituer à la farine de maïs, dont elle fait habituellement usage, une égale quantité de farine de maïs plus savoureuse, plus digestible et qu'on lui fournira gratis.

Il serait à désirer que cette famille offrît des degrés divers de pellagre, et qu'un ou deux de ses membres n'en eussent jamais ressenti aucun symptôme. Rien d'ailleurs ne serait changé aux habitudes, ni à l'hygiène de cette famille.

2° *Choix des expérimentateurs.* C'est le plus difficile. Les personnes désignées (parmi les plus charitables et les plus dévouées) pour surveiller l'expérience et en garantir la sincérité, n'en seront définitivement chargées qu'après avoir prouvé qu'elles en comprennent le but et la portée, et s'être engagées sur l'honneur à y consacrer tout le temps nécessaire.

Les expérimentateurs devront autant que possible habiter la même commune que les pellagreux en observation. Ils se réuniront en comité, et se concerteront afin qu'un ou plusieurs d'entre eux, à tour de rôle, soient plus particulièrement chargés d'apporter aux pellagreux la farine nécessaire à chaque repas, et de la voir préparer et consommer sous leurs yeux. Tous veilleront, bien entendu, à ce que les sujets en expérience ne fassent jamais usage de maïs non passé au four.

Un médecin leur sera adjoint qui constatera minutieusement l'état des malades, avant, pendant et après l'expérience. Il ne sera pas nécessaire qu'il réside dans la commune.

Mais il ne sera pas toujours possible de former un comité remplissant les conditions de zèle et de dévouement désirables. Dans ce cas, il faudra se contenter de faire observer, dans un hôpital, des pellagreux qu'on nourrira principalement de farine de maïs préservée du *verdet*.

Indépendamment des expériences officielles, l'autorité pourrait favoriser, provoquer la formation d'associations locales pour l'extinction de la pellagre.

L'expérience étant faite avec soin, ne serait-ce que dans une seule famille ou dans un seul hôpital, par département à pellagre, on verra la pellagre s'éteindre chez les malades, pendant que les sujets sains, placés dans les mêmes conditions, n'en seront pas affectés, ou plutôt en seront préservés. Dès lors, plus de doute possible. Entraîné par l'évidence des faits, et certain désormais qu'on peut guérir la pellagre et la prévenir, chacun voudra concourir à son extinction.

On fera des souscriptions pour bâtir de ces grands fours banaux usités en Bourgogne, dont la capacité est huit ou dix fois plus considérable que celle des fours ordinaires, et pour fournir, à prix réduit, ou gratis, aux pellagreux de la farine de maïs parfaitement saine. De son côté, le Gouvernement ordonnera que l'expérience soit répétée dans toutes les communes à pellagre, et personne ne trouvera rigoureuses les mesures

qu'il sera obligé de prendre pour faire disparaître le verdet
de l'aliment du pauvre.

Le moment est solennel, le temps presse, hâtons-nous de
combattre le fléau, et de dévoiler son origine aux yeux de
tous. Agissons d'abord. Nous discuterons ensuite tant qu'on
voudra, si toutefois l'expérimentation ne rend pas toute discussion inutile.

COSTALLAT.

Rapport sur les communications de M. le docteur Costallat relatives à la Pellagre, fait au Comité consultatif d'hygiène publique, par M. le docteur A. Tardieu.

M. le docteur Costallat, qui exerce la médecine à Bagnères-de-Bigorre où sa pratique est un constant modèle de
charité et de dévouement, a adressé depuis deux ans à M. le
Ministre de l'agriculture, du commerce et des travaux
publics plusieurs communications relatives à la pellagre
endémique dans les Hautes-Pyrénées, et notamment aux
causes qui engendrent cette maladie et aux moyens de la
prévenir. Ces divers travaux concluaient à l'institution d'une
expérience officielle destinée à mettre hors de doute la
véritable cause de la pellagre. Ces documents, renvoyés avec
une demande d'avis au Comité consultatif d'hygiène publique, ont été l'objet d'un examen approfondi de la part d'une
commission composée de MM. Mélier, Würtz, Latour,
Tardieu, rapporteur.

L'initiative prise par M. le docteur Costallat ne saurait être
louée trop hautement. Frappé des ravages que fait annuellement la pellagre parmi les populations pauvres du midi de
la France, convaincu, par une observation aussi patiente que
sagace, que l'unique cause du mal est, ainsi que l'ont établi
Balardini, et après lui le docteur T. Roussel, l'usage presque
exclusif dans l'alimentation du maïs altéré par le verdet,

M. Costallat s'est dévoué au triomphe de cette idée, qu'il s'est, pour ainsi dire, appropriée, par la généreuse persévérance avec laquelle il l'a soutenue auprès des médecins, ses confrères, auprès des administrations locales, enfin auprès de l'autorité supérieure. Il a compris que ce concours lui était nécessaire pour arriver à l'adoption de mesures prophylactiques uniformes qui puissent à la fois démontrer l'origine réelle du mal, et en arrêter les progrès ultérieurs. Nous exposerons les vues de M. Costallat, et nous apprécierons les moyens qu'il a proposés pour les réaliser ; mais nous devons en quelques mots rappeler l'état actuel de cette question qui intéresse à un si haut degré la santé publique et l'hygiène de ces classes déshéritées qui sont forcément placées sous la tutelle de l'autorité.

Sans reproduire ici des considérations historiques qui seraient déplacées, et sans nous livrer à une discussion qui serait fastidieuse autant qu'inutile pour le Comité, nous croyons pouvoir affirmer que l'examen et l'appréciation des causes diverses auxquelles a été successivement attribuée la pellagre ont démontré d'une façon péremptoire qu'au milieu des conditions géographiques et ethnologiques variées dans lesquelles on rencontre les pellagreux, il n'y a que deux faits constants et communs à tous les individus, sans exception : l'alimentation à peu près exclusive avec le maïs, surtout pendant la saison froide, et la misère qui rend cette alimentation obligatoire, et enlève à la constitution la force de résister à cette cause de maladie. La Commission considère comme actuellement établi, qu'il existe une corrélation constante entre le maïs et la pellagre. Celle-ci n'a paru en Europe que postérieurement à l'introduction du maïs ; dans chacun des pays où elle existe, elle a suivi de près la généralisation de la culture de cette céréale, elle y a fait des progrès toujours réglés d'après l'importance de cette culture et de la place que le maïs a prise dans l'alimentation des classes inférieures des campagnes. Si quelques faits exceptionnels, dont l'origine et surtout la nature ne sont pas à l'abri de toute contestation, ont été signalés, il n'en est pas moins certain que la pellagre n'existe que dans des pays à maïs, et qu'elle ne sévit que sur des individus qui s'en nourrissent principalement.

Nous ne nous arrêterons pas à ces prétendus cas de pellagre endémiques dans les asiles d'aliénés, signalés par un médecin, dont la Commission a examiné les recherches. Jamais ne s'est montrée plus évidente la confusion entre des espèces morbides différentes. Ces derniers faits, en particulier, qui se rapportent à ces érythèmes des extrémités, et à ces diarrhées cachectiques qui se montrent dans la période ultime des formes dépressives de la folie, démence, paralysie générale, stupidité lypémaniaque, n'ont pas le moindre rapport avec la véritable pellagre.

Celle-ci, du reste, qui seule nous occupera, ne sera pas attribuée à l'usage de maïs de bonne qualité, mais seulement à certaines altérations qu'il éprouve d'une manière plus ou moins fréquente suivant les climats. La pellagre n'existe comme maladie endémique que dans une zone comprise entre le 42e et le 46e degrés de latitude septentrionale. Au midi de cette zone, le maïs mûrit parfaitement et acquiert un remarquable développement; au nord, au contraire, il mûrit très difficilement et n'est employé que dans une très faible proportion comme aliment. Aussi, est-ce la zone intermédiaire comprenant à la fois l'Italie, l'Espagne septentrionale et le midi de la France qui représente le véritable domaine de la pellagre endémique. En France, elle s'étend depuis l'embouchure de la Gironde jusqu'à celle de l'Adour, et depuis la Garonne jusqu'à l'Océan sur une étendue de plus de 700 lieues carrées. L'altération du maïs qui paraît agir dans la production de la pellagre comme l'ergot du seigle dans la production de l'ergotisme, consiste, ainsi que l'a démontré, dès 1845, le docteur Balardini, de Brescia, en un parasite fongoïde, désigné sous le nom de *verderame*.

Telle est la doctrine, tels sont les faits vulgarisés en France par l'excellent ouvrage du docteur T. Roussel.

Cependant, bien que quinze ans se soient écoulés, et que des observations multipliées, à peine contre-balancées par quelques faits isolés et contradictoires, soient venues en confirmer toutes les données, rien n'a été fait pour mettre à profit les moyens que la science a indiqués pour combattre un mal redoutable. « La pellagre, dont l'existence.
» dans ce pays n'est signalée que depuis dix ou douze ans,
» écrivait en 1857 M. Costallat, n'y a jamais fait autant de
» victimes. Elle reparaît périodiquement de plus en plus
» meurtrière dans un grand nombre de communes des Hau-
» tes-Pyrénées et des départements voisins, quoique la
» science ait indiqué, depuis douze ans, un moyen infaillible
» de les en préserver. »

Dès la première communication de cet honorable et savant médecin, M. le Ministre du commerce, frappé de l'importance de ses vues, s'y associait avec sa haute sollicitude pour tout ce qui intéresse la santé et le bien-être des classes pauvres, et ordonnait une enquête qui, commencée au mois d'octobre 1857, se terminait à la fin de 1858 par la publication d'un rapport imprimé, adopté par le Conseil départemental d'hygiène et de salubrité des Hautes-Pyrénées ; M. le Préfet joignait à l'envoi de ce document un échantillon, malheureusement très insuffisant, du maïs consommé en 1857 dans les cantons de Bagnères où l'on avait signalé le plus grand nombre de cas de pellagre.

De son côté, M. le docteur Costallat, dont l'ardeur et le zèle infatigable ne s'étaient pas ralentis, avait poursuivi ses recherches ; étendant ses observations dans toutes les localités du Midi où règne la pellagre, examinant les récoltes, consultant la mercuriale des marchés et le mouvement du commerce du maïs, il s'était affermi dans ses convictions, et ne tardait pas à transmettre au ministère, à la date du 25 décembre 1858, une réfutation complète du rapport du Conseil d'hygiène publique de Tarbes, où chaque fait est scrupuleusement étudié, chaque objection examinée avec conscience, et énergiquement combattue.

La Commission, qui s'est fait un devoir de soumettre à une étude minutieuse tous ces documents qui ont coûté tant de peine et de soins à leurs auteurs, et qui méritaient tous un examen impartial, est forcée de reconnaître que l'enquête à laquelle il a été procédé par les soins du Conseil d'hygiène des Hautes-Pyrénées, n'a pas répondu exactement aux vues de l'administration supérieure. Au lieu de recueillir et de constater les faits qui pouvaient préparer une solution pratique et permettre à l'autorité de prescrire les mesures les mieux appropriées à chaque localité, les auteurs du rapport ont cru devoir donner une description banale des symptômes de la pellagre, et se livrer à une discussion théorique de ses causes. C'est une œuvre polémique, dirigée contre les opinions soutenues par le docteur Costallat, et une apologie d'un traitement qui n'a pas reçu encore la sanction de l'expérience, bien plus qu'un résumé d'une enquête administrative propre à éclairer et à diriger la conduite de l'autorité supérieure. Nous ne pousserons pas plus loin l'examen de cette pièce qui ne peut être mise à profit pour l'étude de la question qui est soumise à l'appréciation du Comité.

Ce qu'il s'agit de savoir, en effet, c'est si les données scientifiques relatives à la cause de la pellagre sont assez bien établies pour justifier l'intervention de l'administration et lui dicter certaines mesures. Quelle que soit l'opinion que l'on se fasse à ce sujet, il est incontestable que l'altération du maïs, livré à la consommation, devra être, de la part des autorités locales, l'objet d'une active surveillance et d'une proscription absolue, comme les altérations de toutes les substances et denrées alimentaires.

Mais y a-t-il quelque chose de plus à faire pour préserver les populations contre elles-mêmes et déraciner complétement un fléau, dont les ravages ne sauraient être méconnus, et dont, malgré quelques prétentions récentes, la guérison reste encore un fait exceptionnel? C'est dans le but de conquérir l'appui de l'opinion du Comité qui a tant d'influence dans toutes les questions d'hygiène, dans celles surtout qui touchent à l'alimentation, et en quelque sorte à l'économie domestique, que M. le docteur Costallat a conçu l'idée d'une vaste expérience publique, dont nous lui laisserons lui-même exposer le plan. *(Voir les notes de M. Costallat).*

Certes, on ne peut contester l'intérêt d'une semblable expérimentation, et tout ce qui sera fait pour l'encourager recevrait la haute approbation du Comité ; mais peut-on conseiller à l'administration de l'entreprendre ? De quels moyens dispose-t-elle pour pénétrer dans l'intérieur des familles, sur quels fonds prélever les frais d'expérience ? Ces questions, et bien d'autres qu'il est inutile de formuler, montrent les difficultés, disons mieux, les impossibilités d'une pareille initiative de l'autorité. Les seules limites dans lesquelles ces observations expérimentales pourraient être renfermées seraient celles d'un service d'hôpital, et l'on pourrait certainement, par voie d'instruction scientifique ou administrative, en poser les bases et en conseiller l'institution dans les hôpitaux des chefs-lieux d'arrondissements ou de cantons où règne la pellagre. De même, l'administration supérieure peut enjoindre aux autorités municipales et aux officiers de police de surveiller d'une manière toute spéciale la mise en vente et le débit du maïs, et de porter à la connaissance des populations les moyens très simples qui sont propres à faire disparaître les inconvénients du verdet, notamment le passage au four du grain au moment de la récolte, dit procédé bourguignon, et la bonne conservation de la farine.

La Commission croit pouvoir proposer au Comité de soumettre ces diverses mesures très simples à l'approbation de S. E. M. le Ministre du commerce.

Elle croirait n'avoir pas rempli toute sa tâche et manquer à un sentiment de justice, si elle ne signalait pas en même temps à M. le Ministre, d'une manière toute

spéciale, le zèle si ardent et si louable de M. le docteur
Costallat, ses efforts et ses sacrifices de tout genre, ins-
pirés seulement par l'amour du bien public et par le
désir qu'appréciera si bien Son Excellence, d'apporter
quelque soulagement à la situation matérielle et morale
des classes pauvres dans une partie considérable du ter-
ritoire de l'Empire.

Adopté par le Comité dans sa séance du 8 août 1859.

A. TARDIEU, rapporteur.

LATOUR (Amédée), secrétaire.

RAYER, président.

Lettre à M. le docteur Balardini, médecin de la délégation de Brescia.

Bagnères (Hautes-Pyrénées), 2 février 1859.

MONSIEUR ET TRÈS HONORÉ CONFRÈRE,

Monsieur Bianchi m'a fait parvenir votre lettre du 16 janvier, par laquelle vous l'invitez à me déclarer que toutes
vos études tendent, de plus en plus, à établir que l'abus du
maïs et particulièrement du maïs altéré par le champignon
du *verdet* est la cause de la pellagre; voici comment j'ai été
amené à m'occuper de cette maladie. Le 25 février 1857,
étant au petit marché de Bagnères, mes yeux furent frappés
d'une altération du maïs, consistant en une tache verdâtre,
placée à la surface supérieure du grain. Je me souvins alors
d'une description que j'avais lue dans le *Dictionnaire d'hygiène
publique et de salubrité*, de M. Ambr. Tardieu. C'était celle
que vous aviez publiée en avril et mai 1845, dans les *Annali
universali* de Milan, et dont M. Th. Roussel avait donné la
traduction la même année, dans son ouvrage sur la pellagre.
Cette altération (le verderame ou verdet), de l'aveu des mar-

chands de grains, était plus commune au commencement de 1857 qu'on ne l'avait jamais vue. Le maïs étranger, provenant des provinces danubiennes, et qui venait combler le déficit causé par une mauvaise récolte, en était incomparablement plus affecté. Dans le même moment, nos campagnes étaient en proie à une épidémie de la pellagre, comme on n'en avait jamais observé.

La lumière venant de tous les côtés à la fois, j'embrassai votre doctrine avec ardeur, et je n'ai rien négligé depuis pour la faire prévaloir. J'ai adressé à notre Ministre de l'agriculture, du commerce et des travaux publics trois mémoires qu'il a renvoyés à son Comité consultatif d'hygiène et de salubrité. Pendant les cinq semaines que j'ai passées à Paris en décembre et janvier derniers, j'ai été plusieurs fois admis au sein du Comité pour donner des renseignements, des explications, et j'ai tout lieu de croire que le rapport sera très explicite et très favorable. J'espère aussi que M. le Ministre prendra en considération les moyens que je propose pour démontrer aux plus incrédules que la pellagre est un empoisonnement lent par le verdet, et que cette maladie disparaîtra quand toute la farine de maïs sera passée au four, suivant le procédé usité en Bourgogne.

Je n'ai encore rien imprimé, mais quand l'Administration aura dit son dernier mot, je publierai mes mémoires, dont le premier exemplaire vous reviendra de droit, en votre qualité d'auteur de la découverte principale. Mon travail aurait bien plus de prix aux yeux de mes confrères, si vous vouliez bien m'envoyer, avec permission de l'y insérer, un compte-rendu, signé de vous, sur l'état actuel de la question de la pellagre en Lombardie.

Peut-être dans quelques mois serons-nous plus avancés en France que vous ne l'êtes en Italie. Ce n'est pas toujours le pays où une découverte s'est faite, qui en profite le premier.

Veuillez agréer, monsieur et très honoré confrère, mes salutations empressées,

COSTALLAT, médecin.

Notice sur l'état actuel de la question de la Pellagre en Italie.

Lettre du docteur *Ludovic Balardini*, de Brescia, au docteur *Costallat*.

MONSIEUR,

Pour répondre au désir que vous m'avez gracieusement exprimé dans votre bienveillante lettre de connaître l'état actuel de la question de la pellagre en Lombardie, je suis heureux de vous transmettre les observations suivantes. Depuis le travail que j'ai présenté au congrès scientifique de Milan, et publié dans les *Annales universelles de médecine de Milan* (nᵒˢ de mai et de juin 1845), l'étude du mal endémique de la pellagre n'a guère fait de progrès chez nous. Ce qui a contribué peut-être à distraire l'attention des médecins et des philanthropes de ces études hygiéniques comme de tant d'autres questions, ce sont les événements politiques survenus depuis, et la préoccupation générale des esprits tournés uniquement vers l'idée de la régénération italienne.

Cependant je n'ai pas négligé de m'en occuper et de recueillir des faits et des arguments à l'appui de la thèse déjà soutenue par moi. M'aidant de mon titre de préposé aux choses sanitaires dans une des principales provinces de la Lombardie, celle qui donne le plus grand nombre de pellagreux, je commençai dès 1847 à inviter, par circulaire, tous les médecins zélés à s'occuper de recherches relatives à ce sujet, et j'obtins des réponses plus ou moins concluantes de plus de cinquante praticiens, ayant à soigner, entre autres malades, des pellagreux. De mes études poursuivies et des rapports qu'on me fit, ressortent les faits principaux suivants que l'on peut considérer comme des corollaires.

1º Extension prise par la pellagre et ses caractères :

La pellagre règne avec plus ou moins d'extension et

d'intensité dans toutes les localités, tant de plaine que de colline et de montagne ; elle règne plus, néanmoins, parmi les habitants de la colline et de la plaine que parmi ceux de la montagne. La proportion des pellagreux avec la population varie de un à cinq, à dix, et même, dans quelques rares localités, à cinquante pour mille habitants, ce qui donne en moyenne générale 15,75 pour mille. Quant à l'âge, l'époque de la vie affectée de préférence s'étend de 40 à 60 ans. Le nombre des hommes atteints l'emporte, de très peu, il est vrai, sur celui des femmes. Le mal frappe presque exclusivement les campagnards les plus pauvres, très peu les artisans, et pour ainsi dire point les gens aisés et les habitants des villes. Tous les médecins consultés, à l'exception de deux, admettent comme *héréditaire* dans les familles, sinon la pellagre, du moins la prédisposition à la maladie, et on rapporte des histoires de familles dont plusieurs générations successives déplorent les deuils causés par la pellagre. Nul désormais n'admet la *contagion*. Le traitement se réduit d'ordinaire au changement de régime, à l'usage du lait, de la nourriture animale et des bains. On ne reconnaît plus le prétendu *antagonisme* entre la pellagre, la scrofule et la phthisie, depuis qu'on a constaté des cas de phthisie et de tubercules dans des sujets évidemment pellagreux. L'auteur même de cette lettre a soigné un meûnier de campagne atteint de phthisie tuberculaire au troisième degré, avec tous les caractères les plus évidents de la pellagre. Cependant le cas est rare de pareille complication dans le même individu. Et comme résultat de la diversité des conditions sociales et alimentaires, nous voyons, dans le même pays, la pellagre dominer parmi les paysans, et plus souvent la scrofule et la phthisie parmi les gens aisés et les artisans.

2° Pour parler de l'origine de la maladie et de ses rapports avec l'introduction et la propagation du blé de Turquie (*zea maïs*), il résulte des récits des vieillards octogénaires, des traditions, et de l'examen de registres mortuaires dans les archives des curés que la pellagre s'est considérablement répandue dans cette province et dans d'autres de la Lombardie et de la Vénétie, durant la seconde moitié du xviii° siècle, mais qu'elle donne des signes de son apparition dès la première moitié de ce siècle, époque où survint un changement général dans le système de culture de ces pays et dans la nourriture du campagnard, alors que se développa largement la culture et l'usage du blé de Turquie substitué aux autres céréales, et plus particulièrement au seigle et au millet.

Un vieillard de Vecolanuova, entre autres, répétait qu'il avait entendu dire à son père, mort octogénaire, que, dans sa première jeunesse, très rares étaient les cas de *salso* (ainsi se nommait, et ainsi se nomme encore actuellement la pellagre parmi les paysans) et qu'on attribuait l'apparition du nouveau fléau au blé de Turquie, dont l'usage se généralisait particulièrement dans la classe pauvre.

Le vieux docteur Reccobetti, médecin distingué de Vestone, maintenant défunt, racontait que, dans la seconde moitié du siècle dernier, on croyait généralement aux propriétés malfaisantes du blé de Turquie, et qu'en conséquence la république de Vénise fit consulter le célèbre Boscovich, alors professeur d'histoire naturelle et d'agriculture à l'Université de Padoue, lequel chercha à disculper le nouveau grain des accusations dirigées contre lui.

En outre, de l'examen fait dans diverses communes des anciens registres mortuaires tenus par les curés, il résulte qu'on commença seulement dans la seconde moitié du dernier siècle à désigner, parmi les causes de mort pour tel individu, le *salso* équivalent de la pellagre (*atrabile et diarrhée chronique provenant du salso dans le sang*). Quant au terme *pellagre*, on ne le trouve employé que depuis le commencement du présent siècle.

3° Qualité des aliments du paysan lombard et rapport de ces aliments avec la plus ou moins grande prédominance de la pellagre.

L'aliment, pour ainsi dire unique, qui sert au paysan à apaiser sa faim et à remplir mécaniquement son estomac, est, dans ces provinces, la polenta de farine de maïs qui se mange chaude et nouvellement préparée le matin, et qui ordinairement reparaît froide au goûter et au souper, et de plus le pain jaune de la même farine, généralement mal cuit, en miches énormes, fabriqué d'ordinaire pour huit jours ou plus. En guise d'assaisonnement, on mange avec ce pain quelque légume, de l'ail, de la ciboule, des herbes de la saison apprêtées le plus souvent avec de l'huile de lin, quelque fromage maigre, très rarement un morceau de porc salé, du poisson frit avec la même huile, ou en salaison. Jamais ou presque jamais on ne sert de viande fraîche. Toutes les familles n'ont pas le moyen de préparer pour le soir un potage, ordinairement composé d'un peu de pâte ou d'herbes, auxquelles s'ajoutent encore des morceaux de polenta froide ou de pain jaune. De plus il existe une disproportion immense entre la consommation de polenta et celle des mets d'assaisonnement, puisque contre sept ou huit livres (à 12 onces) de polenta par individu qui travaille, on ne compte que trois onces ou un peu plus d'assaisonnement. De lait, on ne fait pour ainsi dire pas usage, et il n'en est pas question dans la plaine, où le mal sévit davantage.

Dans les pays de montagne, on consomme plus de fromage et de préparations de lait, avec un avantage évident pour les montagnards qui sont affectés plus rarement et à un moindre degré. La polenta même n'est pas toujours bien préparée, elle est souvent mal cuite, parce que le combustible fait défaut et qu'elle est tenue peu de temps sur le feu, et que le blé de Turquie servant à la confectionner est souvent de qualité inférieure. Il ne manque pas d'exemples de montagnards qui, s'étant fixés parmi nous et s'étant mis, à tout repas, à l'usage de la polenta et du pain jaune, ont contracté, après un an ou un peu plus, le mal endémique. En résumé, presque tous les médecins de campagne, interrogés sur leur opinion relativement à la cause de la pellagre, décident que les familles les plus sujettes à la maladie endémique en question, se nourrissent presque exclusivement des préparations de maïs.

4° Quant aux variétés de maïs cultivées chez nous, c'est-à-dire celles d'automne, d'août et le quarantin, la dernière, étant la moins parfaite, se gâte et s'altère plus facilement. L'altération à laquelle elle est sujette fréquemment, est désignée parmi nous sous le nom de *verderame* et consiste, je l'ai démontré, en un champignon (*sporisorium maïdis*) qui lui communique un goût âcre et un peu amer. Cette altération est commune à presque toutes les espèces de ce grain, et fût observée par les médecins dans presque toutes les localités, quand j'eus appelé leur attention sur ce point. Une telle maladie ou dégénération du *zea-maïs* est plus commune après les étés froids et les automnes pluvieux qui s'opposent à la parfaite maturation et à la complète siccité de ce grain, qui mûrit tard et se récolte très tard parmi nous. Elle atteint encore le grain parfait, quand il est déposé dans des lieux humides. La plus grande partie des observateurs s'accorde à déclarer qu'il est notoire, que le nombre des pellagreux augmente et que le mal s'aggrave précisément dans les printemps précédés de pareils étés et d'automnes pluvieux qui disposent le grain à la susdite dégénération. Le fait se vérifia chez nous principalement en 1847, année où le mal arriva au point de réduire les malades à une démence ou manie temporaire, à des diarrhées ou dyssenteries si opiniâtres, que nos hôpitaux n'en reçurent peut-être jamais en aussi grand nombre que cette année.

On a reconnu aussi que le blé de Turquie *blanc* est plus nuisible parce qu'il se gâte plus facilement.

Récolté dans les Principautés danubiennes, ce blé fut importé chez nous dans les années de disette, où il se vendait à plus bas prix sur nos marchés. J'ai constaté, avec d'autres observateurs, que ce grain est plus souvent gâté par le champignon, et que les paysans les plus pauvres, qui s'en nourrirent de préférence, comme étant moins cher, en éprouvèrent les fâcheux résultats par la prompte altération de leur santé et l'exaspération des symptômes pellagreux. Le docteur Zampiceni, entre autres, me parla des effets terribles produits par ce grain, qu'il avait observés à Preseglie et dans les pays circonvoisins de la vallée, chez plusieurs familles qui en firent un large emploi en 1853 et 1854, par exemple : vomissement, dyssenterie et diarrhée incoercibles, et apparition rapide d'ecthyma au dos des mains, avec douleur et rougeur très intenses. Nos observations à cet égard concordent, cher collègue, avec les remarques que vous avez faites dans votre pays sur les résultats de l'usage de ce grain.

Cet exposé me paraît toujours confirmer davantage ce que j'entrepris de prouver, dans mon travail déjà cité et dans la thèse que je soutins au congrès de Milan de 1844 : la cause principale de la pellagre résulte de l'abus du blé de Turquie, employé presque uniquement comme aliment, surtout s'il est taché comme il arrive souvent et gâté par le verderame.

Je n'entends pas néanmoins exclure l'action simultanée d'autres causes concomitantes, qui, à mon avis, doivent plutôt se considérer comme prédisposantes ou préparatoires, puisqu'on trouve constamment l'élément zea-maïs dans le développement de la pellagre.

Depuis la publication de mon travail désigné à l'attention publique (et auquel prête assurément une grande autorité l'adhésion donnée à mes idées par vous, très honoré collègue, et par tant d'autres illustres Français, tels que les docteurs Théoph. Roussel, Boudin, Valleix, Amb. Tardieu, Grisolle, Morel, Segaud et autres), bien peu d'ouvrages marquants sur la maladie en question ont vu le jour en Italie. Parmi ces derniers, je puis citer l'ouvrage publié à Florence en 1855, intitulé : *La pellagre dans ses rapports médicaux et sociaux, études du docteur Moretti.*

Le célèbre auteur, traitant de l'étiologie, se plaît à la rapporter à un ensemble d'influences climatériques, alimentaires et gymnastiques : grande dépense de matériaux et de force, qui se consument dans les laborieux exercices de la campagne, ciel éminemment meurtrier, et grand défaut de réparation organique résultant de l'emploi de substances alimentaires dénuées de principes nutritifs et douées d'autres imperfections, non moins que de l'uniformité d'un même aliment et de son mode identique et toujours égal de préparation. Faisant un examen comparatif des matériaux plastiques azotés et des matériaux respiratoires que donnent l'analyse du froment et celle du blé de Turquie, il conclut que l'alimentation par le seul blé de Turquie, loin de suffire à réparer les pertes, est même nuisible à l'individu. Les mêmes effets, d'ailleurs, pourront être produits par d'autres aliments, s'ils présentent des conditions semblables à celles de l'alimentation par le zea-maïs, et si l'on a abandonné l'usage des viandes et du pain de froment.

Un autre ouvrage de mérite distingué est le Mémoire des docteurs Filippo Luzzana et Paolo Fuca sur la pellagre, publié à Milan en 1856, et honoré du prix d'encouragement de l'Institut lombard. C'est un travail de longue haleine, riche d'observations personnelles, d'expériences et de justes remar-ques. Par rapport à l'étiologie, il confirme de tout point les propositions et les faits avancés par l'auteur de cette lettre, et il conclut par divers corollaires dont le thème est tiré des paroles suivantes de l'illustre docteur Verga : « La pellagre se développe au milieu des privations et des fatigues, et a été nommée en conséquence *morbus miseriæ*. Elle atteint de préférence les paysans, et, parmi ceux-ci, les plus misérables, ceux qui, se nourrissant habituellement de blé de Turquie, souvent mal mûri et gâté, et de lait aigri, ne réparent pas suffisamment leur force épuisée par les fatigues et l'ardeur du soleil. »

N'oublions pas, pour finir, un autre travail, fruit d'une belle âme, généreuse par excellence, celui du docteur Giacomo Zambelli : *Sur la pellagre et les moyens de la prévenir*, Udine, 1856. Après avoir démontré la gravité et l'extension du mal, et en avoir rapporté la cause principale à l'abus et à la mauvaise qualité du blé de Turquie, il propose des moyens d'améliorer la condition des paysans, en intéressant, au besoin, la charité des curés, des associations pieuses, des propriétaires et des dames de bienfaisance.

Je m'occupe actuellement d'une hygiène du cultivateur lombard dans ses rapports spécialement avec la pellagre.

J'espère la publier dans des temps plus tranquilles.

Votre tout dévoué serviteur et collègue,

Dr LUDOVIC BALARDINI,

Médecin provincial.

Brescia, le 15 décembre 1859.

————

[Ce chapitre contient toutes les pièces qui formaient la première édition, plus la lettre au docteur Balardini, que j'y ai ajoutée. J'extrais, de la courte introduction qui les précédait, les lignes suivantes :]

« Feu Hameau, de la Teste (Gironde), qui, le premier en France, donna une bonne description de la pellagre (1), écrivait, le 27 juillet 1848, au docteur Gazailhan, de Biscarosse (Landes) :

« La pellagre, dites-vous, monsieur, étend ses ravages
» dans votre commune; et moi j'ajoute qu'elle les étend
» aussi sur toutes les Landes. Ce terrible fléau continuera
» longtemps encore à exercer son action léthifère sur notre
» malheureuse contrée, avant que le Gouvernement fasse
» quelque chose pour l'arrêter, malgré tout ce qu'on a pu
» dire à cet égard. Mais nous, cher confrère, nous ne devons
» pas imiter cette coupable indifférence; outre l'entier dé-
» vouement que nous devons à nos compatriotes, la science
» et l'humanité nous font un devoir sacré de nous occuper

————

(1) Voy. les communications du docteur Hameau sur la pellagre des Landes *(Bull. de l'Acad. de méd.*, 1837, t. II, p. 7; 1845, t. X, p. 788.)

» sans cesse de cette grave maladie, qui menace d'anéantir
» la partie la plus nombreuse et la plus utile de la population
» landaise. »

» Les vœux de cet homme de bien vont être exaucés. Le
Comité consultatif d'hygiène publique, auquel le Ministre
de l'agriculture, du commerce et des travaux publics avait
renvoyé mes communications sur la pellagre, vient de faire
un rapport entièrement favorable à l'opinion émise en 1845
par le docteur Ludovic Balardini, de Brescia, et reproduite
la même année par le docteur Théophile Roussel. Ce rapport
approuve hautement (sans toutefois inviter l'administration
supérieure à l'instituer officiellement) le mode d'expérimentation que j'ai proposé pour démontrer sans réplique que
l'altération du maïs connue sous le nom de *verdet* est l'unique
cause de la pellagre................» (Venaient ensuite
des détails erronés sur l'étude botanique du verdet que je
supprime.)

CHAPITRE II

*Premier voyage en Espagne. — La Flema salada n'est pas la
Pellagre. — Projet d'études à faire en Espagne soumis à
S. E. le Ministre de la Gobernacion. — Lettre de M. Ch. Robin.
— Recherches statistiques ordonnées par M. le Ministre. —
Polémique avec mes confrères des Pyrénées, MM. Peyramale,
Duplan, Depaul. — Polémique avec M. Landouzy. — Récla-
mation adressée à l'Union médicale. — Un mot sur la
Pellagre des aliénés de M. Billod.*

Ma brochure sur l'*Etiologie et la Prophylaxie de la pellagre*
ayant paru dans les *Annales d'hygiène* (janvier 1860), je fus
tout aussitôt en butte à une foule d'attaques de la part de
mes confrères des Pyrénées, de M. Landouzy et de plusieurs
médecins espagnols. Ces derniers me promettant de me
montrer la pellagre dans des pays où le maïs est inconnu,
je me rendis en Vieille Castille où je constatai que la *flema
salada* qu'on y prenait pour la pellagre, ressemblait plus à
cette maladie qu'à toute autre, sans pourtant lui être identique
et j'annonçai que sa cause était enthophytique et résidait
dans les céréales usitées. Quelques jours après, à Madrid,
M. le Ministre de la Gobernacion m'accordait une audience,
et, deux mois plus tard, je lui adressais un projet d'études
assez étendu avec les deux lettres suivantes :

A S. E. le Ministre de la Gobernacion, à Madrid.

MONSIEUR LE MINISTRE,

Sous les auspices de Monsieur le Sénateur d'Aldamar et
en présence du docteur J. de Hysern, conseiller royal,

inspecteur général de l'instruction publique, vous m'avez permis, le 10 juin dernier, de vous exposer succinctement un plan d'études à faire en Espagne, dans le but de constater les causes de deux graves maladies qui y font de grands ravages, et de trouver les moyens les plus propres à les prévenir. L'une de ces maladies, la pellagre, ne se trouve que dans les contrées où le maïs constitue l'aliment presque exclusif du pauvre, telles que la Galice, les Asturies, et tient uniquement à une altération particulière du grain du maïs connue sous le nom de *verdet*. L'autre, beaucoup moins connue et plus terrible que la pellagre, en est si voisine qu'on la confond avec elle. Elle est endémique dans plusieurs parties des deux Castilles et de l'Aragon et est produite, très probablement, par une altération du seigle et du froment. J'avais omis de vous parler d'une troisième maladie, l'ergotisme, qu'on trouve aussi à l'état endémique dans les confins de la Vieille Castille et de l'Aragon. Sa cause est parfaitement connue; mais, il est quelques points de son histoire qui laissent à désirer. On pourra les élucider en étudiant ensemble les trois maladies céréales.

Je n'oublierai jamais la bienveillance avec laquelle vous avez accueilli ma proposition; aussi je m'empresse de vous adresser mon projet, suivant la promesse que je vous en avais faite. Puisse-t-il vous paraître digne de votre protection et obtenir l'approbation de messieurs les membres du Conseil de santé. Vieil ami de l'Espagne, je suis heureux d'offrir aux hommes d'Etat qui la dirigent dans la voie du progrès et à ses savants l'occasion de découvertes importantes pour l'humanité qu'il est plus facile d'y faire que dans aucun autre pays.

La troisième partie de ce travail exigeait, pour être convenablement traitée, des connaissances spéciales que je ne possède pas. Elle est écrite, jusqu'à la lettre B, par le docteur Ch. Robin, de l'Académie de médecine, l'un de nos naturalistes les plus au courant des études micrographiques et dont l'autorité en ces matières est généralement acceptée.

Le reste est extrait du mémoire de M. Tulásne, de l'Institut, sur *les Ustilaginées et les Urédinées* (Annales des sciences naturelles, 1847), et de l'article *Urédinées*, du Dictionnaire universel d'histoire naturelle (année 1848), de M. le docteur Léveillé.

Autant que mes forces me le permettront, je serai à la disposition de Votre Excellence et des confrères qui auront obtenu votre confiance. Je pourrais visiter avec eux d'abord Paracuellos de Floca et Albalàte de Zorita, aussitôt que l'acrodynie y apparaîtra au printemps prochain, puis la Galice et les Asturies, puis enfin, une contrée à ergotisme. Et si après cette première campagne, mes confrères jugeaient à propos d'en faire une autre, vers la fin d'octobre suivant, j'aurais l'espoir d'y terminer mes études particulières et je demanderais à en faire partie, toujours en amateur, sans mission et à mes frais.

J'ai l'honneur d'être, Monsieur le Ministre,

De Votre Excellence,

Le très humble et très obéissant serviteur,

COSTALLAT.

Bagnères, le 12 août 1860.

———

Toulouse, le 10 août 1860.

MON CHER MONSIEUR COSTALLAT,

Je viens d'achever pendant la durée de mon voyage de me mettre au courant de l'ensemble des documents que vous avez recueillis sur la pellagre, l'ergotisme et l'acrodynie. De ce travail, est restée en moi la conviction que vous étiez dans le vrai : aussi je n'hésite plus à vous dire que dès ma rentrée à Paris, qui aura lieu vers le 15 septembre prochain, je serai entièrement à votre disposition pour les analyses et études microscopiques nécessaires à l'obtention du but que vous poursuivez. Je n'hésite pas non plus à me mettre entièrement aussi à la disposition de Son Excellence le Ministre de la Gobernacion près la reine d'Espagne, pour

le cas où il aurait à faire faire des analyses du même genre.
Je ne me dévouerai pas moins à cette cause, qui est toute
d'humanité et d'utilité publique, pour le cas où le gouvernement espagnol enverrait à Paris quelques médecins dans
le but de se mettre au courant des études microscopiques
relatives à l'examen des diverses espèces de champignons
parasites des céréales en général, du maïs en particulier. La
solution des questions à élucider repose, en effet, entièrement sur la détermination exacte des espèces parasites dont
l'ingestion avec les farines amenées à l'état d'aliments détermine les accidents attribués jusqu'à présent à d'autres causes
désormais inadmissibles.

Je voudrais vous écrire plus longuement et d'une manière
plus précise encore sur ce sujet, mais la fatigue du voyage
m'en empêche. Je crois que vous pourrez saisir néanmoins
dans les lignes précédentes, quelle est ma pensée et vous
pourrez faire de cette lettre l'usage que vous jugerez convenable pour atteindre le but poursuivi.

Votre ami très dévoué,

CH. ROBIN.

Le Conseil de santé consulté ne fit son rapport que le
14 mars 1862, et, le 14 mai suivant, le Ministre adressa aux
gouverneurs des provinces une circulaire prescrivant aux
médecins titulaires des communes et des bureaux de bienfaisance, des recherches statistiques sur la lèpre, la pellagre,
l'acrodynie et l'ergotisme. Tout s'est borné là jusqu'à présent.

Polémique avec mes confrères des Pyrénées.

Plusieurs confrères qui figuraient dans le rapport du Conseil d'hygiène des Hautes-Pyrénées s'étaient montrés très
mécontents de la réfutation que j'en avais adressée au Minis-

tre de l'agriculture, et l'un d'eux m'attaqua dans l'*Intérêt public,* journal de Tarbes.

Je répondis :

Bagnères, le 9 mai 1860.

A Monsieur le Rédacteur de l'*Intérêt Public*.

MONSIEUR,

La réclamation de M. le docteur Peyramale, publiée dans votre numéro du 28 avril dernier, demande une réponse. Des raisons particulières, que je dirai plus tard, me forcent à la renvoyer à la fin de ce mois ; peut-être même ne vous l'adresserai-je qu'à la fin de juillet.

En attendant, ne fût-ce que pour limiter le débat à l'avenir, il serait utile de porter à la connaissance du public les propositions suivantes, qui ne tarderont pas, je l'espère, à être admises comme des axiomes. C'est un exposé succinct de la doctrine du docteur Balardini, telle que je la conçois et que je la défends depuis plus de trois ans :

1° Le verdet du maïs est à la pellagre ce que l'ergot du seigle est à l'ergotisme ;

2° Le verdet ne se montre qu'après la récolte ;

3° On en prévient, à coup sûr, le développement, en passant le maïs au four, immédiatement ou peu de temps après la cueillette, ainsi qu'on le pratique en Bourgogne ; (1)

4° La pellagre est fatalement mortelle quand les circonstances hygiéniques, au milieu desquelles on l'a contractée, restent les mêmes ;

5° Elle ne frappe que les personnes qui font un usage habituel et presque exclusif du maïs ;

6° Un bon régime alimentaire la guérirait certainement, en plus ou moins de temps, dans la plupart des cas.

Convaincu qu'on obtiendrait, moins promptement sans doute, le même résultat, en substituant seulement à la farine ordinaire de maïs, dont se nourrissent les pellagreux, de la

____

(1) Pour plus de détails, voyez la *Note sur la conservation du maïs*, p. 48.

farine préservée de verdet par le procédé bourguignon, j'ai demandé qu'on instituât officiellement des expériences publiques, qui, selon moi, prouveraient que le verdet du maïs est la cause essentielle, unique de la pellagre ; que cette maladie disparaîtra quand on passera au four, en temps convenable, tout le maïs destiné à la nourriture de l'homme, et, par conséquent, qu'il n'y a pas lieu à renoncer, ainsi qu'on l'a craint, à cette précieuse graminée. (1)

Depuis le 28 juillet 1858, je n'ai cessé de répéter : *Le temps des discussions est passé ; il faut en venir à l'expérimentation, à la preuve.* Mais on continue à perdre un temps précieux en vaines discussions. Tel médecin, n'accordant au verdet qu'une certaine part dans la production de la pellagre, trouve la doctrine nouvelle trop exclusive, trop absolue, quand son principal mérite est de n'admettre aucun moyen terme, aucune exception. C'est par là précisément que la pellagre se rapproche le plus de l'ergotisme, à côté duquel sa place est désormais marquée.

La nouvelle doctrine est si nette qu'un seul fait *manifestement* contraire la renverserait. Nous avons malheureusement trop d'occasions d'étudier la pellagre. Pourquoi alors irions-nous chercher des exemples de cette maladie non précédés de l'usage du maïs dans des auteurs qui, la plupart, ont écrit avant que le docteur Balardini eût signalé l'existence et les effets toxiques du verdet ? Ne serait-il pas plus simple d'en chercher ? Ces cas, s'il en pouvait exister, seraient-ils tellement rares qu'on ne pût en trouver et en montrer *un ?*

J'en dirai autant des prétendues guérisons par l'usage d'une eau sulfureuse naturelle quelconque, un empoisonnement continu ne pouvant cesser que par la suppression du poison.

Réduite à ces termes, la question de la pellagre est facile à résoudre : la recrudescence annuelle commence à peine ; et si mes confrères des pays à pellagre veulent bien y mettre

---

(1) Voir, page 51 et suivantes, les détails de l'expérience projetée.

un peu de bonne volonté, nous pourrons savoir, avant la fin de l'année, à quoi nous en tenir sur l'étiologie et la prophylaxie de l'une de nos plus hideuses maladies.

Veuillez agréer, etc.

COSTALLAT, médecin.

Bagnères, 10 juillet 1860.

A Monsieur le Rédacteur de l'*Intérêt Public*.

Par ma lettre du 9 mai, que vous avez bien voulu insérer dans votre numéro du 12 du même mois, je crois avoir coupé court à toute discussion sur la pellagre, en mettant mes adversaires en demeure de montrer *un cas manifeste* de pellagre non précédé de l'usage du maïs, ou guéri par une eau sulfureuse quelconque. Tant qu'on n'aura pas trouvé ce phénix, les belles théories de M. Peyramale, sa *dialectique*, sa *critique*, sa *logique* si sûres, et même ses aménités, n'auront pas le don de provoquer une réponse de ma part. Je veux rester dans le domaine des faits et édifier le public sur la singulière manière dont mon confrère les présente.

Pour plus de clarté, je diviserai ma réponse en paragraphes. Je reproduirai en entier chacun des fragments de la lettre de M. Peyramale, auxquels je veux répondre, et je le ferai aussitôt suivre de mes observations, de mes rectifications. Ce sera long, peut-être même ennuyeux pour le lecteur ; mais c'est la seule manière de l'initier à la tactique de mon adversaire.

« En 1858, l'administration, préoccupée d'une maladie grave
» du nom de *pellagre*, qui existe en France depuis 40 ans, et
» dont les ravages vont croissant, fit un appel aux médecins
» des Hautes-Pyrénées afin d'aviser aux moyens de la com-
» battre. Elle les invita à envoyer leurs observations au
» Conseil départemental d'hygiène et de salubrité, en même
» temps qu'elle demandait un rapport à celui-ci.

» La plupart répondirent à cet appel. M. Costallat, de

» Bagnères, crut devoir porter ses communications plus
» haut. »

Ne dirait-on pas que j'ai refusé mon concours à l'Administration? La vérité est qu'au contraire, c'est moi qui, le premier, ai provoqué son intervention, par ma note du 1er mars 1857, adressée à M. le Sous-Préfet de Bagnères. On verra tout-à-l'heure quels motifs m'ont, plus tard, déterminé à m'adresser directement au Ministre.

———

« La discussion roule sur deux façons d'aphorisme de
» M. Costallat ainsi posées :
» 1o Pas de pellagre sans verdet (altération du maïs);
» 2o Pas de guérison par une eau sulfureuse naturelle
» quelconque; qu'on en montre. »
« On en a montré et on en montrera; mais, comme
» Montesquieu l'a dit, la passion ne fait pas voir. »

Mon adversaire n'a rien montré du tout. Sa modération ne lui a pas plus servi que la passion n'aurait pu faire.

———

« M. Marchand, à la capacité duquel la ville de Bordeaux a
» commis sa confiance pour des recherches dans les Landes,
» sur le mal qui nous occupe, et qui a trouvé le canton de
» Captieux ravagé, dit : « *Ce blé n'est pas et ne peut être cultivé*
» *dans ce canton, et l'on y est trop pauvre pour en acheter.* »

M. Marchand a été mal renseigné. J'affirme, pour l'avoir vu de mes yeux, en 1858, que la culture du maïs est aussi répandue dans les environs de Captieux que dans aucune autre partie des Landes. Il est même remarquable que, dans une assez grande étendue de l'arrondissement de Bazas, auquel Captieux appartient, on est dans l'usage, de temps immémorial, de passer au four une partie de la récolte. Ainsi préparé, le maïs se vend, au marché, 1 fr. 50. environ de plus que le maïs ordinaire. Si quelque doute pouvait s'élever sur la fidélité de ces renseignements, j'en appellerais à M. le docteur Laguë, maire de Captieux, de qui je les tiens.

« M. Costallat a trouvé, comme il le dit à S. Exc. M. le
» Ministre de l'agriculture dans sa brochure, que la circulaire
» préfectorale avait produit un mauvais effet en consultant
» le corps médical du département, sur la pellagre en
» général. D'après lui, il suffisait de lui dire : Un de vos
» confrères assure que le verdet est l'unique cause de la
» pellagre et que le maïs est, à coup sûr, préservé du verdet
» par son passage au four au moment de la récolte. Qu'en
» pensez-vous ?

Pour mettre le lecteur au courant, je suis obligé de transcrire quelques passages de ma brochure :

Première lettre adressée à M. le Ministre de l'agriculture et du commerce, le 5 octobre 1857.

« M. le Préfet des Hautes-Pyrénées, à qui ma note fut transmise, a consulté le Conseil d'hygiène du chef-lieu et a adressé aux maires du département une circulaire à ce sujet. Permettez-moi, monsieur le Ministre, de faire remarquer à Votre Excellence qu'une publication qui ne tient aucun compte des moyens prophylactiques proposés, et dans laquelle on ne trouve même pas le mot *maïs*, ne peut, en aucune façon, conjurer le danger qui menace nos populations rurales. » (1)

Deuxième lettre, du 8 juillet 1858.

« MONSIEUR LE MINISTRE,

» Le traitement prophylactique et curatif de la pellagre est une question de vie ou de mort pour 3,000 habitants des landes de Gascogne seulement ; ce traitement a été tracé en 1845 par le docteur Balardini et par son éloquent interprète, M. Th. Roussel. Aucune vérité n'étant, à mes yeux,

____

(1) Voir plus haut, page 40.

mieux démontrée en thérapeutique, vous ne serez pas étonné de l'insistance que j'ai mise à la faire triompher. Depuis la lettre que j'ai eu l'honneur d'adresser à Votre Excellence, le 5 octobre 1857, le mauvais effet produit par la circulaire de M. le Préfet des Hautes-Pyrénées est plus manifeste. Mais aussi, pourquoi consulter le corps médical du département sur la pellagre en général, quand il suffisait de lui dire : Un de vos confrères assure que le *verdet* est l'unique cause de la pellagre et que le maïs est, à coup sûr, préservé du *verdet* par son passage au four, au moment de la récolte.... qu'en pensez-vous?.... Le débat étant mal engagé, il était visible qu'il n'aboutirait pas.

» Dès lors, m'a été démontrée la nécessité de poser autrement le problème et d'en chercher la solution ailleurs. »

Dans ma réponse au Conseil départemental d'hygiène, je dis :

« Le Conseil d'hygiène en jugea autrement quand il rédigea la circulaire préfectorale du 10 juillet 1857, il ne dit pas un mot de ma note du 1er mars qui l'avait provoquée et dans laquelle j'avais nettement posé la question, en disant : « *La pellagre est un empoisonnement par le verdet. La grande épidémie de 1857, coïncidant avec la consommation d'une grande quantité de maïs altéré par le champignon parasite, en est une preuve presque certaine; on empêche le verdet d'apparaître en passant au four le maïs à peine récolté; on arrêterait le fléau en interdisant l'introduction dans nos ports et la vente sur nos marchés de maïs avariés, etc., etc.* »

» Au lieu de porter à la connaissance de nos confrères ces idées ignorées de la plupart d'entre eux et dont l'étude leur aurait certainement paru intéressante, les éléments ne leur manquant pas pour en faire l'application, au grand avantage de leurs clients, le Conseil d'hygiène les a consultés sur la pellagre en général; aussi qu'est-il arrivé? Dans le petit nombre de mémoires que l'on a reçu, *les praticiens ont cru pouvoir se contenter d'écrire, chacun de son côté, l'histoire de la*

maladie envisagée au point de vue de leur observation personnelle.
C'est M. Duplan qui s'en plaint ainsi comme s'il en pouvait
être autrement. »

Et quelques lignes plus bas :

« Ainsi se trouvaient justifiées mes plaintes adressées, le
5 octobre précédent, à S. Exc. le Ministre de l'agriculture,
contre la circulaire préfectorale du 10 juillet, et la résolution
que je venais alors de prendre de me soustraire au verdict
de juges évidemment prévenus, en posant autrement la
question et en en cherchant la solution ailleurs. »

« M. Costallat, après s'être appliqué à présenter le sujet de
ma première observation comme ayant fait une grande consommation de la graine par lui accusée d'empoisonnement,
dit tout-à-coup : « *Après cela personne ne croira que Jean-Marie
Noguès ait eu la pellagre.* »

» *Après cela,* ne devait-on pas en attendre une des mieux
conditionnées ? Point du tout. Le raisonnement peut être
en défaut ; mais le tour est habile. Il lui a été donné dans
la famille des renseignements clairs et précis qui ne pouvaient laisser aucun doute sur l'existence de la pellagre, non
plus que sur la guérison rapide par l'eau sulfureuse de Gazost.
Il n'en dit pas un mot.

» Ces documents ne s'accommodaient point à sa thèse.
Prouver l'empoisonnement par le verdet, chez Noguès, de
St-Martin, n'était pas chose facile : le maïs y est choisi, et
soigneusement conservé et même très bien préparé. L'efficacité du traitement n'était pas moins embarrassante. Mon
contradicteur a su vaincre les deux difficultés par un seul
expédient : il a nié la maladie ; c'était assurément le parti le
plus court. Il n'avait pas vu le malade ; mais qu'importe ? La
logique dit bien : Prouvez ce que vous niez. Mais si les lois
de la logique sont gênantes, pourquoi ne pas les laisser
de côté ? Et, au besoin, on peut bien argumenter contre

» elles. A entendre l'auteur de la brochure, le malade n'aurait
» pas été malade. »

Voilà comment mon adversaire croit se tirer du mauvais
pas où il s'est mis en publiant sa cure miraculeuse. Un fait
médical serait-il donc si élastique qu'on pût en donner trois
éditions différentes et contradictoires?

Première édition.

« Jean-Marie Noguès, de St-Martin, âgé de 84 ans, a
réclamé mes soins, il y a trois semaines, pour une *pellagre*
aux mains, aux pieds et aux jambes, qui existait depuis un
an. Enflure considérable, squameuses épaisses, deux ulcé-
rations sur une main et une jambe, aspect hideux de ces
parties, vertige, un peu de trouble dans l'intelligence, voilà
les symptômes. Deux litres d'eau de Gazost, en bains et
lotions, ont suffi pour une guérison complète en cinq jours.
Les bourgeons charnus poussaient, pour ainsi dire, à vue
d'œil, dans les solutions de continuité. Un mal si rebelle
guéri en cinq jours! » (1)

Deuxième édition
Modifiée et considérablement augmentée pour la circonstance.

« XIXe Observation. — Vers la fin de l'année 1856, le
même praticien est mandé par le sieur Jean-Marie Noguès,
domicilié du village de St-Martin. Cet homme, de tempérament sanguin, de constitution vigoureuse, était parvenu à sa
84ᵉ année, sans jamais avoir essuyé la moindre maladie.

» Très laborieux, il passait la plus grande partie de son
temps au milieu des champs, bravant, sans en être dérangé,
les intempéries de l'air et du soleil, et conservant toujours
le caractère le plus gai.

» Bien logé, bien nourri, n'usant jamais de maïs, Noguès
avait eu de tout temps l'habitude de boire du vin assez
généreux, sans l'étendre de beaucoup d'eau. Mais obligé de
se restreindre depuis deux ans par suite du renchérissement

____

(1) *Intérêt public* du 18 novembre 1856.

de la denrée, le bon vieillard s'était vu condamné à boire beaucoup d'eau, dont il parvenait à peine à dissimuler la couleur par l'addition d'une faible quantité de mauvais vin.

» C'est à partir de cette modification dans le régime, qu'éclatent chez Noguès les symptômes de la pellagre. Ses mains, ses pieds et ses jambes sont envahis par l'éruption érythémateuse, qui s'accompagne de l'engorgement de ces parties ; des squames se forment, et leur chute laisse voir sur chaque jambe un ulcère fétide du plus mauvais aspect. L'appétit est diminué, les digestions sont lentes et laborieuses ; il y a des vertiges ; un trouble profond se remarque dans les facultés intellectuelles, et, bien que chez cet homme la maladie remonte à peine à un an, il existe dans tout son être une faiblesse extrême.

» Sur le conseil de M. Peyramale, Noguès est conduit à la source de Gazost. Il s'y baigne, lotionne plusieurs fois le jour ses jambes ulcérées, et boit quelques verres d'eau minérale. Le régime ne se compose que de bouillon substantiel et de vin rouge étendu dans de l'eau commune.

» Cinq jours de ce traitement ont suffi pour amener la guérison de Noguès, *à la grande surprise de M. Deffis, desservant de la commune, et de plusieurs voisins.* » (1)

Qui que vous soyez, lecteur bienveillant ou hostile, prêtez attention à la réponse que je fis, le 25 décembre 1858 :

« Un paysan de la vallée de l'Adour, qui *jamais dans sa longue carrière n'adopta l'usage du maïs*, et que l'on a guéri de la pellagre en cinq jours !... cela valait la peine d'être vérifié. Je me suis rendu le 21 novembre 1858 à St-Martin, et voici ce que Joseph Noguès m'a dit en présence de plusieurs membres de sa famille :

« Mon oncle Jean-Marie (le sujet de l'observation) est mort » le 28 décembre 1856 ; il mangeait, comme nous tous, du

____

(1) Rapport du Conseil d'hygiène de Tarbes.

» *pastet* (bouillie de maïs au bouillon ou à l'eau) deux fois
» par jour durant tout l'hiver, et assez souvent le reste de
» l'année ; il était surtout grand amateur de *hariat* (bouillie
» de maïs au lait); il buvait du vin du crû et il n'y mettait
» pas plus d'eau et il n'en buvait pas moins que d'habitude
» dans les dernières années de son existence ; il n'est jamais
» allé à Gazost. Le 1er novembre 1856, François Noguès (un
» autre neveu de Jean-Marie) alla chercher à Gazost deux
» bouteilles d'eau sulfureuse, de la contenance de deux litres
» chacune. Le malade en a bu tous les jours un verre et
» s'est bassiné, une fois par jour, les mains, les pieds et les
» jambes avec une égale quantité de la même eau, préala-
» blement tiédie devant le feu. »

» Après cela, personne ne croira que Jean-Marie Noguès
ait eu la pellagre, ni n'attendra un résultat quelconque du
mode d'administration de l'eau sulfureuse suivi par lui. Il
ne reste donc rien de cette cure tant vantée. » (1)

Maintenant récapitulons :

1o Tous les médecins sont d'accord que, avec le régime
qu'il a *réellement* suivi, Noguès était complétement à l'abri
de la pellagre ;

2o C'est seulement seize jours après la cure prétendue que
M. Peyramale la donne pour certaine, après cinq jours de
traitement.... et quel traitement !

3o Dans sa première édition, mon adversaire n'avait pas
soufflé mot de la circonstance relative au maïs; elle valait
cependant bien la peine d'être mentionnée. Mais le besoin
s'étant fait sentir, plus tard, d'offrir au public au moins une
observation de pellagre sans maïs, mon adversaire, mal servi
par sa mémoire, a dit que Noguès, un paysan de la vallée de
l'Adour, était arrivé à 83 ans sans avoir fait usage de maïs.
Pareille chose ne se verra pas dans cent ans;

4o M. Peyramale avait dit d'abord : *Deux litres d'eau de*

---

(1) Page 39.

Gazost en bains et lotions ont suffi pour une guérison complète, en cinq jours ; mais, s'étant, sans doute, aperçu que cela tenait trop du miracle, il a cru se souvenir que Noguès s'était rendu à Gazost, la source préférée, tandis qu'en réalité il n'y a jamais mis les pieds ;

5° Que dire de *ces bourgeons charnus poussant pour ainsi dire, à vue d'œil, dans les solutions de continuité,* chez un pellagreux de 83 ans ? Qui jamais a vu pareille chose dans la pellagre ? Noguès est mort le 28 décembre 1856 ; il n'a donc survécu que 57 jours à sa prétendue guérison.

Et d'une.

« Marie Dulac, de Horgues, fut guérie en douze jours, par l'eau sulfureuse de Gazost, d'une pellagre alarmante, qui existait depuis trois ans.

» Ici mon confrère accorde la maladie. Il conteste la guérison. S'étant rendu chez Marie Dulac, il lui offre généreusement ses conseils pour la guérir. Celle-ci de soutenir qu'elle est guérie ; M. Costallat de soutenir qu'elle est malade et sans doute d'autant plus qu'elle ne sent pas son mal, comme le gentilhomme du Périgord. Plus heureuse que M. de Pourceaugnac, Marie Dulac peut au moins gagner promptement le large.

» Du reste, elle aurait pu avoir la complaisance de vouloir être malade, elle devait être guérie seulement en s'abstenant de maïs pendant un an. Elle en a mangé depuis comme par le passé, et elle a continué de se bien porter et de travailler. »

Qui croirait, à la lecture de ces gentillesses, qu'on trouve dans ma brochure, page 40, cette appréciation ?

« Le 21 novembre 1858, cette malade éprouvait, depuis huit jours, les symptômes précurseurs d'une recrudescence : malaise, maux d'estomac, salive abondante et salée, ardeur au gosier, coliques, douleur aux lombes, sentiment de brûlure au dos des mains, rougeurs et tuméfaction commençante dans ces parties. La coloration jaune des pieds, qui n'avait pas tout-à-fait disparu, a sensiblement augmenté.

L'état d'ivresse, les étourdissements, la faiblesse des jambes avaient cependant diminué, mais existaient toujours. Voilà la malade présentée par le rapport *comme complétement guérie tant au physique qu'au moral*, par les eaux de Gazost prises sur les lieux, en bains et en boisson, *en douze jours.* » (1)

Libre à M. Peyramale d'affirmer de nouveau cette guérison, mais aussi libre à moi de n'ajouter foi à ses assertions qu'après bonne vérification. Or, je ne puis plus me présenter chez Marie Dulac depuis que son père et sa sœur se sont montrés mécontents de la visite que je lui fis le 21 novembre 1858, au point d'oser me soutenir qu'elle était guérie, au moment même où je constatais une recrudescence commençante.

Et de deux.

———

M. Peyramale ne s'est pas contenté de chercher à ressusciter les deux seules observations qu'il ait fournies au Conseil d'hygiène de Tarbes. Ayant appris que j'avais visité d'autres malades à Horgues, il a cru pouvoir prendre une revanche. Voyons s'il a réussi.

« De chez Dulac, M. Costallat se rendit chez Sarrail. Il ne trouva pas la femme, mais le mari lui fit l'historique de la maladie et de la guérison. Danièle Sarrail, après avoir supporté trois ans une pellagre des plus caractérisées et avoir fait en vain usage de je ne sais quelles eaux de Bagnères, était dans un découragement extrême. A force d'instances, ses amies, Marie Dulac entr'autres, la déterminèrent à partir pour Gazost. Après quinze jours de bains et de boisson, elle se retira guérie. Elle jouit depuis, et il y a trois ans, d'une santé brillante. M. Costallat n'a pas jugé à propos de faire mention de ce cas dans sa brochure. Pourquoi n'en a-t-il rien dit? Il a trouvé, sans doute, qu'il ne parlait pas mal pour les *guérisseurs par l'eau sulfureuse.* »

———

(1) Page 47.

Je transcris *textuellement* les notes que j'ai prises le 21 novembre 1858 chez la malade :

« Christine Sarrail-Darré, d'Orincles, âgée de 42 ans, travaillant aux champs, ayant eu trois enfants. (Je ne l'ai pas vue; j'écris les renseignements suivants sous la dictée de sa belle-mère.) Il y a quatre ou cinq ans, début de la maladie. Erythème aux mains et aux pieds, tout l'été. Régime : *Pastet,* deux fois par jour en hiver, une fois en été. Il y a deux ans seulement qu'on fit attention à son état, à cause des étourdissements qu'elle éprouvait et des chutes qu'elle faisait. L'année dernière (1857), M. le docteur Lamathe, de Bénac, lui conseilla *de ne plus manger du maïs,* et l'envoya aux eaux de Gazost, au mois d'octobre. Elle y demeura quinze jours, mangeant du pain, du lait, de la viande, de la soupe; point de maïs. Amélioration sensible. Cette année, en juin, érythème aux pieds et aux mains, qui a cessé depuis deux mois. N'a fait aucun traitement, n'a vu aucun médecin. »

Ces renseignements me furent donnés de bonne grâce par la belle-mère de la malade et non par son mari. Je les crois sincères. Et pourquoi ne le seraient-ils pas? Quel intérêt pouvait-on avoir à me tromper? Cependant ils diffèrent de ceux fournis par M. Peyramale sur quelques points importants. *Si quelque vain usage de je ne sais quelles eaux de Bagnères* ne s'y trouve pas mentionné, on y trouve consignées deux circonstances qu'on a eu grand tort de laisser ignorer à M. Peyramale. M. le docteur Lamathe a conseillé de s'abstenir de l'usage du maïs, et loin que la malade fût guérie à l'époque dont parle M. Peyramale, elle avait été affectée, au mois de juin précédent, de l'érythème caractéristique. Encore un fait qui contraria les guérisseurs par l'eau sulfureuse; ce n'est pas moi qui suis allé le chercher. Et mon adversaire s'étonne que je n'en aie pas fait mention! J'avais de bonnes raisons pour m'en abstenir. Le rapport du Conseil d'hygiène n'en parlait pas, et je n'avais pas vu la malade.

Et de trois.

Furieux de modération, comme un général célèbre appelait les hommes sous ses ordres, mon adversaire n'a pas craint de pousser au scandale.

« Les autres confrères, dit-il, qui ont fourni des observations, sont traités à peu près avec le même sans façon : il fait tomber M. Duplan, de Laborde, en *admiration après lui avoir lu ses notes et observations*, puis il lui donne le plus vif regret de n'avoir pas suivi son *charitable* conseil.

» Or, M. Duplan, de Laborde, a exprimé dans une lettre le plus grand étonnement de ce langage. »

En traçant ces lignes, M. Peyramale savait bien que, dans la même lettre ou dans une autre, M. Duplan, de Laborde, *nie être tombé en admiration devant les recherches de Balardini,* et dit seulement *avoir bien aimé à les voir, parce qu'elles l'ont confirmé dans toutes ses opinions précédentes sur la pellagre, opinions qu'il maintient en entier et dont il ne rétracte rien.* C'est donc un démenti qu'on m'adresse, quand on est à bout d'arguments. Eh bien! va pour le démenti. A nous deux, M. Duplan, de Laborde, en face du public; je vais lui expliquer vos phrases entortillées.

Le 11 novembre 1857, un de mes neveux devant partir pour Lima, M. Duplan père, de Laborde, lui donna très gracieusement une lettre de recommandation pour celui de ses fils qui habite cette ville. Pour témoigner ma reconnaissance à M. Duplan, je le priai de monter avec moi dans mon cabinet. Je lui lus quelques passages de la note que j'avais adressée, le 1er mars, à M. le Sous-Préfet de Bagnères, et je l'engageai instamment à dire à son fils de bien se garder de répondre à la circulaire préfectorale avant de m'avoir vu. Plusieurs mois se passèrent sans nouvelles de MM. Duplan, de Laborde. Enfin, dans les derniers jours de mai 1858, M. Duplan fils vient me voir. —Ah! vous voilà, lui dis-je; je parie que vous avez envoyé un mémoire sur la pellagre? —Oui, me répondit-il. — Pour votre punition, écoutez, lisez, examinez, et en même temps je lui communiquai le fruit, de mes études de quinze mois. *Mon confrère, je le répète, tomba en admiration devant les recherches de Balardini et de Roussel et m'exprima le plus vif regret de n'avoir pas suivi mon charitable conseil.* (Page 31 de ma brochure). Il est toujours honorable d'avouer qu'on s'est trompé. Quelle mauvaise influence a donc pu faire sortir M. Duplan de la bonne voie? Mais n'anticipons pas. En me quittant, mon confrère se rendit à Pau, et peu de jours après, il me racontait sa visite à l'asile des aliénés et sa conversation avec M. le docteur Chambert qui en était alors médecin en chef-directeur. M. Chambert, que je n'avais pas encore l'honneur de connaître, l'avait chargé de m'inviter à lui faire une visite, à mon retour de ma tournée des Landes, que j'étais sur le point de faire. Il va sans dire que je ne manquai pas de répondre à la bienveillante invitation de cet estimable confrère.

Quand M. Duplan s'est décidé à nier ce que j'avais dit de lui, il a dû faire ce calcul : Personne n'assistant à mes deux conversations avec le docteur Costallat, je puis sauter le pas sans crainte d'être démasqué. Mais comme on ne pense jamais à tout, M. Duplan, de Laborde, n'a pas pris garde qu'il s'était lui-même trahi d'avance en me racontant son entretien avec M. Chambert. J'ai exposé à ce digne confrère la position qui m'était faite et réclamé son témoignage. Voici sa réponse : (1)

Beaumont, 27 mai 1860.

« Mon cher confrère,

» C'est pendant ma tournée en Gascogne (que je suis à la veille de quitter) que j'ai reçu votre lettre du 21 de ce mois. Je me hâte d'y répondre, mais deux mots seulement.

» Je vous plains de vous voir aux prises avec les tracasseries dont vous me parlez; mais que voulez-vous déduire d'une simple causerie entre deux confrères qui ne se connais-

----

(1) J'ai reçu cette lettre au moment où je me préparais à un long voyage. Voilà pourquoi je n'ai pas répondu plus tôt à la lettre de M. Peyramale.

saient pas et qui n'ont pu parler de vous et de la pellagre que très incidemment? M. Duplan, dans un langage dont je ne puis rappeler les termes, m'a paru bienveillant et convenable, soit pour vous personnellement, soit pour vos travaux. Pouvait-il en être autrement? N'ayez donc pas de recours, dans le conflit actuel, à un incident aussi insignifiant. Ce serait, à mon sens, une pauvre argumentation, et je ne comprendrais pas d'ailleurs que je pusse être mêlé là-dedans *siné materiâ*.

» Poursuivez vos travaux en dépit de vos détracteurs, s'il y en a; la vérité se fait jour tôt ou tard; c'est elle que désirent la science et l'humanité; c'est elle que vous cherchez.

» Adieu, mon cher monsieur Costallat; croyez à la sincérité de mes sentiments confraternels,

» J. CHAMBERT. »

Certifié conforme à l'original :
COSTALLAT.

Mes adversaires auront beau faire; ils sont et ils resteront sous le coup du jugement porté par le Comité consultatif, en ces termes :

« La Commission qui s'est fait un devoir de soumettre à une étude minutieuse tous ces documents qui ont coûté tant de peine et de soins à leurs auteurs, et qui méritaient tous un examen impartial, est forcée de reconnaître que l'enquête à laquelle il a été procédé par les soins du Conseil d'hygiène des Hautes-Pyrénées, n'a pas répondu exactement aux vues de l'administration supérieure. Au lieu de recueillir et de constater les faits qui pouvaient préparer une solution pratique et permettre à l'autorité de prescrire les mesures les mieux appropriées à chaque localité, les auteurs du rapport ont cru devoir donner une description banale des symptômes de la pellagre, et se livrer à une discussion théorique de ses causes. C'est une œuvre polémique dirigée contre les opinions soutenues par le docteur Costallat, et une apologie d'un traitement qui n'a pas reçu encore la sanction de l'expérience, bien plus qu'un résumé d'une enquête administrative propre

à éclairer et à diriger la conduite de l'autorité supérieure.
Nous ne pousserons pas plus loin l'examen de cette pièce qui
ne peut être mise à profit pour l'étude de la question qui est
soumise à l'appréciation du Comité. » (1)

Je ne saurais trop, Monsieur le rédacteur, vous remercier
de m'avoir accordé, sans la moindre hésitation, le concours
de votre publicité.

Veuillez agréer l'expression de ma reconnaissance et mes
salutations empressées,

COSTALLAT, médecin.

Ces deux lettres étaient précédées de l'avis suivant :

« Cet opuscule était destiné à une publicité très restreinte.
Voici pourquoi je me décide à lui en donner une plus étendue.
Je venais d'en remettre le manuscrit à l'imprimeur, quand
j'ai lu dans l'*Union médicale* le compte-rendu de la séance du
5 mai de la Société médicale d'émulation. Cette séance paraît
avoir été consacrée tout entière à l'examen de la doctrine de
Balardini que je soutiens. Personne ne l'a défendue. Seulement, M. Brierre de Boismont, rapporteur, s'est montré bienveillant dans ses conclusions. Mais il n'a pas été difficile à
M. Depaul de prouver que ces conclusions étaient en contradiction avec le rapport. C'est donc par pure politesse qu'on
n'a pas mis à la fin du procès-verbal qu'elles avaient été
repoussées à l'unanimité.

» Je ne présenterai qu'une seule objection, toujours la
même ; une phrase du procès-verbal m'en fournit l'occasion.
M. Depaul a dit : *J'ai déjà émis, dans une autre séance, l'opinion
que l'alimentation par le maïs n'est pour rien dans le développement de la pellagre, et je peux, aujourd'hui, l'appuyer des décla-
rations de la plupart des médecins des Pyrénées et des Landes.*

» Ainsi, j'aurai envoyé à *presque tous* les médecins des
Landes, de la Gironde, des Hautes et Basses-Pyrénées, et des

______

(1) Page 57.

arrondissements de Villefranche et de Castelnaudary ma brochure sur l'*Etiologie et la Prophylaxie de la pellagre*, où on lit : 1° page 12 : *La question scientifique sera interminable tant qu'on suivra les errements actuels. Elle doit céder le pas à la question pratique, car ce que l'excellent livre de M. Th. Roussel n'a pu faire, aucun autre ne le fera. Le temps des discussions est donc passé; il faut en venir à la démonstration, à la preuve;* 2° page 13 : *Je viens de parcourir plusieurs contrées à pellagre des départements de la Gironde et des Landes, demandant partout de ces cas de pellagre, non précédés de l'usage du maïs, dont on a tant parlé et qui ne résistent pas à un examen approfondi;* 5° page 58 : *Depuis le 25 février 1857, et surtout pendant ma tournée des Landes, je n'ai cessé de demander partout et toujours à voir des cas de pellagre non précédés de l'usage du maïs; et, quand on a voulu m'en montrer, il ne m'a pas été difficile de prouver qu'on s'était trompé.....* Je me serai, dis-je, exprimé aussi catégoriquement, et aucun confrère ne m'aura répondu par le seul argument que j'admets.

» Confrères des départements a pellagre,

» Si quelqu'un de vous connaît un cas manifeste de pellagre, non précédé de l'usage du maïs, je le prie, et, s'il le faut, je le somme, au nom de la vérité, de le produire. »

C.

Cet avis fournit à M. Depaul l'occasion de se joindre à mes adversaires dans un long discours prononcé à la Société médicale d'émulation. Voici ma réponse :

A M. le Président et à MM. les Membres de la Société Médicale d'Emulation.

Messieurs et très honorés confrères,

Je viens vous demander la permission de répondre au discours prononcé devant vous, le 4 août dernier, par M. Depaul, à propos de ma brochure sur l'étiologie et la prophylaxie de la pellagre. La position qui m'est faite est au moins singulière pour un homme qui, dès le 8 juillet 1858, écrivait au Ministre de l'agriculture : *La question scientifique sera interminable tant qu'on suivra les errements actuels ; elle doit céder le pas à la question pratique ; car ce que l'excellent livre de M. Th. Roussel n'a pu faire, aucun livre ne le fera. Le temps des discussions est donc passé, il faut en venir à la démonstration, à la preuve..... L'expérience à faire ne sera ni difficile, ni coûteuse, ni même bien longue...* et qui, en même temps, proposait un moyen infaillible d'arriver à la vérité. Mais on a tant à lire que souvent on critique les travaux d'autrui sans s'être donné la peine de les bien connaître. De là, souvent de prétendues réfutations, des rectifications, des réponses, des répliques sans fin, qui fatiguent le lecteur sans l'éclairer.

Il est bien entendu, avant tout, que, pour le moment, je n'admets pas le débat sur les faits observés hors des départements à pellagre. C'est là une question réservée dans ma lettre à M. Landouzy, insérée dans l'*Union médicale* du 1er décembre.

Je commence par l'accusation grave portée contre moi en ces termes : « Il est à regretter que, *par le fait de M. Cos-* » *tallat,* la question scientifique ait dégénéré en question » personnelle. » Toute ma conscience se révolte contre une pareille assertion. On n'a qu'à lire, sans prévention, mes écrits et ceux de mes adversaires, pour avoir la preuve du contraire. Singulière manière d'éviter les personnalités que d'en adresser aux autres.

M. Depaul nous apprend que : « homme du midi, origi- » naire d'un pays où l'on cultive le maïs et où règne la pel- » lagre, il observe cette maladie depuis *longues années.* » Et il dit plus loin : « M. Costallat, qui habite les Pyrénées depuis » *quelques années.* » A quoi bon cette opposition de personnes ? Le fait est que j'exerce dans ma ville natale depuis le mois de juin 1843, et que, depuis le 25 février 1857, je consacre la plus grande partie de mon temps à l'étude de la pellagre.

Prenant ensuite sous sa protection le rapport du Conseil

départemental d'hygiène, M. Depaul « retrace rapidement
» l'origine du débat actuellement pendant entre les médecins
» pyrénéens. » C'est un tableau qui exige quelques retou-
ches. Je n'ai pas adressé une *série* de lettres à M. le Préfet
des Hautes-Pyrénées ; je me suis contenté de remettre ma
note du 1er mars 1857 à M. le Sous-Préfet de Bagnères,
qui l'a transmise à son supérieur.

Après avoir cité les conclusions du rapport de M. Duplan,
M. Depaul me lance ce trait : « M. Costallat, non satisfait de
» ce rapport, s'adressa au Ministre de l'agriculture et du com-
» merce. » Cette critique n'est pas plus fondée que la précédente. Ma première lettre au Ministre est du 5 octobre 1857.
Je m'y plaignais de la circulaire préfectorale et je demandais
que mon travail fût renvoyé au Comité consultatif, ce qui
fut fait. Le 8 juillet 1858, j'envoyai mon projet d'expérience,
que je venais de communiquer de vive voix à plusieurs
médecins des Landes et de la Gironde, me félicitant d'avoir
posé le problème autrement que dans le principe et d'*en
avoir cherché la solution ailleurs.* Or, le rapport de M. Duplan
n'a paru qu'au mois d'octobre 1858, c'est-à-dire un an après
ma première démarche auprès du Ministre et trois mois
après la seconde. Ce rapport n'a donc pu entrer pour rien
dans mes déterminations ; il n'existait pas. Au reste, la circulaire du Préfet, dans laquelle on ne trouve pas même le mot
maïs, disait assez dans quel esprit il serait rédigé. M'en vou-
drait-on de l'avoir compris ?

Quel dommage que M. Depaul n'ait cru devoir donner
qu'un court résumé de la nouvelle observation que M. Duplan
lui a fait récemment parvenir : *Pellagre datant de quatorze
ans, chez un individu de 78 ans, habitant une chambre insalubre,
mais bien nourri, bien vêtu, n'ayant jamais été soumis à des
passions tristes, à des chagrins. C'est aux pieds seulement que se
montre le mal pendant les dix premières années ; et les mains
s'affectent, à leur tour, après cet espace de temps ;* cela promettait
et je m'attendais encore à une cure miraculeuse, mais.....,
amélioration sensible sous l'influence de l'eau de Barèges et de

Cauterets. Quelle chute !... Ces améliorations passagères s'expliquent simplement par les changements qui surviennent dans l'hygiène et surtout dans la nourriture des pellagreux pendant leur séjour aux eaux. L'empoisonnement par le verdet étant ainsi suspendu, ils ont un temps de relâche ; mais il recommence aussitôt qu'ils rentrent dans leurs foyers, et la réapparition des symptômes ne se fait pas attendre longtemps. J'ai donné une partie du nécrologe de M. Verdoux, le premier qui se soit laissé prendre à ces fausses apparences de guérison. Qui voudra nous dire, parmi les nombreux malades portés au rapport de M. Duplan, comme soulagés ou guéris, combien sont encore vivants ? Je n'ai eu qu'à demander d'*être témoin* d'un cas maifeste de pellagre, guéri par une eau sulfureuse naturelle quelconque, pour qu'on ne m'en parlât plus.

Revenons au discours de M. Depaul. « M. Costallat dit que » le Comité consultatif d'hygiène publique a approuvé le » mode d'expérimentation qu'il a proposé. » Pour que personne n'en doute, voici le texte du rapport de M. Amb. Tardieu : *C'est dans le but de conquérir l'appui de l'opinion du Comité, qui a tant d'influence sur les questions d'hygiène, dans celles surtout qui touchent à l'alimentation et en quelque sorte à l'économie domestique, que M. Costallat a conçu l'idée d'une vaste expérience publique dont nous lui laisserons lui-même exposer le plan (voir les notes de M. Costallat)..... Certes on ne peut contester l'intérêt d'une semblable expérimentation, et tout ce qui sera fait pour l'encourager recevrait la haute approbation du Comité.* Au reste, je n'ai jamais parlé de l'approbation du comité sans ajouter que, par des motifs que chacun appréciera, il n'avait pas cru devoir conseiller à l'Administration d'instituer officiellement mon expérience.

« M. Costallat, dans son travail, donne un extrait du rap- » port de M. Duplan, et y fait une longue réponse. » Il fallait donc reproduire les soixante pages de M. Duplan dans une brochure qui n'en a que soixante-quatre, à la vérité un peu plus compactes. C'est bien assez que l'*extrait* y tienne quinze pages, pendant que ma *longue réponse* n'en occupe que quatorze. De son côté, M. Duplan a écrit que son rapport a été *dénaturé* par l'extrait que j'en ai donné. *Dénaturé*, certainement non, puisque l'extrait est fidèle; passe pour *tronqué*. Ceci me fait regretter de n'avoir pu publier en entier cette œuvre mort-née.

M. Depaul revient sur l'opinion unanime des médecins des Hautes et Basses-Pyrénées et des Landes, à propos de l'action du maïs. Cette unanimité, je la conteste. Il n'en est pas moins vrai que la plupart de nos confrères de ces départements, après s'être convaincus de l'inanité des théories antérieures à celle de Balardini, après avoir, sans succès aucun, mis en pratique les traitements les plus variés, les plus opposés, en sont venus à croire qu'il n'y a d'autre remède à ce mal qu'une amélioration notable dans l'hygiène, surtout quant à l'alimentation; et comme on ne peut modifier avantageusement et indéfiniment la position de populations entières, qu'avec des dépenses énormes et hors de proportion avec nos budgets, ils se figurent qu'il n'y a rien à faire. Tout pellagreux étant, pour eux, fatalement voué à une mort misérable, toute idée nouvelle n'est, à leurs yeux, qu'une nouvelle déception; ils n'ont pas le courage de la mettre à l'épreuve. Jusqu'à présent, mes prières, mes supplications n'y ont rien fait. Et, cependant, qu'en coûterait-il pour passer au four, au moment de la récolte, la provision de maïs d'une famille de pellagreux? La dépense serait minime dans les Landes où le combustible est à vil prix, et quel résultat! Chaque expérience ainsi faite arracherait plusieurs de nos semblables à une mort certaine et convertirait l'homme de l'art, jusqu'alors impuissant et découragé, en apôtre de la doctrine si belle, si simple de Balardini. Que de bien nous pourrions faire, si, mettant tout amour-propre de côté et faisant trêve à des discussions sans issue possible, nous prenions la ferme résolution de soumettre à l'épreuve clinique la découverte de notre illustre confrère de Brescia!... Attendrons-nous que des cœurs généreux, indignés de l'inaction des hommes du métier, s'emparent de la noble mission qui nous est naturellement dévolue ?

Je reviens aux critiques de M. Depaul. « Quant à M. Cos-
» tallat, il n'a fait, ainsi que M. Roussel, qu'adopter les idées
» de M. Balardini. » M. Depaul m'accordera au moins que jusqu'à présent je les ai défendues avec quelque succès. Pour ce qui est de M. Roussel, son beau livre et au besoin son mémoire de 1848, qui attend encore un rapport, sont là pour protester.

« Il n'apporte, à l'appui de son opinion, aucun fait nou-
» veau. » Ma réponse sera courte : Lisez. « Et il procède
» constamment par de simples affirmations ou par des déné-
» gations. » Lisez encore.

M. Depaul admet que la pellagre a augmenté, et il dit
» qu'il faut rechercher les causes de ce développement dans
» l'augmentation de la misère, dans la privation de vin,
» dans l'insolation, une alimentation insuffisante, le défaut
» de propreté, etc. » De mon côté, je crois, avec beaucoup d'économistes, que la misère, l'insuffisance de l'alimentation et le défaut de propreté ont plutôt diminué qu'augmenté ; je crois que les malheureux destinés à être la proie de la pellagre ne s'exposent pas plus aujourd'hui aux rayons solaires que du temps de Casal. Resterait donc la privation de vin, malheureusement trop réelle depuis plusieurs années (1). Pour Balardini et ses partisans, l'extension de la pellagre dépend uniquement de l'extension incontestable de la culture du maïs.

Une dernière citation et je termine :

« Si je me suis élevé avec tant d'insistance contre les conclu-
» sions de M. Balardini et de M. Costallat, c'est qu'elles tendent
» à jeter du discrédit sur une céréale indispensable à l'alimen-
» tation ; c'est que le passage de la graine au four, qui serait

---

(1) (Je n'avais pas encore vu les pellagreux de l'Aragon, dont plusieurs étaient de ivrognes.)

» *le plus souvent inutile, est fort dispendieuse, de nature à dimi-*
» *nuer le volume du grain et à le rendre impropre à la germi-*
» *nation ; c'est, enfin, que la médication sulfureuse, qui compte*
» *des cas de succès, n'est pas à dédaigner, et qu'il en coûte peu*
» *de l'expérimenter dans un pays où ces eaux sont communes.* »
Que M. Depaul se rassure. La précieuse graminée, pour
laquelle il montre tant d'intérêt, n'est pas menacée; seulement, comme elle est peut-être la plus difficile à conserver,
on lui fera subir une opération, à laquelle, bien entendu,
ne seront pas soumis les quelques épis de choix destinés à
la reproduire. Quant à la diminution de volume, on la com-
pensera aisément par une augmentation de prix proportion-
nelle. Ainsi préparé, le maïs se conservera longues années
sans autres frais et ne pourra plus nuire à l'homme. A cette
occasion, permettez-moi, messieurs et très honorés confrères,
de rapporter une petite anecdote sans conséquence. Il y a
quelques mois, un pharmacien, très connu par ses beaux
travaux sur la digestion, mangeait, à ma table, d'un mets
préparé avec du maïs passé au four, et comme on lui faisait
remarquer qu'il en mangeait peut-être trop, en homme
d'esprit qu'il est, il répondit : Je n'ai rien à craindre, le
maïs est vacciné.

Ai-je besoin de répéter encore que la médication sulfureuse dans la pellagre n'est que pure illusion ?

Les motifs allégués par M. Depaul seraient mieux fondés
qu'ils ne justifieraient pas, à mes yeux, ses efforts désespérés
contre une découverte qui doit nous délivrer de la pellagre,
au prix d'une légère dépense qu'on n'hésite pas à faire en
Bourgogne et en Franche-Comté.

Il va sans dire que je n'admets aucune des conclusions du
discours qui a provoqué cette réponse.

Veuillez agréer, messieurs et très honorés confrères, mes
respectueuses salutations.

COSTALLAT.

Bagnères, le 3 décembre 1860.

C'est alors que feu M. Duplan vint défendre lui-même son œuvre :

(**Extrait de l'*Ère Impériale* du 9 février 1861**)

Bien que l'étude de la pellagre soit depuis quelques années à l'ordre du jour, ce n'est pas sans surprise que j'ai rencontré dans l'*Intérêt public*, du mardi 29 janvier, un long article sur cette grave maladie. J'ignore si les habitués du journal ont pris goût à la discussion d'un tel sujet ; mais ce que je sais bien, c'est qu'une telle discussion m'a paru passablement mal à l'aise dans un journal politique. C'est, en effet, dans les journaux de médecine, si nombreux, et là seulement, que doivent s'agiter les questions médicales, parce que c'est là, et pas ailleurs, que se trouvent les juges compétents.

Mais, puisque M. Costallat a cru devoir adopter une autre marche, qu'il a initié le public aux débats nombreux dont la pellagre a été l'objet parmi les médecins français, dans ces derniers temps, on doit regretter qu'il n'ait pas complété son œuvre.

S'il fait connaître toute la gravité du mal à des personnes qui en ignoraient même le nom et l'existence, pourquoi ne pas indiquer en même temps le résultat auquel ont abouti les recherches de nos savants et zélés confrères ? C'était un moyen de rassurer, après les avoir alarmées, les populations pyrénéennes.

Eh bien ! ce que M. Costallat n'a pas fait, je vais, avec son agrément, l'entreprendre à sa place.

Mais, avant tout, il faut que l'on sache qu'une grande question était pendante dans l'histoire de cette maladie. Depuis plus d'un siècle, les médecins se trouvaient divisés relativement à la cause qui préside à sa manifestation. Après des discussions multipliées, il était généralement admis, particulièrement en France, que c'était dans l'usage du maïs sain ou altéré que gisait la cause de la maladie pellagreuse.

Malgré ses nombreux partisans, cette doctrine devait rencontrer des esprits qui ne l'accepteraient que sous bénéfice d'inventaire, après une étude approfondie. C'est dans ce sens que le Conseil départemental d'hygiène des Hautes-Pyrénées, secondé par le zèle de tous les praticiens de la contrée, a dirigé ses investigations, pendant que notre honorable confrère de Bagnères a cru ne pas devoir se détacher d'une doctrine toute primitive.

Le travail fait par le Conseil départemental l'a conduit aux conclusions ci-après, qui sont formulées dans un rapport publié en octobre 1858 :

1° Depuis plusieurs années, la pellagre a fait irruption dans les Hautes-Pyrénées, où elle est en cours d'accroissement ; elle règne surtout dans les vallées de l'Adour, de l'Arros et de l'Echez.

2° Cette maladie revêt la forme endémique, et constitue un même type pathologique avec la pellagre observée par les médecins français, italiens et espagnols, dont elle ne diffère en rien.

3° Elle est due à l'influence combinée des privations qu'entraîne la misère à sa suite, l'intervention de l'usage du maïs n'étant pas indispensable comme on le pense généralement.

4° Les ressources de la thérapeutique, à peu près impuissantes jusqu'à ces derniers temps, ont été dirigées d'une manière utile dans le traitement de cette maladie par des praticiens des Hautes-Pyrénées, qui sont parvenus à la guérir.

5° Le traitement de la pellagre consiste dans l'usage de l'eau sulfureuse naturelle, en bains et sous forme de boisson, aidé d'un bon régime alimentaire.

6° C'est de l'application de l'hygiène, fondée sur l'intervention active de la science, de l'administration et de la charité publique et privée, qu'il faut attendre l'extirpation du fléau.

Le rapport et ses conclusions trouvèrent des approbateurs, surtout parmi les médecins qui avaient pu en vérifier l'exactitude au lit des malades.

Nous citerons particulièrement M. Pascal, médecin principal de l'hôpital de Bayonne, ancien professeur des hôpitaux d'instruction militaire, qui donna, dans le *Messager*, la sanction la plus entière au rapport du Conseil d'hygiène. Fruit de l'observation sur des pellagreux des Basses-Pyrénées, l'opinion du savant médecin militaire est conforme, en tout point, aux idées du directeur, si distingué, de l'asile de Pau. Nous lisons, en effet, dans une note que nous avons sous les yeux, que pour lui, comme pour tous les médecins, aujourd'hui, *l'alimentation par le maïs n'est la cause ni unique, ni exclusive de la pellagre en général.*

A la même époque, le rapporteur du Conseil avait l'honneur de recevoir du docteur G. Hameau, le plus autorisé en semblable matière (1), une lettre approbative des idées consignées dans le rapport.

Peu de temps après, le travail du Conseil des Hautes-Pyrénées ayant été soumis à l'examen du Conseil d'hygiène de la Gironde, il fut l'occasion d'un rapport de M. Gentrac, approuvant hautement toutes les idées émises dans les Hautes-Pyrénées.

C'est à ces résultats positifs que M. Costallat a prétendu s'opposer carrément, en se jetant en travers de toutes les solutions acquises. Alors, on a pu le voir parcourant les Landes et la Gironde, les Hautes et Basses-Pyrénées, visitant même, dit-on, l'Espagne, afin de trouver des adhérents à son opposition. Qu'en a-t-il rapporté ? C'est lui-même qui va nous l'apprendre ; écoutons : *Aucun des confrères que j'ai visités ne croit que le verdet soit l'unique cause de la pellagre, mais bon nombre d'entr'eux penchent vers cette opinion.* Conciliera qui pourra ces deux membres de phrase.

Cependant la critique très accentuée de l'honorable médecin de Bagnères ne pouvait demeurer circonscrite dans les régions qu'il venait de parcourir ; un champ plus vaste deve-

____

(1) Tout le monde sait que M. G. Hameau est le digne fils de cet habile praticien qui, le premier, observa et décrivit la pellagre des Landes.

naît nécessaire à l'ardeur de son zèle. Il porta la question au sein du Comité consultatif d'hygiène publique et de salubrité de Paris. Mais il oublia un point assez essentiel : la communication de toutes les pièces du procès (1). En outre, il envoyait le dossier incomplet à des juges de son choix, en se gardant bien d'appeler dans le débat ses contradicteurs naturels, les praticiens des Hautes-Pyrénées. Nul, parmi les médecins, n'ignore à quelle regrettable décision le Comité consultatif d'hygiène publique s'est laissé aller sous l'empire des voies et moyens que nous venons d'indiquer. Heureusement la saine critique ne perd jamais ses droits, et la plume habile de M. Landouzy a victorieusement réfuté l'œuvre du secrétaire du Comité consultatif d'hygiène. Passons.

Les faits consignés dans le rapport des Hautes-Pyrénées étaient trop en opposition avec les vues du Comité de Paris, pour que les praticiens indépendants ne sentissent pas le besoin d'étudier cette question sur le théâtre même où la maladie sévissait avec le plus d'intensité, afin de pouvoir ainsi contrôler *de visu* des assertions si opposées.

Ainsi, tandis que le savant professeur de clinique de l'école de médecine de Reims parcourait les Landes, en compagnie des honorables médecins de ces contrées qui lui montraient à l'envi leurs nombreux pellagreux, de son côté le docteur Billod, directeur de l'asile de Ste-Gemme, n'hésitait pas à traverser les Alpes pour aller étudier itérativement la pellagre sur sa terre classique, l'Italie. Quelques citations empruntées à ces deux savants suffiront pour faire voir de quel côté se trouve la vérité entre M. Costallat, ce fervent apôtre du verdet, et le Conseil d'hygiène des Hautes-Pyrénées, qui repousse cette chimère, en tant que facteur exclusif de la maladie pellagreuse. Laissons parler d'abord M. Billod, dans son rapport à M. le Ministre de l'intérieur pour l'année 1860 :

---

(1) Ce procédé fera naître peut-être des doutes dans l'esprit du lecteur. Ils se dissiperont bientôt si l'on compare le rapport du Conseil d'hygiène des Hautes-Pyrénées à l'extrait qu'en a fait M. Costallat.

Mon ami, M. le docteur Grana, m'a affirmé que la pellagre est inconnue dans la montagne de la Sabine, de même que dans les Abruzzes, bien que les paysans fassent un usage habituel et presque exclusif du maïs.

M. Billod ajoute : « Au dire du docteur Bonnucci, directeur » de l'hôpital des aliénés de Pérouse, lorsque la maladie » commença à paraître dans la province, elle y prit immé- » diatement les proportions d'un véritable fléau. Cette appa- » rition ne fut précédée ni d'une augmentation de la quantité » de maïs employé aux usages alimentaires, ni d'une modifi- » cation en mal de la qualité de ce grain qui abonde dans nos » campagnes. »

« Le professeur Cipriani, de Florence, c'est encore M. Billod » qui parle, m'affirma que presque tous les malades qu'il » avait observés jusqu'à ce jour, avaient fait un long usage » du maïs, mais que parmi les observations qu'il avait re- » cueillies depuis, pendant deux ans, il y a six individus qui » n'ont jamais fait usage de cette farine, et quatorze dont la » nourriture a toujours été excellente. »

Voici comment s'exprimait le docteur Gallani, médecin à Reggio : « Je ne partage pas l'opinion de ceux qui regardent » comme cause de la pellagre l'usage exclusif du maïs, ou du » maïs mal soigné, recueilli humide ou altéré par le crypto- » game sporisorium du maïs. »

L'opinion du professeur Riga, médecin à Parme, diffère peu de la précédente ; il la formule en ces termes : « Je n'at- » tribue pas le développement de la pellagre au seul usage du » maïs, mais bien à l'ensemble de plusieurs circonstances... »

Le docteur Brugnoni, médecin à Astino, dans le Milanais, s'exprime de la manière suivante : « Selon moi, la cause de » la pellagre est complexe, ses éléments principaux sont : » 1° l'hérédité ; 2° la misère avec ses suites inévitables... »

Les citations que nous venons de faire, nous semblent suffire et au-delà pour démontrer qu'en Italie, comme dans les Hautes-Pyrénées, on est loin d'envisager le maïs ou le verdet comme cause exclusive de l'affection pellagreuse.

Examinons maintenant les appréciations de M. le professeur Landouzy. (1)

Le savant clinicien de Reims proteste contre l'hypothèse qui envisage soit le maïs, soit le verdet, comme cause de la pellagre. Cette opinion est appuyée sur des arguments invincibles que les limites de cette lettre nous donnent le regret de ne pouvoir reproduire. Mais ce qu'il importe de savoir pour l'édification du public, c'est ce fait relevé par le professeur de Reims, à savoir : *qu'un seul parmi les quatre-vingt-quinze malades observés à Reims, à Paris et à Ste-Gemme, a fait usage de maïs.*

Après des faits aussi concluants, la question relative au maïs dans la production de la pellagre n'est-elle pas jugée et en dernier ressort? Nous n'insisterions pas davantage sur ce sujet, si, dans sa dernière lettre, en mêlant mon nom au nom si honorable de M. Depaul (2), M. Costallat ne se fût laissé aller à des inexactitudes, involontaires peut-être, mais qu'il est de mon devoir de relever, du moins quant aux plus importantes. Disons d'abord que M. Costallat se pose en victime; de qui? à quel propos? C'est, sans doute, pour n'avoir pas obtenu le *veto* sur les recherches entreprises par le Conseil des Hautes-Pyrénées, *veto* qu'il semblait demander à M. le Ministre de l'agriculture dans sa lettre du 8 juillet 1858. On lit, en effet, dans cette lettre : « La question scientifique sera inter- » minable tant qu'on suivra les errements actuels; car ce » que l'excellent livre de M. Roussel n'a pu faire, aucun livre ne le fera. » Par bonheur, une si désespérante prophétie devait recevoir un éclatant démenti. Elle s'est évanouie au souffle de l'observation.

---

(1) *De la pellagre sporadique*, par H. Landouzy, 1860.

(2) M. Depaul, professeur agrégé à la faculté de Paris, médecin des hôpitaux, membre de l'Académie de médecine, est un de ces hommes qui, par la justesse de leurs vues, par leur vaste érudition et leur haute expérience, font toujours autorité dans les solutions des questions scientifiques. Nous tenons pour très honorable d'être, en même temps que notre éminent confrère, l'objet des attaques de M. Costallat. Il ne pouvait pas prendre une meilleure voie pour achever de nous donner raison et pour aggraver ses torts.

Parlerai-je de cette distinction *de pays à pellagre* qu'on trouve dans la lettre de M. Costallat ? Mais M. Landouzy a réfuté péremptoirement cette étrange subtilité. Allons plus loin.

Toute la conscience de M. Costallat se révolte du reproche que lui adresse, du haut de la tribune d'une société savante, le plus courtois de ses membres, pour avoir fait dégénérer en question personnelle la question scientifique. A qui la faute ? Que M. Costallat prenne la peine de se relire.

Nouvelle plainte. M. Costallat reproche à son éminent contradicteur de Paris de l'avoir accusé de l'envoi d'une série de lettres à M. le Préfet. Il repousse énergiquement cette accusation, en affirmant *s'être contenté de remettre sa note du 1er mars 1857 à M. le Sous-Préfet de Bagnères, qui l'a transmise à son supérieur*.

Si, avant de prendre la plume, notre honorable confrère de Bagnères avait rouvert ses cartons, il se fût épargné de contredire M. Depaul, car il y aurait rencontré, pour sûr, copie d'une lettre datée de Bagnères 25 septembre 1859, adressée à M. le Préfet des Hautes-Pyrénées et signée Costallat. Que M. Costallat regrette la lettre que nous venons de signaler, qu'il cherche à en perdre le souvenir, nous ne saurions y trouver à redire ; mais notre amour de la vérité se révolte en voyant dénier publiquement un fait notoire, pour argumenter ensuite, à l'aide de ces dénégations inexactes, contre les véridiques assertions d'un savant qui n'est pas, comme nous, à portée de vérifier les faits.

Dans sa lettre, M. Costallat ne s'en est pas tenu à l'étiologie de la pellagre, il a voulu aussi toucher à la thérapeutique de cette maladie, et, bien entendu, dans le but de proclamer une fois de plus son opposition aux espérances de guérison données aux malheureux pellagreux par le Conseil d'hygiène des Hautes-Pyrénées.

S'étayant sur des faits nombreux empruntés à la pratique des médecins pyrénéens, le Conseil d'hygiène avait promis, en effet, soulagement et guérison aux malades, à l'égard desquels la science s'était, jusque-là, montrée impuissante. C'est l'emploi de l'eau sulfureuse qu'il indiquait comme remède.

Eh bien! il est fâcheux d'avoir à le dire, il s'est trouvé un médecin, et un médecin de Bagnères, qui a voulu, *à priori*, frapper d'anathème cette puissante médication; il dénie toutes les guérisons obtenues. Cependant la médication hydrosulfureuse, dans la maladie qui nous occupe, est un fait dès longtemps acquis à la science, ainsi qu'il est facile de s'en convaincre en parcourant les travaux des médecins de la Gironde. On lit, en effet, que, depuis bien des années, *la médication hydrosulfureuse est employée dans les divers services de l'hôpital St-André; qu'elle y a presque toujours produit d'heureux résultats.*

Comment se fait-il que M. Costallat l'ignore? Qu'il me permette, à ce sujet, une simple observation : quand on s'impose la tâche périlleuse d'éclairer les autres, faut-il, du moins, se mettre à la hauteur du sujet que l'on va traiter.

M. Costallat, nous l'avons déjà dit, proteste contre les faits observés par ses confrères; il veut les voir avant d'y croire; il faut qu'on lui en montre.... Mais en accédant à son désir, n'a-t-on pas à craindre la fin de non-recevoir qui lui est reprochée par M. Landouzy, à l'occasion des nombreux cas de pellagre sans maïs, que le savant médecin de Reims tenait à sa disposition? Notre honorable confrère de Bagnères a cru devoir s'abstenir d'aller les visiter.

Quoi qu'il en soit, il ne tiendrait qu'à M. Costallat de ne pas rester incrédule. En effet, nous possédons plusieurs cas de guérison dans notre ville, où, Dieu merci! l'endémie n'a guère pénétré jusqu'à ce moment. Il y a huit jours à peine, j'avais la satisfaction de voir au jardin Massey un manœuvre servant des maçons, bien qu'il eût traversé deux ans auparavant tous les symptômes qui accompagnent la deuxième période de la pellagre.

Cet heureux résultat est dû tout entier à l'usage de l'agent hydrosulfureux, pendant deux saisons de quinze jours seulement l'une. (1)

Il m'arrive aussi de rencontrer sur la rue une jeune femme chez laquelle la pellagre était parvenue à la deuxième période quand elle s'offrit pour la première fois à mon observation. La même médication a amené les mêmes conséquences; cette femme est aujourd'hui fraîche, forte, se livrant à des travaux pénibles. De plus, elle est enceinte de huit mois environ, sans paraître sensiblement fatiguée par son état de gestation.

Pour voir des pellagreux guéris par l'eau sulfureuse, pas n'est besoin que notre confrère se dérange. Son voisin, M. Soulé, officier de santé à Cieutat, n'en a-t-il pas montré au docteur Soulé, son cousin, plusieurs cas pris dans sa pratique? Pourquoi ne pas profiter de cette exhibition? On le voit, rien n'est plus aisé pour notre distingué confrère que de satisfaire sa curiosité.

Il importe qu'il se hâte de se convaincre; car persister à croire que l'efficacité de l'agent hydrosulfureux dans la pellagre n'est qu'illusion, serait porter aucuns à croire que les incrédules sont en état d'hallucination.

La critique trouverait encore à glaner dans la lettre de M. Costallat, mais la mienne est déjà trop longue. Que le public me la pardonne toutefois, en vue du motif qui l'a inspirée : le besoin de faire passer sous ses yeux les phases parcourues depuis trois ans par la question de la pellagre, cette question si importante au double point de vue de la science et de l'humanité. Je me résume dans les propositions suivantes :

1° C'est à tort que M. Costallat s'insurge contre les opinions proclamées par M. Depaul, au sein de la Société médicale d'émulation de Paris; car ces opinions sont l'expression des faits observés, dans ces dernières années, par les hommes les plus compétents.

---

(1) Grâce à la sollicitude toute paternelle de M. le préfet Garnier pour les malheureux, la saison thermale, qui n'était jusqu'à ce moment que de quinze jours de durée pour les indigents, vient d'être portée à un mois en faveur des pellagreux.

2° C'est à tort qu'il soutient encore la doctrine du verdet, cette doctrine qui ne compte plus aujourd'hui de partisans, même au-delà des Alpes d'où elle nous est venue.

3° C'est à tort qu'il repousse, dans la pellagre, l'utilité de la médication hydrosulfureuse ; car cette médication, ancre unique de salut pour les malheureux pellagreux, a déjà fait ses preuves dans la Gironde comme dans les Hautes-Pyrénées.

4° C'est donc aussi à tort que M. Costallat qualifie de *mort-né* le rapport du Conseil d'hygiène des Hautes-Pyrénées, travail qui, le premier, a proclamé les vérités si consolantes que nous venons de retracer.

Agréez, monsieur le rédacteur, etc.

DUPLAN.

Cette lettre avait paru, le 9 février 1861, dans l'*Intérêt public* et dans l'*Ere impériale*. Le premier de ces journaux inséra, le 26 du même mois, la réplique suivante :

(Extrait de l'*Intérêt public* du 26 février 1861.)

En publiant, dans l'*Intérêt public* du 29 janvier, ma réponse à M. Depaul, j'annonçais ma réponse définitive aux controverses sur la pellagre, déjà publiée dans l'*Union médicale* du 5 décembre. M. Duplan n'a pas cru devoir attendre la publication de cette pièce ; aussi, n'étant pas au courant des progrès récemment faits vers la solution de la question, renouvelle-t-il un débat épuisé, et que j'ai ramené à ces termes : 1° le verdet du maïs est l'unique cause de la pellagre ; 2° les cas signalés en dehors du domaine du maïs ne sont pas des cas de pellagre ; 3° le passage au four du maïs au moment de la récolte est le remède curatif et préventif par excellence ; 4° la médication sulfureuse ne jouit d'aucune efficacité dans la pellagre. — L'expérience que j'ai proposée, devant mettre invinciblement en évidence la vérité de ces quatre propositions, on est obligé de l'accepter et d'en demander l'institution ou de démontrer qu'elle n'a pas la portée que je lui attribue. A la rigueur, je pourrais borner là ma réponse. Mais mon adversaire revient sur des accusations déjà détruites et en forge de nouvelles dont je ne veux pas qu'il reste vestige. Battu sur le terrain scientifique, M. Duplan cherche encore à incriminer ma conduite ; il ne sera pas dit que je lui aurai laissé cette triste et dernière ressource.

M. Duplan est surpris de trouver un long article sur la pellagre dans un journal politique ; ce puritanisme me paraît un peu tardif :

Il fallait protester quand le docteur Pascal envoyait à M. Duplan, par le *Courrier de Bayonne*, des éloges que l'*Ere impériale* s'empressait de reproduire le 16 décembre 1858. L'encens médical était donc de bon aloi, même dans les journaux politiques.

Il fallait protester quand, le 28 avril dernier, j'étais attaqué dans l'*Intérêt public*, à propos de ma réfutation de l'œuvre de M. Duplan. Les allégations les moins fondées seraient-elles permises, même dans les journaux politiques, par cela seul qu'elles tendraient à nuire à un confrère qui vient d'anéantir notre plus cher titre de gloire ?

Il fallait protester quand le *Mémorial des Pyrénées* adressait, à mes dépens, tant de compliments à M. le docteur Cazeaux et venait au secours de M. Peyramale, abandonné dans le péril par son général.

Il fallait protester, dis-je, quand l'*Ere impériale* du 22 septembre empruntait au *Moniteur des Sciences* un article commençant par une citation favorable au docteur X..., de Bagnères, mais qui se terminait ainsi : « M. Plat aurait pu » apprendre au rédacteur d'un journal du Midi que le doc- » teur X... n'a rien prouvé qu'une chose, c'est qu'il est un » triste observateur et un triste raisonneur. »

Quelque ami trop zélé aura cru être agréable à M. Duplan, en faisant répéter ces aménités dans un journal de Tarbes ; le docteur X..., de Bagnères, en a été si furieux, que, ne sachant que répondre, il s'est vengé..... en priant l'*Echo des Vallées*, journal politique de Bagnères, de publier en entier l'article de l'*Ere impériale*.

« Une telle discussion, dit M. Duplan, lui a paru passable- » ment mal à l'aise dans un journal politique, » et aussitôt, ne se contentant pas de la publicité de l'*Intérêt public*, il apporte sa prose à l'*Ere impériale*.

Sans admettre, avec M. Duplan, que les juges compétents des questions médicales ne se trouvent que dans les journaux de médecine, j'affirme qu'on ne m'a vu figurer dans les journaux politiques qu'à la suite de mes adversaires et sur provocation; et si, aujourd'hui, je parais m'écarter de cette règle, cela tient à la position particulière dans laquelle je suis vis-à-vis de la Société médicale d'émulation. Le discours prononcé, le 4 août, par M. Depaul, ayant paru le 24 novembre dans le Bulletin de la Société que publie l'*Union médicale*, j'envoyai ma réponse à ce journal, qui me la renvoya en m'invitant à l'adresser à la Société. J'ai suivi cet avis et je n'en suis guère plus avancé; car, si ma réclamation a été lue à la séance du 5 janvier, c'est parce qu'on croyait, à tort, que j'avais l'honneur d'être membre correspondant de la Société. L'erreur ayant été aussitôt reconnue, il n'a plus été question de voter l'impression de mon travail, et comme les médecins étrangers à la Société ne sont pas admis à intervenir directement dans ses discussions, mon travail a été simplement renvoyé à la commission chargée d'examiner ma brochure sur l'étiologie et la prophylaxie de la pellagre. Je laisse maintenant à penser les chances qui me restent de voir insérer ma réponse à M. Depaul dans le Bulletin de la Société médicale d'émulation. Ajouterai-je que j'ai de bonnes raisons de croire qu'une décision à cet égard se fera atttendre trois mois?

Dans cet état de choses, je n'ai pas voulu rester plus longtemps sous le coup d'une attaque dont plusieurs de mes anciens camarades ont été témoins et qu'un journal très répandu avait publiée. Or, le discours de M. Depaul, on a pu le voir par ma réponse, était en grande partie basé sur le rapport du Conseil d'hygiène de Tarbes, renforcé, pour la circonstance, de quelques arguments et d'une très curieuse observation par M. Duplan. Que mon adversaire soit resté sous la tente, pendant qu'un de ses aides-de-camp combattait pour lui, on le conçoit sans peine. Il voyait son champion trop compromis. Mais après avoir fourni les armes contre moi, il ne peut pas s'étonner de me voir recourir au seul moyen qui me reste de les briser entre les mains de son apologiste et dans les siennes. Pour avoir été portée à deux cents lieues, l'attaque n'en est pas moins venue de lui.

M. Duplan aurait voulu que, « après avoir fait connaître » la gravité du mal à des personnes qui en ignoraient le nom » et l'existence, j'eusse indiqué le résultat auquel ont abouti » les recherches de nos savants et zélés confrères. C'était, » ajoute-t-il, un moyen de rassurer, après les avoir alarmées, » les populations pyrénéennes. »

Un pareil travail, même dégagé des termes techniques, n'apprendrait rien de directement utile aux populations intéressées ; ce qu'il leur faut, c'est un remède simple et peu coûteux. Aussi m'inquiétant peu si je les alarmerais, leur ai-je toujours dit : Passez le maïs au four au moment de la récolte, et quelle que soit d'ailleurs votre misère, vous n'aurez jamais la pellagre. « Eh bien ! ce que je n'ai pas fait, » M. Duplan « l'entreprend à ma place. » Il s'acquitte si bien de ce soin, qu'il ne cite que les témoignages favorables à sa thèse et fait de vains efforts pour exhumer son rapport mort-né, que le Comité consultatif d'hygiène de France a gratifié de cette épitaphe : « *OEuvre polémique dirigée contre* » *les opinions soutenues par le docteur Costallat...* Cette pièce » ne peut être mise à profit pour l'étude de la question qui » est soumise à l'appréciation du Comité, etc., etc. »

M. Duplan a une manière toute particulière d'écrire l'histoire ; en voici quelques échantillons :

« C'est à ces résultats positifs que M. Costallat a prétendu s'opposer carrément, en se mettant en travers de toutes les solutions acquises. » De quels résultats prétendus positifs, de quelles solutions prétendues acquises n'ai-je pas démontré l'inanité? « Alors, on l'a vu parcourant les Landes, la Gironde, les Hautes et Basses-Pyrénées, visitant même, dit-on, l'Espagne, » Oui, l'Espagne, et vous auriez pu ajouter l'Aude, l'Ariége, la Haute-Garonne, Ste-Gemme, Paris, « afin de trouver des adhérents à son opposition. »

Quel mal y a-t-il à chercher dans divers pays des exemples d'une même maladie? J'aurais dû attendre, peut-être, dans mon cabinet, que messieurs les officiers de santé m'apportassent la matière brute pour l'élaborer ensuite à loisir. Mais on sait que je n'ai jamais occupé de place officielle qui pût me donner une influence quelconque sur mes confrères du second ordre; qu'au contraire j'ai demandé, dans ma thèse inaugurale, qu'on cessât d'en recevoir : il m'était donc interdit d'étudier la pellagre en pantoufles.

« Qu'en a-t-il rapporté? C'est lui-même qui va nous l'apprendre : Aucun des confrères que j'ai visités ne croit que le verdet soit la cause unique de la pellagre ; » et un homme qui cherche des adhérents écrit de pareilles naïvetés au ministère de l'agriculture ! « mais bon nombre penchent vers cette opinion. Conciliera qui pourra ces deux membres de phrases. »

Il y a ici deux erreurs. Comme j'ai mieux à faire que d'étudier ma langue sous la direction de M. Duplan, le lecteur voudra bien se charger de juger l'erreur purement grammaticale. Préoccupé de sa leçon de français, M. Duplan ne s'aperçoit pas qu'en citant la phrase en question, après l'énumération des lieux que j'ai parcourus, il tend à faire croire qu'elle s'applique à tous mes voyages, tandis que, en réalité, je l'ai écrite le 5 juillet 1858, à l'issue du premier; ce qui est bien différent.

« Il porta la question devant le Comité consultatif d'hygiène » de Paris. » Il fallait dire de France, parce qu'on pourrait confondre ce Comité avec le Conseil d'hygiène de la Seine, et mettre en doute sa suprématie dans toutes les questions d'hygiène, suprématie établie par les décrets du 18 août 1848 et du 1er février 1851.

« Mais il oublia un point essentiel, la communication de toutes les pièces du procès. »

M. Duplan ignore donc que son rapport avait été envoyé par le Préfet des Hautes-Pyrénées au Ministre de l'agriculture et du commerce, sur la demande de ce dernier, et que le Comité consultatif, qui n'attendait que cette pièce pour s'occuper de la question, l'avait reçue avant mon arrivée à Paris. En insinuant que nos juges ne l'ont connue que par le spécimen que j'en ai donné dans ma brochure, six mois après leur décision, il se donne la triste satisfaction de laisser croire, un moment, que j'ai altéré une pièce du procès, et que le Comité consultatif, s'il n'a pas été mon complice, était incapable de reconnaître une fraude aussi grossière, aussi coupable.

« Ce procédé fera naître des doutes dans l'esprit du lecteur. » N'est-il pas vrai, lecteur, que vos doutes sont dissipés, en supposant que vous en eussiez conçu?

« En outre, il envoyait le dossier incomplet à des juges de son choix. » Une fois décidé à me soustraire au verdict du Conseil d'hygiène de Tarbes, je n'avais pas à choisir. Je devais nécessairement m'adresser au Comité consultatif d'hygiène de France, son supérieur hiérarchique.

« En se gardant bien d'appeler dans le débat ses contradicteurs naturels, les praticiens des Hautes-Pyrénées. »

Quoi! vraiment, ils se seraient rendus à Paris! mais, j'y pense, comment aurais-je pu me dispenser d'adresser la même invitation à mes autres contradicteurs de France qui ne sont pas moins naturels?

« Nul, parmi les médecins, n'ignore à quelle regrettable décision le Comité consultatif d'hygiène publique s'est laissé aller sous l'empire des voies et moyens que nous venons d'indiquer. »

On a, dit-on, au palais vingt-quatre heures pour maudire ses juges; mais le ressentiment de M. Duplan est aussi vif après dix-huit mois qu'il l'a pu être au moment où il a connu la sentence qui l'a frappé.

« Les faits consignés dans le rapport des Hautes-Pyrénées

étaient trop en opposition avec les vues du Comité de Paris. »

Il y a, dans ce mot *vues*, une insinuation malveillante, mais jusques où va-t-elle ? Mon adversaire croit-il avoir quelqu'ennemi dans le Comité consultatif ? En ai-je séduit ou corrompu quelque membre ? Il est déplorable de voir le vice-président du Conseil d'hygiène réduit à de pareils expédients.

Si j'ai mêlé le nom de M. Duplan à celui de M. Depaul, dans ma réponse à ce dernier, c'est parce qu'il se trouvait déjà opposé au mien dans le discours de M. Depaul. M. Depaul, plaidant pour M. Duplan, s'est servi des moyens fournis par M. Duplan, mais il lui en a laissé toute la responsabilité, en le nommant souvent. Si le défenseur a été induit en erreur, comme je l'ai prouvé, n'est-ce pas la faute du client ?

Voici le bouquet :

« Nous tenons pour très honorable d'être, en même temps » que notre éminent confrère, l'objet des attaques de M. Cos- » tallat. Il ne pouvait pas prendre une meilleure voie pour » achever de nous donner raison et d'aggraver ses torts...., » si M. Costallat ne se fût laissé aller des inexactitudes, invo- » lontaires peut-être. »

M. Duplan !..... acceptez la décision d'un jury d'honneur, composé de trois membres pris parmi nos confrères. Nous en nommerons chacun un, ils choisiront le troisième, et, après leur avoir fait jurer d'être impitoyables, nous livrerons à leur appréciation notre conduite dans l'affaire de la pel- lagre, ou notre carrière médicale, ou notre vie, à votre choix.

En revenant sur la question de savoir si c'est par mon fait que la question scientifique a dégénéré en question person- nelle, M. Duplan oublie que celui qui accuse est tenu de prouver. Qu'il se hâte donc de trouver dans mes écrits un mot vif adressé à un confrère sans provocation.

Il revient aussi sur la prétendue série de lettres que j'aurais adressées à M. le Préfet, et il chante victoire en donnant la date de la seule lettre que j'ai eu l'honneur d'écrire à M. le

Préfet des Hautes-Pyrénées. Or, cette lettre du 25 septembre 1859 est postérieure à la décision du Comité consultatif, qui a été prise le 8 août précédent. Elle n'a donc pu avoir aucune influence sur cette décision. Cela est si vrai, que, dans cette lettre, je parlais du rapport du Comité consultatif, arrivé depuis vingt jours à la préfecture, et que j'en demandais la publication à un grand nombre d'exemplaires. Permettez-moi, Monsieur le Préfet, disais-je à la fin, de vous faire observer que l'Administration départementale, ayant déjà les frais d'une brochure de soixante pages, qui a fait beaucoup de mal, il est naturel d'espérer qu'elle ne regrettera pas une dépense bien moindre pour rétablir la vérité méconnue ; au lieu de remettre sans cesse sur le tapis la médication sulfureuse, cette ancre de salut des malheureux pellagreux, M. Duplan pourrait publier une revue des nombreux pellagreux portés, dans son rapport, comme soulagés ou guéris, et sur chacun desquels, excepté un, j'ai donné mon avis. Je m'engagerais, de mon côté, à faire après lui une autre vérification, et nous saurions alors combien il en reste de vivants et en quel état la médication sulfureuse les a laissés. Mais M. Duplan pourrait-il se résoudre à écrire lui-même l'oraison funèbre de ses dernières illusions ?

Si j'ai répondu deux fois à des accusations passionnées, c'est seulement par égard pour le public, qui, les voyant venir d'un médecin haut placé, aurait pu les croire fondées. Quoique la science n'ait rien à voir dans ces querelles d'amour-propre, elles n'en sont que plus nuisibles à la profession, et c'est ce qui me les fait maudire, je le dis en toute sincérité.

Bagnères, le 18 février 1861.

COSTALLAT, médecin.

L'*Ere impériale* ne s'est décidée à publier ma réplique, le 27 juin suivant, qu'après une condamnation en police correctionnelle, confirmée par un arrêt de la cour impériale de Pau.

Polémique avec M. Landouzy.

MONSIEUR ET TRÈS HONORÉ CONFRÈRE,

J'aurais cherché depuis longtemps à entrer en relation avec vous, si je n'avais craint d'être entraîné prématurément dans des questions de diagnostic. Je suis resté sur le terrain de l'étiologie et de la prophylaxie, dont des raisons majeures exigent que je ne m'écarte pas, jusqu'à ce que j'aie terminé mes études sur l'acrodynie; et j'avais eu tort d'en sortir en disant, dans ma brochure, que la pellagre ne peut être confondue avec aucune autre maladie. Vos très intéressantes observations montrent, si, comme je le crois, elles ne sont pas des cas de pellagre, qu'il y a là de difficiles questions à élucider. En sommant les confrères des *départements à pellagre* de montrer un cas de pellagre sans maïs, j'ai voulu écarter tous les faits observés dans les contrées où cette céréale n'est pas usitée. La Marne n'étant pas, pour la généralité des médecins, un *département à pellagre,* je vous croyais suffisamment averti; car c'est à vous que je pensais plus particulièrement, en limitant ainsi le débat. Etait-il nécessaire d'ajouter qu'il s'agissait des contrées à pellagre endémique? Mais je n'ai jamais parlé que de celles-là, et personne n'y a relevé mon défi. Presque tous les médecins que j'y ai vus contestaient la réalité de la découverte de Balardini; mais tous ont reconnu que l'expérience par moi proposée pour démontrer la spécificité du verdet ne pouvait manquer d'être décisive. Ce n'est pas ma faute si le Comité consultatif d'hygiène et de salubrité, qui en a fait l'éloge, n'en a pas demandé l'institution officielle. Pourquoi ces messieurs ne s'emparent-ils pas d'un moyen aussi sûr d'arriver à la vérité? Une pétition, couverte de leurs signatures, serait, je n'en doute pas, mieux accueillie que mes instances ne l'ont été.

Voyez la portée de l'expérimentation proposée. Si, comme j'en suis convaincu, elle démontre la spécificité du verdet, tous les cas ressemblant plus ou moins à la pellagre (acrodynie ou autres affections; car je ne renferme pas toute la question du diagnostic entre la pellagre et l'acrodynie), mais non précédés de l'usage du maïs, n'appartiennent pas à la vraie pellagre. Dans le cas contraire, Balardini a tort, je suis réduit au silence, on est débarrassé d'une fausse doctrine. C'est tout bénéfice des deux côtés.

Provisoirement, et avant d'aller plus loin, je borne la discussion à ce point-ci : Y a-t-il, dans les *départements à pellagre*, des cas manifestes de pellagre sans usage antérieur du maïs?

Veuillez agréer, etc.

COSTALLAT.

Bagnères, 7 novembre 1860.

—

Reims, le 26 novembre 1860.

MONSIEUR ET TRÈS HONORÉ CONFRÈRE,

Vos intéressantes recherches sur l'étiologie de la pellagre se terminaient par les trois conclusions suivantes, que je cite textuellement :

« 1º *La pellagre est un empoisonnement lent par le verdet ;*

» 2º *La pellagre disparaîtra quand toute la farine de maïs sera convenablement préparée :*

» 3º *En attendant, il ne faut plus parler de cas existant ou ayant existé de pellagre sans maïs, il faut en montrer.* »

J'abandonne les deux premières propositions, parce que la troisième, étant démontrée fausse, entraîne nécessairement avec elle les deux autres.

Quant à cette dernière, permettez-moi quelques simples remarques qui seront la réponse à la lettre que vous me faites l'honneur de m'adresser.

Depuis dix ans, j'observais à Reims une affection que j'appelais pellagre sporadique (quoique je n'eusse jamais eu occasion d'étudier cette maladie auparavant), parce qu'elle ressemblait à la pellagre endémique décrite par tous les observateurs, aussi parfaitement que la variole de Rhazès ou de Sydenham ressemble à la variole de Hardy ou de Grisolle.

Sur votre affirmation qu'il n'y a pas de pellagre sans maïs altéré, j'entrepris exprès le voyage des Landes, afin de voir si les pellagres du centre de la France étaient bien identiques aux pellagres des départements pyrénéens, et malgré mon désir de posséder une variété spéciale, je suis revenu avec la certitude que les pellagres de la Marne ressemblent aux pellagres des Landes plus encore que les fièvres intermittentes sporadiques ne ressemblent aux fièvres intermittentes endémiques.

Bien plus, au mois d'août dernier, j'ai annoncé à l'Académie que j'avais dans mes salles les plus beaux types de pellagre et que je les mettais à la disposition des observateurs.

Au lieu de faire comme moi, c'est-à-dire d'aller voir, vous vous bornez à émettre aujourd'hui des doutes sur le diagnostic; dès lors, permettez-moi, cher confrère, de suspendre toute discussion et de vous ajourner au printemps prochain.

Je n'espère pas que, d'ici là, tous nos pellagreux de cette année soient guéris. J'espère surtout qu'ils ne seront pas morts, et je m'engage à vous réitérer alors particulièrement l'invitation que je vous adressai récemment, pour la seconde fois, par l'intermédiaire de l'Académie.

Vous m'objectez, il est vrai, cher confrère, qu'en sommant, dans votre dernière brochure, les *médecins des départements à pellagre* de vous en produire un cas sans maïs, vous exceptiez implicitement la Marne comme n'étant pas un foyer endémique.

Mais, outre qu'il eût été difficile de prévoir cette singulière exclusion, après vos aphorismes si absolus, permettez-moi de vous demander si une contrée où un médecin peut réunir en un jour sept pellagreux pour une leçon clinique ne devait pas se croire légitimement interpellée parmi les départements à pellagre.

J'allais ajouter qu'à mes yeux, tous les départements sont, l'endémicité à part, des départements à pellagre, car j'ai trouvé jusqu'ici des pellagreux partout où j'en ai cherché;

mais, comme je n'ai pas tout vu, je suis trop l'ennemi des hypothèses pour ne pas attendre les faits ultérieurs.

Si j'ai tant insisté sur cette question, cher confrère, c'est que, votre doctrine ayant reçu la sanction puissante du Comité consultatif d'hygiène de France (1), il était à craindre que la notion exacte de cette si cruelle et si complexe affection n'en fût pour longtemps retardée.

J'ajoute que c'est aussi parce qu'en ce temps d'explorations précises et de déductions rigoureuses, j'étais inquiet pour la science de voir nier ainsi *à priori* des observations qu'on n'avait pas pris la peine de lire avec attention, et des faits qu'on ne prenait pas la peine d'observer.

Le maïs altéré est-il une cause *fréquente* de pellagre? Votre soigneuse enquête semble le prouver.

Est-il une cause *constante*? Ce que j'ai vu dans les départements pyrénéens ne me porte pas à le croire.

Est-il une cause *exclusive*? Ce que j'ai vu dans les départements du centre m'oblige à le nier d'une manière absolue.

Non ingenii humani partus sed temporis medicina : votre théorie passera, cher confrère, comme tant d'autres, qui n'ont eu pour base qu'un examen trop limité. Mais les importantes réformes hygiéniques auxquelles vous ont conduit vos travaux resteront un bienfait pour les Pyrénées; car, ainsi que je me plais à le dire dans ma monographie, *c'est un immense service rendu aux contrées méridionales que cette donnée irrécusable établie par MM. Costallat et Balardini entre la fréquence du maïs altéré à la fréquence de la pellagre.*

Recevez, cher et savant confrère, l'assurance de mes sentiments les plus distingués,

H. LANDOUZY.

---

(1) Nous ne croyons pas que la sanction du Comité consultatif d'hygiène de France ait été aussi explicite que le pense notre très distingué confrère. Le Comité a trouvé très intéressants les faits rassemblés par M. le docteur Costallat, sa doctrine très digne d'attention, mais il a réservé son jugement définitif jusqu'après une étude plus générale et plus complète. — *(Note du rédacteur en chef de l'*UNION MÉDICALE.)

Réponse aux controverses sur la Pellagre.

Bagnères, le 12 décembre 1860.

MONSIEUR ET TRÈS HONORÉ CONFRÈRE,

Je croyais que la lettre que j'avais eu l'honneur de vous écrire, le 7 novembre, aurait suspendu tout débat entre nous. Votre réponse du 23 m'a détrompé, vous acceptez bien la trêve, mais vous la rompez aussitôt, en entrant dans des considérations que je ne puis laisser sans réponse, et qui font que je n'en veux plus. Poussé à bout et forcé de manquer à l'engagement que des raisons majeures m'avaient fait prendre de ne rien publier sur l'acrodynie, avant d'avoir terminé mes recherches, je vais essayer de faire toucher au doigt le point du débat et de montrer comment les pellagres, différant par la cause malfaisante qui les engendre, forment pourtant un groupe naturel.

Pour commencer, je vous ferai observer que, dans votre réponse, vous ne dites pas un mot de la base fondamentale de mon argumentation, c'est-à-dire de l'expérience que j'ai proposée, et contre laquelle il ne s'est élevé aucune objection jusqu'à ce jour (1). L'acceptez-vous comme devant être décisive? Si vous n'y trouvez rien à redire, vous êtes en conscience obligé, ainsi que tous mes adversaires, d'en demander l'institution officielle. Tant qu'on ne l'aura pas obtenue, j'aurai le droit de dire qu'on aime mieux s'agiter dans le vide que d'agir.

Le verdet étant reconnu comme cause unique de ce que j'appelle la pellagre, que deviennent toutes les pellagres observées en dehors du domaine du maïs, dans la Marne, à Paris et dans vingt autres endroits? Pour moi, le plus souvent, ce sont des cas d'*acrodynie*. La ressemblance de cette affection avec la pellagre est telle que, au premier abord, elle semble justifier votre persistance à lui donner ce dernier

----

(1) Pour les détails de cette expérience, voir page 51.

nom. Mais cette ressemblance ne va pas jusqu'à l'identité. Un diagnostic méthodique et satisfaisant est à faire. Nous en possédons quelques éléments. Mes recherches sur ce point délicat laissent beaucoup à désirer ; c'est pourquoi je n'ai pas pensé à aller à Reims, où j'aurais pu commettre des erreurs en cherchant à établir en quoi nos pellagreux diffèrent des vôtres. Le chemin direct étant glissant, j'ai refusé de m'y engager, parce que je connaissais un sentier détourné qui mène plus sûrement au but.

Avant de dire comment j'y suis arrivé, il faut que j'expose un incident qui a agrandi la question en la fixant. J'avais envoyé mon travail aux médecins espagnols qui avaient le plus récemment écrit sur la pellagre, les priant de m'adresser leurs objections s'ils en avaient à me faire. J'appris bientôt que l'un de ces messieurs ayant donné une description de la pellagre au point de vue de Balardini, trois de ses confrères avaient répondu que la pellagre était endémique dans leurs circonscriptions, quoique l'usage du maïs y fût totalement inconnu. Ces messieurs m'ont invité depuis à me rendre sur les lieux pour me convaincre de la réalité des faits. Quoique à peine convalescent d'une longue maladie, mon parti fut tout de suite pris. Après avoir rafraîchi, par quelques lectures, mes souvenirs, sur ce que j'avais observé étant interne à la Pitié, en 1829, dans le service de M. Serres, durant l'épidémie de Paris, je me rendis directement auprès du docteur Florencio Perrote, qui, tant à Villahoz qu'à Mahamud (Vieille Castille), me montra une douzaine de malades affectés de ce que, dans le pays, on appelle *flema salada* (pituite salée), qui ressemble à la pellagre plus qu'à toute autre affection, mais qui n'est pas la pellagre. J'y ai trouvé grossis plusieurs des caractères de l'épidémie de Paris, particuliers à l'acrodynie, et, tous renseignements pris, je suis resté dans la conviction que j'étais en présence d'une maladie céréale analogue, mais seulement analogue à la pellagre.

Il n'est pas étonnant, cher confrère, que, dans une

circonstance semblable, et n'étant pas sur vos gardes, vous ayez cru constater une identité parfaite entre vos malades de la Marne et ceux qu'on vous a montrés dans les Landes. Je ne vous dirai pas que vous étiez dominé par une idée préconçue, parce qu'on pourrait m'adresser le même reproche. Les meilleurs esprits n'ont-ils pas de la peine à se défendre des idées préconçues ? Tout ce que nous pouvons désirer, c'est de ne pas les rencontrer chez nos juges naturels.

Cela vous montre, cher confrère, que, *comme vous, je suis allé voir* et que *je ne me suis pas contenté d'élever des doutes sur le diagnostic; de nier, à priori,* etc. Ceci me ramène à votre voyage des Landes. Si vous aviez eu alors la bonne pensée de pousser jusqu'à Bagnères, je vous aurais montré la pellagre des montagnes, qui ne diffère pas sensiblement de celle que vous veniez de voir sur le bord de l'Océan; je vous aurais conduit chez les deux femmes qui se sont guéries en renonçant spontanément à l'usage du maïs ; nous nous serions mutuellement éclairés, en deux heures, plus que dans vingt lettres, et très probablement nous n'en serions pas à nous escrimer devant la galerie.

Des circonstances imprévues m'ont empêché de visiter d'autres contrées de l'Espagne, où j'aurais trouvé l'acrodynie endémique sur une plus grande échelle. C'est partie remise au printemps prochain.

Le diagnostic, aujourd'hui difficile à établir, entre la pellagre et l'acrodynie, sera d'une extrême simplicité à l'avenir, et c'est à la grande ressemblance de ces deux maladies qu'on devra principalement ce résultat. Voici comment je le prouve. C'est ici que la grande idée de Balardini va se montrer féconde.

Je suppose que mon expérience est faite. La spécificité du verdet est reconnue. Remarquez, je vous prie, les conséquences qui découlent naturellement de ce fait :

1° Tout ce qui n'est pas la pellagre, c'est-à-dire tout ce qu'on rencontre en dehors de l'action du verdet, reconnaît une autre cause que le verdet.

2° L'acrodynie, qui a tant d'affinité avec la pellagre, doit avoir une cause analogue, voisine de celle de la pellagre.

3° Cette cause réside nécessairement dans les céréales dont se nourrissent les acrodyniques.

4° Les altérations de ces céréales, analogues au verdet, ne sont pas autres que les entophytes auxquels sont sujets le froment, le seigle et peut-être l'orge.

Nota. — Cette idée n'est pas nouvelle, on le sait, mais je doute qu'aucun auteur français l'ait exprimée aussi clairement que notre éloquent confrère, M. Th. Roussel.

5° Ces entophytes étant depuis longtemps l'objet d'études assidues de la part des agronomes et des mycologues, on peut présumer que celui ou ceux qu'on devra accuser d'être la cause spécifique de l'acrodynie, sont connus et décrits.

Ainsi, la question de l'acrodynie, se trouve réduite à une question de culture et surtout de chaulage, comme la question de la pellagre est toute dans les précautions à prendre contre le développement du verdet, car ici il ne peut être question de chaulage.

6° Les pays à maïs produisant aussi une certaine quantité de froment et de seigle, il a pu s'y montrer tel cas d'acrodynie qui aura détourné de la doctrine du verdet les médecins qui en auront été témoins.

7° Le progrès de l'agriculture et surtout l'application de procédés de chaulage, de plus en plus perfectionnés, ont fait cesser les épidémies d'Allemagne et nous délivreront de l'acrodynie, de même que le passage au four du maïs éteindra la pellagre.

8° Puisqu'on compte en France les cas d'acrodynie tandis qu'ils sont innombrables dans les contrées de l'Espagne où cette affection est endémique, il faut que la culture et le chaulage soient moins avancés dans ces derniers pays que dans le nôtre.

Je m'en suis convaincu à Villahoz.

9° En présence d'un pellagreux et d'un acrodynique, vous

leur demandez de quelle céréale ils font habituellement usage, et la réponse est tout le diagnostic.

10° Vous prescrivez au premier de bon pain de froment, et comme le plus souvent il n'a pas les moyens de s'en procurer, vous lui recommandez de monder son maïs grain à grain jusqu'à ce que, à la prochaine récolte, il ait passé tout son maïs au four.

11° Au second, vous conseillez de bien s'assurer que le froment ou le seigle dont il se nourrit, ne soit pas attaqué par la *carie*, le *charbon*, etc. : au besoin, vous faites substituer à du grain suspect de la farine de maïs passé au four, dont on fait un grand commerce en Bourgogne sous le nom de *gaudes*.

Voilà l'explication des guérisons de prétendues pellagres par le maïs.

12° Comme il est indifférent, dans les deux cas, de substituer aux céréales usitées du froment ou du seigle purs, ou du maïs passé au four, l'expérience que j'ai proposée pour la pellagre est applicable à l'acrodynie.

13° On peut donc instituer l'expérience de quatre manières différentes, menant toutes à la conclusion de la spécificité des entophytes.

14° Un jour peut-être, las d'employer deux dénominations pour des maladies qui ont tant de points de contact, on supprimera le mot acrodynie et l'on dira : *pellagre par le maïs, le froment, le seigle*, etc., en attendant qu'on dise : *pellagre par le verdet, la carie, le charbon*, etc.; qui sait si, partant du mot *ergotisme*, déjà donné à une maladie céréale, quelqu'un ne proposera pas de désigner les autres par un seul mot ayant la même désinence.

Mais je vous entends vous récrier : C'est un rêve; votre expérience n'est pas faite; ne peut-elle pas échouer et faire tomber vos châteaux en Espagne? Je vous attendais là. Mon expérience a eu lieu en présence de cent médecins et sur une plus grande échelle qu'on ne la fera jamais. En 1857, la plus terrible épidémie qu'on ait vue dans les Landes et dans les Pyrénées, éclata sur quatre de nos départements. Je l'avais prédite dans ma note du 1er mars de la même année, me fondant sur le seul fait de l'énorme quantité de verdet qu'on trouvait à cette époque dans le maïs tiré des provinces danubiennes, pour combler le déficit d'une mauvaise récolte. L'année suivante, la récolte ayant été bonne, il n'y eut point d'importation, et la pellagre rentra dans les limites ordinaires (1).

Voyant qu'on n'attachait pas assez d'importance à cette double coïncidence des faits, ni aux quatre cas de guérisons obtenus par la cessation plus ou moins complète de l'usage du maïs, j'avais compté sur l'expérience par moi proposée et dont je ne cesserai de demander l'institution parce qu'elle constitue à elle seule la clinique rationnelle de la pellagre et de l'acrodynie.

Vous dites, cher confrère, que la *théorie que je soutiens passera comme tant d'autres qui n'ont eu pour base qu'un examen trop limité*, et vous vous efforcez de dorer la pilule en ajoutant : *les importantes réformes auxquelles vous ont conduit vos travaux resteront comme un bienfait pour les Pyrénées*. L'unique but de ces réformes ayant toujours été de prévenir le développement du verdet et d'exclure des marchés le maïs qui en serait affecté, comment pourriez-vous les trouver importantes, vous qui niez la spécificité du verdet et qui, par conséquent, leur enlevez leur principal caractère d'utilité?

Je n'accepte pas non plus, pour mon maître ni pour moi, ces paroles-ci : *C'est un immense service rendu aux contrées méridionales que cette donnée irrécusable établie par MM. Costallat et Balardini entre la fréquence du maïs altéré et la fréquence de la pellagre*. Je n'y vois qu'une courtoisie dont je vous sais beaucoup de gré ; car, si ce n'était pas une courtoisie, ce serait une contradiction. Celui qui trouve tant de pellagres en dehors du domaine du maïs ne pourrait, sans se contre-

____

(1) En 1853 et 1854 une épidémie, reconnaissant exactement la même cause, a été observée par le docteur Zampiconi. Elle est mentionnée dans la *Notice de Balardini sur l'état actuel de la pellagre en Italie*. (Voir page 65).

dire, admettre une corrélation entre la fréquence de la pellagre et celle du verdet.

En résumé, je crois avoir ramené l'étiologie, le diagnostic, le traitement et la prophylaxie de la pellagre et de l'acrodynie à une simple expérience dont je demande l'institution officielle depuis trente mois.

COSTALLAT.

—

Reims, le 7 janvier 1861.

A M. le docteur *Costallat,* à Bagnères.

MONSIEUR ET TRÈS HONORÉ CONFRÈRE,

Vos hypothèses sur l'acrodynie ayant reçu d'avance leur réfutation dans la monographie que je viens de publier, je ne les discuterai pas de nouveau, car je ne comprends pas qu'on fasse de la dialectique quand on peut faire de la clinique.

Une seule proposition de votre lettre exige une réponse, parce que seule elle est catégorique.

Vous demandez si j'accepte, comme devant être décisive, l'expérience que vous sollicitez. Non-seulement je l'accepte, mais, à mes yeux, elle est presque superflue, car, lors même que l'action du verdet sur la production de la pellagre n'eût pas été confirmée par vos utiles recherches, je considère comme indubitable l'action de toute alimentation viciée sur toute espèce d'imminence morbide.

J'ai été, il est vrai, un peu ébranlé dans mon voyage aux Landes par nos savants confrères Hameau, Gazailhah, Lalesque, Gintrac, etc., qui ont fait sur la pellagre de profondes études, et qui rejettent d'une manière absolue le verdet comme cause essentielle. Mais c'est une raison de plus pour désirer une grande expérience sur cette grave question d'hygiène publique.

Je crains, il est vrai, une difficulté. Les gouvernements trouvent volontiers des objections contre leur intervention officielle. Or, si le Ministre vous disait : Mais, docteur, à

votre assertion que *le verdet est l'unique cause de la pellagre*,
on oppose que cette maladie existe à Paris, à Reims, et dans
d'autres contrées où le maïs est tout-à-fait inconnu ; y êtes-
vous allé? Voyons, pas d'hypothèses, pas d'objections
vagues, y êtes-vous allé?

Au reproche semblable que je vous adresse de n'être pas
venu à Reims, depuis dix ans que j'y signale publiquement
les plus beaux types de pellagre, vous répondez que vous
vous êtes rendu en Espagne!!! C'est comme si, voulant
étudier la question d'identité, je me fusse borné à me rendre
à Paris, au lieu d'aller au foyer même de l'endémie; et je
crains bien que le Ministre ne vous objecte qu'avant d'édifier une théorie, il faut connaître d'abord, *de visu*, tous les
termes du théorème.

Mais, admettons un instant que vos expérimentations
aient été officiellement instituées et complètement termi-
nées: que le verdet ait, selon vos prévisions, toujours
produit la pellagre, et que toutes les contrées où elle régnait
endémiquement en aient été exemptes depuis la disparition
du verdet.

En concluriez-vous donc que le verdet est l'unique agent
de la pellagre, et qu'elle ne peut exister ailleurs que dans les
pays à maïs.

Ce serait contraire à la plus simple logique et à la plus
vulgaire expérience. Ce serait oublier que nous voyons tous
les jours, en médecine comme en physique, les mêmes effets
produits par des causes très différentes.

Partout où l'on dessèche les marais, les fièvres intermittentes disparaissent. Cela a-t-il jamais fait conclure que les
miasmes paludéens sont la cause unique des fièvres d'accès
et que la fièvre intermittente sporadique est essentiellement
différente de la fièvre intermittente endémique?

Un dernier mot, cher confrère.

Au sujet des louanges méritées que je vous adresse sur le
service que vous avez rendu aux contrées méridionales en
vulgarisant les données de Balardini, vous avancez que si ce

n'était une courtoisie de ma part, ce serait une contradiction, « car celui qui trouve tant de pellagres en dehors du
» domaine du maïs ne pourrait, sans se contredire, admettre
» une corrélation entre la fréquence de la pellagre et celle du
» verdet. »

Confondriez-vous donc la fréquence d'une cause avec sa spécificité, sa constance avec son unicité? et croyez-vous que les praticiens qui voient tous les jours l'urticaire survenir sous l'empire d'une émotion morale ou d'une impression physique, se laissent entraîner à nier l'influence spécifique des orties, des moules, des écrevisses, etc.? Non, cher confrère, je ne nie rien de ce que l'expérience générale démontre vrai, mais je subordonne toujours le raisonnement à l'observation, et je me garderais bien de disserter jamais sur des faits que je n'aurais pas vus, surtout si j'avais pu les voir.

Au printemps prochain, vous reconnaîtrez, cher confrère, que les pellagres de Reims ne sont pas des acrodynies et que les malades que vous verrez nous revenir périodiquement depuis plusieurs années avec les mêmes troubles nerveux, cutanés et digestifs, sont bien réellement atteints de l'affection spéciale que vous observez endémiquement dans les Landes et dans les Pyrénées.

Veuillez agréer, etc.

LANDOUZY.

—

Réplique du docteur *Costallat*.

Bagnères, le 26 janvier 1861.

MONSIEUR ET TRÈS HONORÉ CONFRÈRE,

Vous avez, dites-vous, réfuté d'avance mes hypothèses sur l'acrodynie. Hypothèses tant qu'il vous plaira, cela regarde nos juges; quant à une réfutation, je n'en trouve pas la trace dans vos écrits.

Vous commencez à *ne pas comprendre qu'on fasse de la dialectique, quand on peut faire de la clinique.* Je suis de cet avis; depuis longtemps je l'ai assez dit. Mais en quoi consistera cette clinique? A mon sens, la seule clinique rationnelle de la pellagre et de l'acrodynie est toute dans l'expérience du verdet.

Si la question que j'ai eu l'honneur de vous adresser à ce sujet vous a paru catégorique, il faut convenir que votre réponse ne l'est guère. D'abord, *vous acceptez mon expérience comme devant être décisive, quoique à vos yeux, elle soit presque superflue;* puis, *vous trouvez une raison de plus* de désirer qu'elle soit faite ; puis enfin vous vous efforcez d'en infirmer d'avance les résultats, et pour mieux encourager le Ministre à l'accorder, vous lui soufflez à l'oreille cette objection :
« *à votre assertion que le verdet est l'unique cause de la pellagre,*
» *on oppose que cette maladie existe à Paris, à Reims, et dans*
» *d'autres contrées où le maïs est tout à fait inconnu; y êtes-vous*
» *allé? Voyons, pas d'hypothèses, pas d'objections vagues, y êtes-*
» *vous allé?* »

Si le Ministre, ou plutôt, si, par impossible, le Comité consultatif d'hygiène, qui a sa confiance, me parlait ainsi, je répondrais : « En 1829, j'ai observé l'acrodynie dans un des
» services les plus nombreux des hôpitaux de Paris, et dans
» lequel je remplissais les fonctions d'interne. Trente-un ans
» après, je l'ai retrouvée dans la Vieille Castille où elle est
» endémique de temps immémorial, et où on la prend pour
» la pellagre. A vous, messieurs, de décider si j'aurais
» mieux fait d'aller à Reims.

» Une idée nouvelle ne pouvant se faire accepter qu'en
» détruisant les erreurs dont elle doit prendre la place,
» il n'est pas étonnant qu'elle rencontre des obstacles. A
» l'appui de celle que je soutiens, j'ai apporté des faits ;
» mais, comme, de part et d'autre, on conteste la réalité
» des faits, j'ai proposé un moyen infaillible de démon-
» stration, dont personne, jusqu'à ce jour, n'avait contesté
» la portée. Aujourd'hui, M. Landouzy élève des objec-
» tions. *Admettons,* m'écrit-il, *que le verdet, suivant vos*
» *prévisions, produit toujours la pellagre, et que les contrées,*
» *où elle régnait endémiquement, en aient été exemptes depuis la*

» *disparition du verdet.* Mon contradicteur semble m'accorder
» plus que je ne demande. Il n'a pas saisi ma pensée,
» et, pour éviter tout malentendu, je suis obligé de poser
» de nouveau la question en ces termes : Prévenez le déve-
» loppement du verdet dans le maïs, et ceux qui s'en
» nourriront, même exclusivement et sans qu'aucune autre
» circonstance hygiénique ait été modifiée, seront à l'abri
» de la pellagre ; ceux qui en étaient déjà atteints guériront,
» pour la plupart, sans autre traitement. Généralisez cette
» pratique, et vous supprimerez une affreuse maladie. La
» pellagre, en effet, n'épargne nos départements de l'est,
» que parce qu'on y passe le maïs au four au moment de
» la récolte. »

« A la page 103 de sa monographie, M. Landouzy cite
» ce passage de ma brochure : *Au point de vue du docteur*
» *Balardini, la misère la plus complète, les infractions les plus*
» *graves aux lois de l'hygiène, la privation de toute liqueur*
» *fermentée peuvent affaiblir le sujet le mieux constitué et le*
» *conduire plus ou moins rapidement au tombeau ; mais la*
» *pellagre ne se montrera qu'avec le verdet...* et M. Landouzy
» me demande encore si mon expérience prouvera *que le*
» *verdet est l'unique agent de la pellagre, et si cette maladie*
» *ne peut pas exister ailleurs que dans les pays à maïs !* Si le
» mode d'expérimentation proposé ne devait pas avoir cette
» portée, ce ne serait plus qu'un non-sens ; mais, au con-
» traire, il conduit irrésistiblement à cette conséquence :
» Les malades de M. Landouzy n'ont pas la pellagre ; ils
» sont atteints de l'acrodynie ou de quelque autre forme,
» provisoirement indéterminée et probablement épiphy-
» tique » (ou entophytique.)

Vous le voyez, cher confrère, ce n'est pas la *fréquence*
de la cause, mais sa *constance invariable* et son *exclusivité*
que je confonds avec la *spécificité.* N'en avez-vous pas un
exemple frappant dans une autre maladie céréale, dans
l'ergotisme ?

Allons, cher confrère, laissez-vous aller à un bon mou-

vement. Acceptez sans réserve mon expérience, engagez
mes adversaires à se joindre à vous pour en demander
l'institution, et, quel qu'en soit le résultat, j'irai vous tendre
la main à Reims.

Veuillez agréer, etc.

COSTALLAT.

La pièce suivante n'a été insérée dans l'*Union Médicale*
qu'après sommation d'huissier :

Bagnères, le 16 juillet 1861.

A Monsieur le Rédacteur en chef de l'*Union Médicale*.

Au mois de décembre dernier, à propos de la leçon de
M. Landouzy sur la pellagre, j'avais ramené la question de la
pellagre et de l'acrodynie à une simple expérience que
j'avais proposée dès le mois de mai 1858; voyant la pellagre
non précédée de l'usage du maïs, menacée dans son existence, M. Landouzy essaya d'infirmer mon mode d'expérimentation; vains efforts, ainsi que je l'ai prouvé dans la
lettre que, malgré mes instances réitérées, vous n'avez pas
insérée, pas plus que deux autres de mes réclamations; c'est
alors que j'ai publié, sous le titre de *Pellagre et acrodynie*,
*réponse définitive du docteur Costallat aux controverses sur la
pellagre*, ma correspondance avec M. Landouzy et la formule
de mon expérience, mettant ainsi mes contradicteurs en
demeure de démontrer que cette expérience n'a pas la portée
que je lui attribue, ou d'en demander l'institution officielle.
La seule adhésion formelle dont j'ai eu connaissance est de
M. le docteur Billod, de Ste-Gemme; elle a paru dans
les *Archives générales de médecine*, numéro d'avril 1860, en
ces termes :

« Qu'il me soit permis d'exprimer pour ma part le vœu
» que l'expérience indiquée par un des plus fervents adeptes
» de Balardini, de soumettre le maïs, avant de le livrer à la
» consommation *(il fallait dire : au moment de la récolte)*, à
» la torréfaction par le procédé bourguignon, soit entreprise

» au plus tôt ; je me suis rangé, je l'ai dit, parmi les adver-
» saires de la théorie du maïs en tant qu'elle présente l'ali-
» mentation par cette graine comme la cause unique et
» exclusive de la pellagre ; mais il ne m'en coûterait nulle-
» ment de m'y rallier si elle acquérait force de loi. Ne fût-ce
» enfin que pour dissiper l'obscurité qui environne encore
» cette question si controversée de l'étiologie de la pel-
» lagre, je pense que l'expérience précitée est on ne peut
» plus désirable. »

Cette franchise sera-t-elle imitée par mes autres contradicteurs ? Il ne faut plus l'espérer. Quoique le temps ne
leur ait pas manqué pour réfléchir, ils continuent à garder
le silence, ils ne s'expliquent pas ; mais, parce que ces messieurs *ont fait leur siége* et ne sont pas pressés d'en finir, faut-il
laisser continuer leurs ravages à deux affreuses maladies
qu'il serait si facile d'éteindre ? Tel n'est pas l'avis d'un grand
nombre de confrères désintéressés dans la question. M. Bouil-
laud m'écrivait le 5 mars dernier :

« Cher confrère et ancien camarade, je vous remercie de
» m'avoir envoyé les deux brochures où sont résumées vos
» belles et utiles recherches sur la pellagre, je les ai lues
» sans omettre un *iota* avec un vif intérêt....... S'il était
» possible d'avoir une conviction réelle et inébranlable, sans
» expérience personnelle, j'aurais celle que vous avez vous-
» même sur la cause de la *pellagre proprement dite (le verdet)* ;
» si l'amour de la vérité l'emportait sur tant d'autres *amours*,
» il y a déjà longtemps que votre expérience aurait été faite
» au grand avantage de nombreuses populations. »

Après ce court exposé de la situation telle que je la conçois,
j'arrive à la seconde leçon de M. Landouzy. Et d'abord, je
vous avouerai que j'ai été surpris de trouver de nouveau mes
opinions discutées dans un journal qui m'avait refusé trois
insertions ; j'espérais que l'Union Médicale ne parlerait plus
de moi ; j'en avais pris mon parti.

Si j'ai refusé de me rendre à Reims, j'ai dit pourquoi :
« Votre gracieuse invitation, écrivis-je à M. Landouzy, le

» 30 mai, me prouve que vous n'avez pas eu connaissance
» de la lettre que j'ai envoyée, le 26 janvier, à l'Union Médi-
» cale, en réponse à la vôtre du 7 du même mois; vous la
» trouverez dans la petite brochure que j'ai l'honneur de
» vous adresser; vous comprendrez que, après vous avoir
» dit : *Acceptez sans réserve mon expérience, engagez mes adver-*
» *saires à se joindre à vous pour en demander l'institution, et*
» *quel qu'en soit le résultat, j'irai vous tendre la main à Reims,*
» je ne puis pas aller voir vos pellagreux, qui sont toujours
» pour moi des acrodyniques. L'Union Médicale n'a pas voulu
» insérer ma lettre, malgré mes instances......

» Si j'avais habité Paris, je n'aurais pas permis qu'un journal
» estropiât ma lettre du 12 décembre, ni que l'Union Médicale
» étouffât une discussion sur le point d'aboutir ; l'Union
» Médicale aurait publié, je vous l'assure, ma réponse à
» M. Depaul et ma lettre à M. de Pietra Santa. »

M. Landouzy était donc bien averti, il n'avait qu'à reprendre, sur nouveaux frais, sa critique si malheureusement
commencée de mon expérience ou à se rendre franchement
à l'évidence; il a mieux aimé disserter à perte de vue sur
l'exhibition stérile de quarante prétendus pellagreux, et me
lancer des traits comme ceux-ci :

« Je n'aurais pas pris la peine de discuter une doctrine
» fondée sur des hypothèses dont l'auteur ne veut pas même
» vérifier la valeur.

» Brisons donc sur ce point, et le seul auteur qui soutienne
» aujourd'hui l'étiologie exclusive par le maïs, refusant le
» terrain des faits, ne perdons pas davantage un temps pré-
» cieux à combattre des spéculations imaginaires.

» En présence d'une pareille affirmation, accompagnée du
» refus obstiné de vérifier *de visu*, je me demande si l'on doit
» continuer à faire intervenir dans la science le nom d'un
» observateur qui ne veut pas observer. »

Pour le coup, si je ne suis pas exilé..... de la science, ce
ne sera pas la faute du réquisitoire ; vos lecteurs sauront à
quoi s'en tenir sur ces aménités ; s'ils prennent la peine de

relire ma lettre du 12 décembre (Union Médicale du 5 janvier), et si vous vous décidez enfin à leur faire connaître celle du 26 janvier et la formule de mon expérience. M. Landouzy ne me pardonnera jamais d'avoir démontré que ses pellagreux n'ont pas la pellagre, et que la seule clinique rationnelle de la pellagre et de l'acrodynie est toute dans l'expérience du verdet. Voilà mon crime, il mérite le bannissement.

Maintenant, monsieur le rédacteur, j'ai des plaintes à vous adresser; si vous n'aviez pas refusé d'insérer ma réponse à M. Depaul, je n'aurais pas très probablement été obligé de m'engager dans un long procès de presse qui vient de se terminer, en ma faveur, à la Cour impériale de Pau.

M. de Pietra Santa vous avait loyalement invité à publier la réclamation que je lui avais adressée à propos de ses Lettres sur le climat d'Alger; en refusant, vous m'avez empêché de détruire plusieurs erreurs de fait et de présenter mes études sur la phthisie sous leur véritable jour.

En n'insérant pas ma dernière lettre à M. Landouzy, vous avez interrompu une polémique importante, juste au moment où elle allait se terminer par la défaite de l'un des adversaires.

Enfin, ne tenant aucun compte de ce qui s'était passé, vous reproduisez aujourd'hui des récriminations, dont vous veniez de supprimer la réfutation.

A l'avenir, retranché derrière ma vraie et solide *réponse aux controverses sur la pellagre*, je n'accepterai le débat que sur la portée (1) de mon expérience; et quand on m'attaquera dans un journal, je ne répondrai qu'après que le rédacteur en chef se sera engagé par écrit à m'accorder dans ses colonnes autant d'espace qu'à mes contradicteurs, et à me réserver le dernier mot qui me reviendra de droit, parce que n'attaquant jamais, je n'aurai pas eu le premier.

---

(1) Au lieu du mot *portée*, l'imprimeur de l'*Union Médicale* avait mis *partie* qui altère le sens et rend la phrase incomplète.

J'ose espérer que cette réclamation sera plus heureuse que les précédentes, et que vous voudrez bien l'insérer intégralement dans votre estimable journal.

Veuillez agréer, monsieur le rédacteur et très honoré confrère, mes salutations empressées.

CostALLAT, médecin.

J'ai tenu ma parole, mais mon silence a été mal interprété. M. Bouchard, entre autres, s'est évidemment mépris quand il a écrit : « M. Costallat proteste encore une fois, une dernière fois, déclarant qu'il refusait toute discussion jusqu'au jour où une expérience solennelle, instituée par le Gouvernement, aurait tranché la question en litige. » J'avais dit au contraire : *Je n'accepterai le débat que sur la portée de mon expérience*, ce qui est bien différent.

(Cette circonstance aura échappé à mon confrère, qui qui s'en sera tenu à ce passage de mon premier travail (1) : « Hâtons-nous de combattre le fléau et de dévoiler son » origine aux yeux de tous. Agissons d'abord. Nous discu- » terons ensuite tant qu'on voudra, si toutefois l'expéri- » mentation ne rend pas toute discussion inutile. »)

Un mot sur la Pellagre des aliénés.

Dans les premiers jours de décembre 1858, j'arrivais à Ste-Gemme au moment où M. Billod allait se rendre à Angers pour affaire qui ne pouvait être remise. Il me fit observer que ce n'est pas en hiver qu'il fallait visiter les pellagreux, chargea un des internes de me les montrer et me donna rendez-vous à Angers. J'eus bientôt examiné les cinq ou six cas qui existaient alors à Ste-Gemme. De retour à Angers, je déclarai à M. Billod que ses malades n'avaient

---

(1) Page 53.

pas la pellagre. Il me demanda de quelle maladie ils étaient atteints. Je n'en sais rien, lui répondis-je, mais je n'ai jamais vu chez les pellagreux de mon pays, et surtout au mois de décembre, des érythèmes aussi rosés, aussi circonscrits que deux de vos malades en présentent au dos des mains. Quinze jours après, M. Bazin, à Saint-Louis, me montrait les caractères distinctifs de la teigne tonsurante sur un sujet portant à la face dorsale des mains un érythème d'une ressemblance frappante avec ceux des deux malades de M. Billod et je crois bien que si j'étais retourné à Ste-Gemme, j'aurais reconnu à la loupe les poils cassés et engaînés du tricophyton (1), mais j'étais bien loin de vouloir contrarier M. Billod. Mon but principal, en allant le trouver, était de lui faire connaître les circonstances qui m'avaient le plus frappé pendant l'épidémie de 1857, et surtout d'avoir son avis sur l'expérience du verdet. Or, sur ce dernier point, M. Billod m'avait donné toute satisfaction. Il est le seul de mes contradicteurs qui ait franchement approuvé mon projet d'expérience et qui en ait accepté d'avance toutes les conséquences. Que pouvais-je lui demander de plus? *(Voir page 150.)*

M. le docteur Chambert m'avait déjà montré, à l'asile de Pau, plusieurs malades atteints, croyait-il, de la pellagre des aliénés. M. le docteur Auzouy, qui lui a succédé dans la direction de cet établissement, m'en a depuis fait voir d'autres, et j'en suis resté, avec ce cher confrère, dans les mêmes termes qu'avec M. Billod. Ils attendent comme lui que l'expérimentation ait prononcé. Parmi les médecins directeurs d'asiles d'aliénés, j'ai la satisfaction d'annoncer que M. Morel, de Rouen, et M. Bazin, de Bordeaux, sont favorables à la thèse que je soutiens.

Quand j'adressai ces lignes à l'Académie des Sciences,

---

(1) Dans ses *Recherches nouvelles sur la pellagre*, (Paris 1860, page 119) M. Bouchard dit : *J'ai vu l'herpès circiné compliquer la pellagre chez plusieurs aliénés de l'asile Ste-Gemme*; et plus loin, dans une note au bas de la page : *J'ai pu constater une épidémie de tricophyton tonsurant à l'asile Ste-Gemme.*

je ne m'attendais pas à trouver, deux ans plus tard, dans un ouvrage de M. Billod (1), des passages comme ceux-ci :]

« Je ne mentionne ici que pour mémoire une visite de M. Costallat, car cette visite a eu lieu au mois de décembre, c'est-à-dire en plein hiver, à une époque où, notre confrère le sait aussi bien que personne, il n'existe pas plus de traces d'érythèmes pour la *vraie* que pour la *pseudo-pellagre*.

» Rappelons, en passant, que pseudo-pellagre veut dire, pour M. Costallat, *pellagre* en tout semblable à la *vraie pellagre*, et s'en distinguant uniquement parce qu'elle se produit en dehors de l'usage du maïs.

» En dépit des dénégations probables de notre honorable confrère, nous continuerons à lui attribuer cette manière d'envisager la pseudo-pellagre, jusqu'à ce qu'il lui ait assigné d'autres caractères qui la distinguent de la pellagre considérée par lui comme type, que celui tiré de la différence d'alimentation, quant au maïs. » (2)

« Je ne suis pas moins heureux de rappeler que M. Balardini lui-même, s'inclinant devant les faits, sans renoncer toutefois à sa doctrine, a cessé de croire à la spécificité exclusive du maïs.

» J'en dirai autant de tous les partisans de son opinion et je voudrais pouvoir rendre le même témoignage à l'honorable M. Costallat qui persiste à être plus *Balardiniste*, si je puis ainsi dire, que M. Balardini. Mais je ne désespère pas de le voir un jour ou l'autre, fatigué de son isolement, se rendre à l'évidence des faits et se rapprocher finalement d'adversaires qui, s'ils regrettent son opiniâtreté scientifique, n'en rendent pas moins hommage à la sincérité de ses convictions comme à l'excellence de ses intentions. » (3)

« S'il advenait, en effet, que l'expérience proposée par M. Costallat démontrât, comme le démontre déjà surabon-

(1) *Traité de la pellagre*, Paris 1865.
(2)   *Id.*   page 38.
(3)   *Id.*   page 292.

damment d'existence de la pellagre en dehors de l'alimentation par le maïs, que la doctrine sur laquelle reposent leurs travaux est erronée, M. Costallat n'en aurait pas moins eu le mérite d'avoir, en proposant cette expérience, contribué à la démonstration de sa propre erreur. » (1)

« Hâtons-nous d'ajouter que si nous admettons l'influence du maïs, nous sommes loin de la considérer comme unique et exclusive et que, pour nous, comme pour la presqu'unanimité des observateurs, la doctrine absolue du maïs est fatalement condamnée par cette double proposition : 1° la misère et l'insolation sans le maïs produisent la pellagre ; 2° le maïs sans la misère et l'insolation ne peut la produire. »

« Nous défions nos adversaires de citer un seul fait positif qui soit à l'encontre de ces deux propositions. C'est en vain qu'ils cherchent à se retrancher derrière certaines différences qui distingueraient, suivant eux, les cas de pellagre observés en dehors du maïs de leur type fictif de pellagre ; il est bien certain que ces différences n'existent pas, et, en les niant formellement, nous sommes bien certain d'être d'accord avec tous les observateurs spéciaux. Existeraient-elles, d'ailleurs, que, de l'aveu même de nos adversaires, il resterait entre les divers types de pellagre observés assez de ressemblance, pour que, sous le rapport de l'étiologie, on pût conclure de l'une à l'autre et dire que, si le maïs a été étranger à la production de l'un, il ne peut avoir été pour l'autre une cause nécessaire. »

« Quant à l'expérience proposée par M. Costallat, sans douter de son résultat négatif, nous n'avons, cet honorable médecin nous a lui-même rendu cette justice, cessé de la désirer, et nous nous sommes par-là séparés du plus grand nombre de ses adversaires. Nous pensons, en effet, qu'il n'y a jamais d'inconvénient à ajouter une preuve de plus à la démonstration des vérités les plus évidentes. Mais il est incontestable que cette expérience n'est même plus à

____

(1) *Traité de la pellagre*, pages 303 et 304.

faire; elle a été faite par la nature et elle ne peut laisser aucun doute sur la condamnation de la doctrine absolue du maïs. Son résultat se résume dans ce double fait acquis à la science que : 1° la pellagre existe chez des individus qui n'ont pas mangé un atome de maïs; 2° qu'elle n'existe pas dans les localités dont les habitants en font leur nourriture exclusive. » (1)

« Nous défions nos adversaires de prouver par un seul fait que *le maïs le plus altéré, sans la misère et le soleil, puisse produire jamais la pellagre,* tandis que les faits surabondent à prouver que *la misère et le soleil, sans le maïs, en produisent de nombreux cas.* »

« Nous l'avous dit plus haut, et l'on a vu dans le concours même où MM. Roussel et Costallat se sont trouvés seuls de leur bord contre tous les autres concurrents, que la cause du maïs comptait désormais si peu de partisans, qu'une dernière réfutation de notre part avait le caractère d'un hommage suprême à une doctrine célèbre. Mais, après lui avoir rendu cet hommage, nous déclarons ici fermer la discussion, avec la résolution inébranlable de ne plus la rouvrir, quelle que puisse être l'argumentation ultérieure de nos adversaires. Aussi bien, cette argumentation ne saurait prouver contre l'évidence des faits, et, quoi que puissent faire ses auteurs, elle ne pourrait jamais, à l'encontre de la nôtre, se dégager complétement de l'esprit de système. » (2)

[Que M. Billod est loin de sa déclaration si nette et si spontanée du mois d'avril 1860!!! Pour toute réponse, je me borne à la reproduire :

« Qu'il me soit permis, disait-il, à cette occasion, d'exprimer, pour ma part le vœu que l'expérience indiquée par un des plus fervents adeptes de Balardini, de soumettre le maïs, avant de le livrer à la consommation, à la torréfaction par le procédé bourguignon, soit entreprise au plus

---

(1) *Traité de la pellagre,* pages 313 et 314.
(2)   *Id.*   pages 315 et 316.

tôt. Je me suis rangé, je l'ai dit, parmi les adversaires de la théorie du maïs en tant qu'elle présente l'alimentation par cette graine comme la cause unique et exclusive de la pellagre ; mais il ne m'en coûterait nullement de m'y rallier si elle acquérait force de loi. Ne fût-ce, enfin, que pour dissiper l'obscurité qui environne encore cette question si controversée de l'étiologie de la pellagre, je pense que l'expérience précitée est on ne peut plus désirable. »)

CHAPITRE III

Programme du grand prix proposé par l'Académie des sciences. — Démarches nouvelles auprès de l'Administration. A M. le Ministre de l'agriculture : quatrième lettre. — La question de la pellagre ne peut être définitivement résolue que par l'expérimentation. — Endémie sans maïs des Castilles et de l'Aragon. — Traduction des écrits espagnols antérieurs à 1847. — Monographie de M. Joaquin Eximeno.— Remarques sur ce travail remarquable. — Notices de MM. Mendez Alvaro et Juan Andres Henriquez. — Voyage en Aragon et à Madrid. — A M. le Ministre de la Gobernacion. — La flema salada et el mal del higado sont uniquement dus à la carie du froment. — Tournée en Auvergne, à Lyon, en Savoie, en Bourgogne, à la recherche de la pellagre sporadique.— A M. le Ministre de l'agriculture et du commerce : cinquième lettre. — La question de la pellagre ne peut être résolue définitivement que par l'expérimentation : second mémoire. — Principales conséquences de l'expérimentation. — Conclusion.

Programme du Grand Prix proposé par l'Académie des Sciences dans sa séance publique annuelle du 25 mars 1861.

PRIX SPÉCIAL DE MÉDECINE POUR 1864.

Faire l'histoire de la pellagre. — Valeur de ce prix : 5,000 fr.

On croyait, il n'y a pas très longtemps encore, que la pellagre était confinée à l'Italie et à l'Espagne. Aujourd'hui il n'est plus douteux que la pellagre règne d'une manière

endémique dans plusieurs départements du Sud-Ouest de
la France et d'une manière sporadique en Champagne et
sans doute dans beaucoup d'autres lieux. Cet état des choses
qui intéresse si gravement la santé publique, demande
une enquête étendue et systématique, que l'Académie propose au zèle des médecins. Les concurrents devront : 1° faire
connaître les contrées où règne la pellagre endémique, et
celles où la pellagre sporadique a été observée, en France
et à l'étranger ; 2° poursuivre la recherche et l'étude de la
pellagre dans les asiles d'aliénés, particulièrement en France,
en distinguant les cas dans lesquels la folie et la paralysie
ont précédé les symptômes extérieurs de la pellagre, des
cas dans lesquels la folie et la paralysie se sont déclarées
après les lésions de la peau et les troubles digestifs propres
aux affections pellagreuses ; 3° étudier avec le plus grand
soin l'étiologie de la pellagre et examiner spécialement
l'opinion qui attribue la production de cette maladie à
l'usage du maïs altéré (verdet); 4° en un mot, faire une
monographie qui, éclairant l'étiologie et la distribution géo-
graphique de la pellagre, exposant les formes sous lesquelles
on la connaît présentement et donnant au diagnostic et
au traitement plus de précision, soit un avancement pour
la pathologie et un service rendu à la pratique et à l'hygiène
publique.

NOTA. — Dans la séance publique du 25 décembre suivant, « la Commission a réservé plusieurs ouvrages pour
» un jugement ultérieur. Parmi ces ouvrages se trouvent
» comprises les recherches de MM. LANDOUZY, BILLOD et
» COSTALLAT, sur *la pellagre*, maladie dont l'histoire a été
» mise au concours pour l'année 1864. »

Démarches nouvelles auprès de l'Adminis-
tration.

Ainsi que je l'avais prévu dès le début, les discussions,
la polémique n'avaient abouti à rien. Je m'adressai de -

nouveau au Ministre, espérant que le Comité consultatif lui conseillerait enfin d'instituer l'expérience.

A S. Exc. le Ministre de l'Agriculture et du Commerce.

Monsieur le Ministre,

J'ai eu l'honneur de vous adresser, en 1857 et 1858, plusieurs communications sur la pellagre. Vous avez bien voulu les renvoyer au Comité consultatif d'hygiène de France, et, sur son rapport, vous avez prescrit les mesures que j'avais indiquées pour exclure de nos marchés le maïs avarié. Mais là ne se bornaient pas mes vœux ; j'avais demandé en outre l'institution officielle de l'expérience qui démontrera que l'altération du maïs, connue sous le nom de *verdet*, est l'unique cause de la pellagre. Cette expérience, le Comité consultatif, tout en lui donnant sa haute approbation, n'a pas cru devoir vous conseiller de l'entreprendre. Aussi, l'existence du fait fondamental n'étant pas mise hors de doute, on n'a pas compris l'importance des mesures destinées à y remédier, et la pellagre a continué ses ravages. Si les encouragements que vous avez daigné m'adresser ne m'autorisaient pas à porter de nouveau votre attention sur ce grave sujet, la certitude d'être dans le vrai m'en ferait un devoir impérieux.

Jusque dans ces derniers temps on ne connaissait que deux moyens efficaces contre la pellagre : la cessation complète de l'usage du maïs et l'amélioration permanente du régime alimentaire. Ils sont tous les deux impraticables dans l'immense majorité des cas. Les anciennes provinces lombardes qui, sur une population de 2,470,000 habitants, admettent *temporairement* jusqu'à 58,000 pellagreux, par année, dans leurs hôpitaux et maisons de refuge, n'obtiennent que des résultats précaires, au prix de sacrifices énormes et toujours croissants.

Grâce à la découverte de Balardini, un meilleur sort est réservé aux mangeurs de maïs. Nous avons aujourd'hui la certitude que la pellagre disparaîtra partout où l'on passera le maïs au four *au moment de la récolte,* comme on le fait en Bourgogne où la pellagre est inconnue. Pour généraliser cette pratique, il suffit d'en démontrer expérimentalement l'efficacité et de doter de fours perfectionnés quelques-unes des localités les plus maltraitées. Cela ne coûtera pas des millions et il n'y aura plus à y revenir. Telle me semble devoir être la part de l'Etat dans cette vaste entreprise ; la charité publique et privée, les associations feront le reste.

En conséquence, je prie Votre Excellence de soumettre au Comité consultatif :

1° Un mémoire avec pièces à l'appui, dans lequel je démontre l'absolue nécessité d'instituer officiellement l'expérience du verdet ;

2° Les plan et devis d'un four aérotherme tellement expéditif et économique qu'il contribuera puissamment à l'extinction de la pellagre.

Veuillez, etc.

COSTALLAT.

Bagnères, le 10 septembre 1861.

La question de la Pellagre ne peut être résolue définitivement que par l'expérimentation.

L'étiologie, le traitement et la prophylaxie de la pellagre étaient un véritable chaos, lorsqu'en 1845, le docteur Balardini, de Brescia, annonça que le verdet du maïs est la cause unique de la pellagre. Comme toutes les idées nouvelles, celle-ci ne trouva d'abord que des contradicteurs, malgré l'importance des résultats qu'elle promettait. Au lieu d'observer, d'expérimenter au point de vue nouveau, on continua à défendre des opinions surannées, toutes désespérantes et dont aucune ne s'adapte à l'ensemble des faits. On discuta sans fin. On accusa, on accuse encore la doctrine du verdet d'être trop radicale, trop absolue, comme si toute théorie médicale devait essentiellement manquer de précision et de clarté; et aujourd'hui, après seize ans, il n'existe peut-être pas un village où elle soit mise en pratique.

Pendant longues années, la pellagre n'avait été pour moi qu'une énigme indéchiffrable. Mais, en 1857, une épidémie terrible coïncidant avec une importation extraordinaire de maïs profondément altéré par le verdet, éclata dans quatre départements du Sud-Ouest de la France et vint réclamer mon attention. Frappé de la relation intime et évidente de ces deux faits simultanés, j'embrassai la doctrine de Balardini, je me vouai à sa propagation, et, depuis lors, je lutte contre ses adversaires sans que le moindre doute soit né dans mon esprit, sans que ma conviction ait été ébranlée un instant.

Dans les départements de l'Est de la France, le maïs étant très sujet à s'altérer, on le passe au four *au moment de la récolte*, opération qui prévient le développement du verdet et qui permet de conserver indéfiniment le maïs en grain ou en farine. Or, la pellagre est totalement inconnue dans ces départements. Du rapprochement de ces deux faits également incontestables, il résulte que la pratique usitée en Bourgogne est le moyen le plus sûr et le plus économique de traiter la pellagre et de la faire cesser. J'ai été ainsi conduit à un procédé d'expérimentation qui mettra hors de doute la spécificité du verdet dans la pellagre. En conséquence, j'ai proposé :

1° D'inviter les agriculteurs à passer le maïs au four *au moment de la récolte* ;

2° D'empêcher dans les ports de mer et dans les marchés l'importation et la vente des maïs avariés ;

3° De faire l'expérience qui démontrera que le verdet est la cause unique de la pellagre.

Le Comité consultatif d'hygiène de France (rapport du 8 août 1859) me donna gain de cause sur tous les points. Je dis *sur tous les points*, parce que, si le Comité ne crut pas devoir conseiller au Ministre de l'agriculture et du commerce d'entreprendre mon expérience, il déclara

qu'on ne pouvait en contester l'utilité et que tout ce qui serait
fait pour l'encourager recevrait sa haute approbation. Par ordre
du Ministre, les Préfets de plusieurs départements à pellagre
prescrivirent les mesures sanitaires par moi proposées;
mais, comme il était facile de le prévoir, ces mesures sont
restées une lettre morte, parce qu'elles ne reposaient pas
sur la preuve matérielle indispensable pour les faire prendre
au sérieux.

Depuis la publication de mon *Etiologie et Prophylaxie de
la pellagre*, la doctrine du verdet a été vivement attaquée.
Le principal argument de ses adversaires consiste à dire :
la pellagre existe dans des contrées où l'on ne fait pas usage
du maïs. Elle ne dépend donc pas nécessairement d'une
altération de cette céréale. Venez vous en assurer sur les
lieux, m'ont écrit plusieurs des confrères d'Espagne, et
je suis allé dans la Vieille-Castille, où la *flema salada*, qu'on
y prend pour la pellagre, m'a présenté plusieurs des caractères de l'acrodynie de Paris que j'avais observée, en 1829,
étant interne dans le service de M. Serres, à la Pitié. Vers
la même époque, M. Landouzy revenait des Landes, convaincu que la maladie qu'il observe depuis dix ans à Reims
ne diffère en rien de la pellagre des Landes. Il en est résulté
entre nous une polémique qui est consignée dans la brochure ci-jointe intitulée : *Pellagre et Acrodynie*, (dont j'ai
cité une partie ci-dessus, page 115) *réponse définitive du
docteur Costallat aux controverses sur la pellagre*, et en résultat
chacun a gardé ses idées. Un journal de Madrid, *El Siglo
Medico* ayant ensuite attiré l'attention de ses correspondants
des provinces sur cette polémique, les docteurs Perrote,
de Villahoz (Vieille-Castille), et Higinio del Campo de Pola,
de Siéro (Asturies), ont de nouveau protesté contre la
doctrine du verdet. *El Siglo Medico* achève de publier en
ce moment ma réponse à ces messieurs. J'en extrais les
passages où je montre en quoi la *flema salada* de Villahoz
s'éloigne de la pellagre et se rapproche de l'acrodynie de
Paris :

DIAGNOSTIC DIFFÉRENTIEL. — J'ai beau proposer un moyen indirect, mais infaillible, de distinguer les deux maladies en remontant à leur cause, on ne m'écoute pas, et, espérant me trouver en défaut sur un autre point, on revient sans cesse sur la prétendue identité. On veut savoir quels sont ces symptômes propres à l'acrodynie et étrangers à la pellagre que j'ai observés dans la Vieille Castille; on exige un diagnostic différentiel entre deux maladies dont l'affinité est telle qu'il n'en existe peut-être pas un autre exemple. Comme on pourrait supposer que ma croyance n'est que le résultat d'une idée préconçue, une déduction imposée impérieusement par la théorie que je soutiens, une simple vue de l'esprit ne reposant sur aucune observation, je vais sortir de la réserve que je voulais garder; je vais donner les premiers éléments d'un diagnostic différentiel direct, qui, quoi qu'on fasse, n'acquerra jamais la certitude et la simplicité surtout de celui qu'on devra à l'expérience du verdet.

Si quelqu'un de mes contradicteurs, ou mieux, si un médecin, n'ayant pas pris parti dans la discussion actuelle et connaissant bien l'une des maladies, voulait étudier l'autre sur les lieux et non dans les livres, voici quelques indications à l'aide desquelles il parviendra à les distinguer, mais seulement à les distinguer, car il ne devrait pas s'attendre ensuite à faire partager son opinion à ceux qui ne veulent pas prendre la peine d'aller voir de leurs propres yeux.

J'étais à Villahoz le 3 et à Mahamud le 4 juin 1860. J'y ai visité environ douze malades, je n'ai pris des notes que sur huit, six hommes et deux femmes. Le moins âgé avait 44 ans, les autres avaient de 52 à 70 ans. Trois étaient dans un état d'imbécillité ou de délire qui ne nous a pas permis d'en tirer une réponse. On est étonné que, après un examen assez rapide d'un aussi petit nombre de malades, j'aie pu déclarer qu'ils n'avaient pas la pellagre. Je trouve bien plus étonnant que, sur la simple description d'une maladie, généralement considérée comme appartenant aux pays à maïs, on puisse affirmer que cette maladie existe

dans des contrées où l'on ne connaît pas cette céréale.
A M. Mendez Alvaro qui me dit : *Nous autres qui avons
vu des pellagreux dans un pays où l'on ne connaît pas le
maïs....* je réponds : Comment vous êtes-vous assuré? Avez-
vous observé la pellagre chez elle? Si quelqu'un de vos
compatriotes a décrit l'acrodynie *de visu* avant la discussion
actuelle, c'est à lui d'intervenir dans le débat. Peut-être
trouverez-vous encore, cher confrère, que je m'échappe
par la tangente. Je crois cependant avoir montré que je
n'en ai nulle envie.

» L'érythème des mains et des pieds commun aux deux
maladies présente cela de particulier que, comme le d
M. Perrote (*Siglo* du 17 février 1861), il est bien plus prononcé
dans le premier espace *inter-métacarpien*. Chez Antolin
Manso, de Mahamud, malade depuis un an et dix mois,
il n'existait plus que dans cet espace et avait pris l'aspect
d'un ulcère superficiel, bordé de squames et de croûtes
épaisses. Rien de pareil dans la pellagre. Je regrette de
n'avoir vu que les cas les plus graves. Il est possible, en
effet, que, au début, l'érythème s'étende à la plante du
pied, comme on l'a vu assez souvent dans l'épidémie de
Paris; toujours est-il que Philippe Alcade, de Villahoz,
dont la maladie remontait à quinze mois seulement, avait
vu se détacher par plaques, quelques-unes de la largeur
d'un duro, l'épiderme de toute la partie interne et de la
voûte des pieds, sans aucune rougeur de la peau. Cette
desquammation, commençant au mois de février précédent,
avait duré deux mois et demi, pendant lesquels au fourmillement habituel des pieds s'était ajouté le symptôme
suivant :

» La SENSATION PARTICULIÈRE que les malades éprouvent
aux pieds quand ils marchent et qu'ils comparent à celle
qu'ils sentiraient dans l'état de santé, s'ils marchaient sur
des cailloux pointus, a été remarquée, dans l'acrodynie de
Paris. M. Perrote a critiqué l'insistance, vaine selon lui,
que j'ai mise à constater l'existence de ce symptôme. Je

regrette infiniment de ne pouvoir être de son avis sur ce fait, mais au lieu d'un seul malade, ayant accusé ce symptôme, il y en avait trois. Chez Philippe Alcalde, il avait cessé depuis un mois, après avoir duré deux mois et demi, et Justo Ballestero et Simon Rodriguo, de Mahamud, l'éprouvaient au moment où nous leur parlions. Trois malades sur cinq capables d'exprimer leur pensée, c'est quelque chose, on l'avouera d'autant plus que la sensation en question n'existait pas chez tous les malades ni à toutes les périodes de l'acrodynie de Paris.

COLORATION BRUNE DE LA PEAU. — Chez la plupart des malades, la teinte brune des poignets et des pieds s'étendait aux bras, aux cuisses, au tronc. Simon Rodriguo, vieillard de 70 ans, à la troisième année de sa maladie, avait la totalité de sa peau de couleur chocolat clair. Ce symptôme ne prend jamais ces proportions dans la pellagre légitime. Rien n'y rappelle la maladie d'Adisson comme chez Rodriguo.

» ÉTAT DE LA LANGUE. — Aucun des malades ne présentait à la langue les sillons caractéristiques de la pellagre. Je me garderai bien d'en induire qu'ils n'avaient pas existé antérieurement, je crois en avoir vu la trace chez Justo Ballestero, de Mahamud, et Heronyma Arribas, de Villahoz, nous a dit avoir eu la langue fendillée dans les premiers temps de sa maladie. D'ailleurs ce signe manque assez souvent dans une période avancée de la pellagre, surtout quand les symptômes nerveux sont devenus prédominants. Ce point demande donc à être étudié comparativement.

» GONFLEMENT DES CONJONCTIVES. — LARMOIEMENT. — Héronyma Arribas, de Villahoz, malade depuis huit ans, fut atteinte dès le début de l'ophtalmie depuis longtemps signalée chez les acrodyniques. Au moment où je la vis, la conjonctive des paupières inférieures était gonflée et pâle, et la peau rougie et comme ulcérée, au-dessous des grands angles des yeux par un larmoiement continuel. Chez Simon Rodriguo, j'ai remarqué le même gonflement, la même pâleur des conjonctives, mais sans larmoiement.

» FOURMILLEMENT. — Philippe Alcalde sentait habituellement du fourmillement aux pieds. Simon Rodriguo l'éprouvait en même temps aux pieds et aux mains.

» PARAPLÉGIE. — La paralysie des membres inférieurs se montre plus tôt, fait des progrès plus rapides, est plus grave, en un mot joue un plus grand rôle dans la *flema salada* que dans la pellagre.

» AGES. — Le moins âgé de nos malades avait 44 ans. Je n'ai pas vu un seul cas au-dessous de 14 ans, dit M. Perrote. Il en est autrement dans la pellagre. Le docteur Drillon m'a montré à Sadouillan, près de Sainte-Hélène (Gironde), un enfant de cinq ans atteint de la pellagre, en même temps que quatre autres membres de sa famille. Le docteur Pomé, de Saint-Pé (Hautes-Pyrénées), a vu mourir, de la même maladie, un enfant du même âge. Enfin, l'état officiel des pellagreux de la Lombardie, pour l'année 1856, porte que, sur 57,628 pellagreux, 1,551 avaient de 1 à 10 ans et 5,402 de 10 à 20 ans (1). Ces chiffres dispensent de toute réflexion.

» SUICIDE. — M. Luis Marti en a observé deux, l'un par strangulation, l'autre par submersion. M. Calmarza parle seulement de tendance au suicide. Dans plus de quatorze années de pratique, M. Perrote n'a pas vu un seul cas de suicide, ni même de tendance au suicide.

» Or, dans la seule année de 1856, le nombre des pellagreux qui se sont suicidés en Lombardie, a été de 110, 64 hommes et 46 femmes. Les suicides par submersion étaient au nombre de 48, 52 hommes et 16 femmes.

» DURÉE DE LA MALADIE. — M. L. Marti a vu mourir un jeune homme de 22 ans dans l'espace de *cinq mois*. Nos huit malades étaient dans un état si grave que trois sont morts quelques mois après, et cependant la maladie ne remontait, chez quatre d'entre eux, qu'à 14, 15, 22 mois et à 2 ans. Deux étaient atteints depuis trois ans, un depuis

----

(1) Voir cet état à la fin du volume.

quatre, le dernier depuis huit ans. Dans la pellagre, il est extrêmement rare de voir le mal s'aggraver à ce point, en aussi peu de temps, que chez nos quatre premiers malades; aussi a-t-on dit que l'acrodynie mène ses victimes au tombeau plus promptement que la pellagre.

» TRAITEMENT. — Pendant mon séjour à Villahoz, M. Perrote me disait : Le peu de guérisons dont j'ai été témoin ne se sont produites que chez les malades qui ont pu long-temps faire usage du lait. M. Calmarza va plus loin et dit :

« Il est vrai que dans cette partie de l'Aragon il y a toujours beaucoup de journaliers et cependant il y a peu de cas de la maladie en question; mais aussi le prix de la journée et l'existence de boucheries dans presque tous les villages, leur permet d'avoir, tous les jours, le pot au feu avec de la viande. Le docteur Muela et moi pourrions citer plusieurs villages de la province de Saragosse, où la pellagre est très fréquente dans les classes malheureuses qui ne mangent pas de la viande. Dans ce moment, je traite trois pellagreux dont deux ne peuvent pas acheter de la viande, faute d'argent; le troisième est une personne riche, mais dont l'estomac est si susceptible qu'il ne peut digérer les substances animales. Il y a peu de temps, j'observais un autre cas analogue à celui-ci, chez un prêtre riche qui n'aimait pas la viande et n'en faisait pas usage. Ces deux sujets vivaient sans travailler. Ils étaient bien servis, habitaient des maisons bien propres et bien ventilées, étaient proprement vêtus, mais leur alimentation les rapprochait de la classe la plus nécessiteuse.» (*Siglo medico* du 24 juillet 1859).

» Si, après une remarque aussi judicieuse, M. Calmarza avait réfléchi que, dans beaucoup de pays, des milliers d'individus sont voués volontairement ou malgré eux à la diète végétale, sans pour cela être atteints d'acrodynie, que, d'un autre côté, bon nombre d'auteurs ont parlé de maladies céréales, que le public attribue généralement une action malfaisante aux altérations du grain, que l'ergotisme est incontestablement produit par l'une de ces altérations, etc.,

peut-être alors aurait-il compris que la cause de l'acrodynie réside dans l'alimentation du pauvre, non parce
qu'elle n'est pas suffisamment animalisée, mais parce que
dans certaines contrées, très nombreuses en Espagne, elle
renferme un principe délétère. Les acrodyniques se nourrissant surtout de pain, c'est dans le pain qu'il faut chercher
l'agent morbifique. Si quelquefois ils guérissent quand ils
usent régulièrement de viande, c'est qu'alors, comme le
le riche, ils mangent nécessairement moins de pain et
que la faible dose de matière toxique ingérée, est, jusqu'à
un certain point, neutralisée ou tout au moins contreba-
lancée dans son action par l'aliment réparateur. L'alimentation fortement animalisée n'est donc qu'un antidote très
précaire et tout-à-fait inapplicable à la classe la plus nombreuse à cause de sa cherté.

» Le véritable préservatif de l'acrodynie est le pain fait
avec du grain pur. Celui-là peut, à peu de frais, être mis
à la portée de tous, quand on en sentira la nécessité. Et,
pour que le riche des pays à acrodynie ne s'endorme pas
dans sa quiétude, comme peut le faire en sûreté le riche
des pays à pellagre qui ne mange pas de maïs, je lui
dirai : Votre pain est plus blanc et mieux préparé que
celui du pauvre et vous en mangez peu, mais le plus
souvent il renferme les mêmes éléments. La dose de poison
que vous avalez ainsi tous les jours, sans vous en douter,
est trop faible, trop atténuée d'ailleurs par la bonne chère,
pour vous donner l'acrodynie; mais êtes-vous bien sûr
qu'elle n'entre pas pour quelque chose dans la production,
la durée, la gravité de vos maladies. Il existe des moyens
d'obtenir du blé pur. Efforcez-vous donc de les faire adopter
et vous paierez votre dette aux classes déshéritées de la
fortune. Vous travaillerez pour vous-même.

» Pour la description des entophytes qui attaquent le grain
et des moyens d'en prévenir le développement, le lecteur
me permettra de le renvoyer aux ouvrages des agronomes
et des botanistes mycologues.

« Si l'observation attentive des faits vient à démontrer, comme c'est probable, qu'un seul champignon parasite est la cause spécifique de l'acrodynie, toutes les présomptions sont en faveur de la *carie (Tilletia caries* de Tuslane*)*, *Ustilago caries, Uredo caries* d'autres auteurs ; et il faudrait se féliciter qu'il en fût ainsi, car la carie est de tous les entophytes, celui contre lequel les procédés de culture et de chaulage ont le plus d'efficacité.

» Avant de quitter ce grave sujet, je ferai encore une remarque. Parmi les circonstances qui modifient les symptômes et la marche des maladies en question, il faut noter comme possible la présence simultanée de deux entophytes vénéneux dans les aliments. Dans ce cas, le plus abondant ou le plus actif fait prédominer les symptômes qu'il produit isolément, mais les effets de l'autre, quoique masqués, aggravent la maladie. Il suffit de savoir que le seigle entre pour une bonne part dans l'alimentation de beaucoup d'acrodyniques et de pellagreux, pour être convaincu que l'ergotisme avec ou sans gangrène s'ajoute quelquefois à l'acrodynie et à la pellagre.

» Si ces longs et minutieux détails ont fatigué le lecteur, j'ai pour excuse la position qui m'était faite et la nécessité de ne laisser subsister aucun doute sur ma sincérité. Si on les trouve insuffisants pour trancher la question, on m'accordera du moins qu'ils constituent dans leur ensemble un commencement de preuve, une forte présomption contre l'identité. C'est tout ce que j'en attends pour le moment. D'autres plus jeunes et mieux doués essaieront-ils d'achever le diagnostic direct?... On fera mieux d'attendre que l'expérience du verdet ait indirectement démontré qu'on peut, à coup sûr, distinguer un pellagreux d'un acrodynique en adressant aux malades cette question : *De quelle céréale faites-vous habituellement usage?...* »

Dans sa séance du 28 janvier 1866, l'Académie royale de médecine de Madrid avait proposé entre autres sujets de prix : *Déterminer les caractères distinctifs de la pellagre, de l'acrodynie et de toute autre maladie analogue, ainsi que les causes productrices de chacune et le moyen de préservation le plus convenable.* Le prix a été décerné dans la séance publique annuelle du 30 janvier 1868, et voici en quels termes M. le Secrétaire perpétuel a parlé du mémoire qui l'a remporté : « Vu le grand nombre de documents réunis dans cette monographie, dans laquelle on trouve tout ce qui a été écrit de plus intéressant sur les maladies en question, et où sont exposés les faits et les doctrines qui complètent et mettent au niveau des connaissances actuelles l'œuvre connue de notre Casal, l'Académie accorde le prix à son auteur. » Ce mémoire, dont un ami de Madrid me dit beaucoup de bien, étant sous presse, j'en reparlerai s'il me parvient avant la fin de l'impression de mon livre.

On a beau discuter, on est invinciblement ramené à l'expérience du verdet. Mes contradicteurs l'ont si bien senti que M. Billod s'est hâté de l'accepter *(voyez page 130)* et que M. Landouzy a fait de vains efforts pour en diminuer la portée.

Il n'y aurait, selon moi, qu'un seul moyen d'infirmer l'expérience du verdet, de contester avec quelque apparence de raison qu'elle puisse poser une limite certaine entre la pellagre et la maladie qui lui ressemble tant, ce serait de démontrer la présence du verdet dans les céréales autres que le maïs. Or, rien de semblable n'a été observé, et cependant on connaît de temps immémorial la carie, le charbon, etc., qui ne frappent pas tant les yeux que le verdet. Celui-ci se montre beaucoup plus tard et quand la plante a cessé de vivre. Le froment et le seigle sont des céréales de première récolte et leurs entophytes se montrent pendant ou peu après la fécondation, tandis que le maïs, la plus tardive de nos céréales, n'est atteint par le verdet qu'un certain nombre de jours ou de semaines après la cueillette.

Si la pellagre et l'acrodynie ont plus d'affinité entre elles qu'avec l'ergotisme, les causes de ces trois maladies sont aussi dans le même rapport. En effet, la carie (*Ustilago caries*), le charbon (*Ustilago carbo*) et le verdet (*Pernicillium perniciosum*, de Léveillé) sont constitués par des champignons d'espèces très voisines, tandis que l'ergot (*Sphacelia sigetum*, Léveillé) n'est pas même un champignon, n'étant qu'une modification de l'ovule par un entophyte d'un ordre très éloigné de la carie, du charbon et du verdet. Aussi l'ergotisme a-t-il été séparé le premier de la masse confuse des maladies céréales, et le départ qui reste à faire, *en supposant que ce soit le seul*, est-il plus difficile à opérer. N'espérant pas qu'on en vienne à bout par l'analyse et la comparaison des symptômes, j'ai demandé une épreuve décisive sur laquelle je compte d'autant plus que je ne cesse de recueillir des preuves indéniables de la spécificité du verdet.

Quand on ne pourra plus nier que la pellagre légitime s'éteint plus ou moins rapidement lorsqu'on éloigne, non pas le maïs, mais seulement le verdet de l'aliment des malades, il faudra ou montrer le verdet sur le froment ou subir les conséquences d'un fait surabondamment démontré pour moi depuis plus de quatre ans. La pellagre sans maïs et la pellagre des aliénés étant reconnues chimériques (1), on devra modifier le programme du prix Montyon sur la pellagre, ou s'attendre à le voir critiquer par les partisans de la doctrine du verdet. Car, *s'il n'était pas douteux aujourd'hui que la pellagre règne d'une manière sporadique en Champagne et sans doute dans beaucoup d'autres lieux*, le Comité consultatif se serait trompé *en considérant comme actuellement établi qu'il existe une corrélation constante entre le maïs et la pellagre*, et la seule doctrine qui soit restée

____

(1) (Déjà, en 1846, Hameau écrivait à M. Léon Marchand ! « Voilà vingt-huit ans que mon attention est fixée sur cette étonnante maladie.... J'ai lu, dans des journaux de médecine et dans des monographies, l'historique de maladies qu'on présentait comme étant la pellagre, et j'avoue que je ne la reconnaissais pas dans ces descriptions ; cependant tout cela a fait beaucoup de bruit, ce qui ne m'empêche pas de craindre que la science ne trouve pas dans ces travaux de quoi s'avancer dans la voie sûre de la vérité. »)

debout se trouverait implicitement mise de côté. Nous n'en sommes pas là heureusement. A mon avis, le programme donne pour certain ce que je crois avoir rendu au moins très douteux ; mais affirmer n'est pas prouver. L'épreuve clinique, j'en ai la profonde conviction, donnera raison au Comité consultatif et à Balardini. Voilà pourquoi j'insiste tant pour en obtenir l'institution officielle, comme seul moyen d'arriver à une solution définitive.

· Il n'y a plus en effet, à compter sur le concours spontané des médecins des pays à pellagre. Après ma première tournée des Landes, j'avais pu écrire au Ministre, le 8 juillet 1858 :

« Le but principal de mon voyage était de faire saisir à mes confrères l'opportunité de mon projet d'expérience. Hé bien ! j'ai la satisfaction de pouvoir dire que tous ceux que j'ai visités et dont je joins ici la liste, lui sont très favorables quoique tous n'en attendent pas le même résultat. Il faut faire l'expérience, disent ceux qui ne croient pas à la spécificité du verdet, quand ce ne serait que pour éliminer une inconnue fort incommode et n'entendre plus parler du maïs. Il faut la faire, disent de leur côté ceux, en bien plus grand nombre, qui, sans partager entièrement ma confiance, se sentent entraînés, parce qu'elle dissipera les ténèbres dont cette malheureuse question de la pellagre est environnée.

» J'ai cru devoir faire connaître les principaux résultats de ma tournée à MM. les Préfets de la Gironde et des Landes. Si vous croyez devoir ordonner une enquête dans ces deux départements, ils vous confirmeront, je n'en doute pas, les bonnes dispositions de mes confrères. Elles sont telles que plusieurs de ces messieurs m'ont promis de commencer immédiatement l'expérience, sans attendre qu'elle soit instituée officiellement. Les malades soumis à l'observation seront privés entièrement de maïs, jusqu'à ce qu'on puisse préparer de la farine suivant le procédé indiqué, c'est-à-dire jusqu'à la récolte prochaine. » *(Voir p.18 et 19.)*

Trois ans se sont écoulés, et aucune de ces promesses ne s'est réalisée. Aussi écrivais-je, le 5 décembre dernier :

« La plupart de nos confrères des contrées à pellagre, après s'être convaincus de l'inanité des théories antérieures à celle de Balardini, après avoir, sans succès aucun, mis en pratique les traitements les plus variés, les plus opposés, en sont venus à croire qu'il n'y a d'autre remède à ce mal qu'une amélioration notable de l'hygiène, surtout quant à l'alimentation ; et comme on ne peut modifier avantageusement et indéfiniment la position de populations entières, qu'avec des dépenses énormes et hors de proportion avec nos budgets, ils se figurent qu'il n'y a rien à faire. Tout pellagreux étant, pour eux, fatalement voué à une mort misérable, toute idée nouvelle n'est, à leurs yeux, qu'une nouvelle déception ; ils n'ont pas le courage de la mettre à l'épreuve. Jusqu'à présent mes prières, mes supplications n'y ont rien fait. Et cependant qu'en coûterait-il pour passer au four, au moment de la récolte, la provision de maïs d'une famille de pellagreux ? La dépense serait minime dans les Landes, où le combustible est à vil prix ; et quel résultat ! Chaque expérience ainsi faite arracherait plusieurs de nos semblables à une mort certaine, et convertirait l'homme de l'art jusqu'alors impuissant et découragé, en apôtre de la doctrine si belle, si simple de Balardini. Que de bien nous pourrions faire, si, mettant tout amour-propre de côté et faisant trève à des discussions sans issue possible, nous prenions la ferme résolution de soumettre à l'épreuve clinique la découverte de notre illustre confrère de Brescia !.... Attendrons-nous que des cœurs généreux, indignés de l'inaction des hommes du métier, s'emparent de la noble mission qui nous est naturellement dévolue ? » (1)

Enfin on a tant répété aux pellagreux que la pellagre tenait à leur misère, qu'ils ont fini par le croire. J'ai beau

______

(1) Réponse au discours prononcé par M. Depaul à la Société médicale d'Emulation, le 4 août 1860. (Voyez page 95.)

leur dire : *Les Bourguignons qui passent leur maïs au four au moment de la récolte n'ont jamais la pellagre ; faites comme eux, et, quelle que soit d'ailleurs votre misère, vous ne l'aurez plus ;* ils ne peuvent croire à l'efficacité d'un moyen aussi simple et aussi peu coûteux. On vaincrait sans doute leur apathie, si, pendant deux ans seulement, des sociétés charitables prenaient à leur charge les frais de préparation du maïs ; mais pour que de pareilles sociétés se forment, il faut préalablement mettre hors de doute l'importance de leur mission, c'est-à-dire démontrer expérimentalement qu'en supprimant le verdet on éteint la pellagre.

En terminant, je signalerai une amélioration à introduire dans la préparation du maïs. Dans le but de rendre le maïs plus savoureux, les Bourguignons le soumettent à de hautes températures qui ne sont pas nécessaires pour le bien conserver. Si l'on veut se borner à prévenir le développement du verdet, on obtiendra une grande économie de combustible en se servant de fours à circulation d'air chaud, à température fixe, dits *aérothermes*. Un seul de ces fours en activité nuit et jour suffirait pour faire subir, en temps utile, une température convenable à toute la récolte de maïs d'une commune de six à huit cents habitants. M. Grouvelle, ingénieur civil, rue St-Thomas-d'Enfer, n° 7, à Paris, veut bien se charger de fournir à cet égard tous les renseignements désirables. Voici ses plans et devis.

Conclusions. — 1° La question de la pellagre ne peut être résolue définitivement que par l'expérimentation ;

2° Il est urgent d'instituer officiellement l'expérience du verdet dans un ou plusieurs des centres à pellagre, tels que le Porge ou le Temple (Gironde), Biscarosse ou Onesse (Landes), Morlaas ou Montaut (Basses-Pyrénées), Saint-Pé ou Trébons et peut-être Juillan (Hautes-Pyrénées) ;

3° Elle donnera des résultats concluants en moins d'une année, si on la commence avant que les malades n'aient fait usage du maïs de la récolte prochaine ;

4° Elle prouvera qu'il suffit de prévenir le développement

du verdet, en passant le maïs au four *au moment de la récolte*, pour éteindre la pellagre ;

5° Enfin, si l'on tenait à acquérir la certitude que la cause des pellagres qu'on dit exister en dehors du domaine du maïs, réside dans les céréales usitées, on n'aurait qu'à fournir aux malades du pain fait avec du grain parfaitement pur.

Bagnères, le 10 septembre 1861.

COSTALLAT.

Un mois après, ma demande était renvoyée au Comité consultatif, et au mois de mars 1864 le rapport n'était pas encore fait.

Endémie des Castilles et de l'Aragon.

Ayant fini par comprendre qu'il ne fallait rien espérer du Comité consultatif d'hygiène de France, ni du Conseil de santé de Madrid, tant que je n'aurais pas frappé un coup plus décisif, je ne pensai plus qu'à aller terminer au printemps, dans les montagnes de l'Aragon, les études que j'avais commencées trois ans auparavant, en été, dans une plaine de la Vieille Castille. Je m'y préparai par la lecture de l'ouvrage de feu Idelfonse Martinez (1), auquel j'emprunte une monographie du *mal del higado*, écrite il y a quarante-quatre ans, dont l'auteur est vivant et qui suffirait à elle seule pour prouver la non-identité de cette maladie avec la pellagre et justifier mon *diagnostic différentiel*.

En novembre 1820, se trouvant à Aguaviva, D. Joaquin Eximeno écrivit une histoire de la pellagre, qui ne fut publiée qu'en 1826 dans le *Journal général des sciences médicales*, qui se publie à Barcelone. Son article est vraiment remarquable pour le temps où il fut écrit. Le voici :

---

(1) *De la Pelagra y Mal de la rosa de Asturias.* Madrid, 1848.

« A MM. les Rédacteurs du *Journal général des sciences médicales.*

MESSIEURS,

Votre estimable journal ayant pour objet principal de propager les progrès de l'art de guérir dans notre péninsule, ainsi que le louable et noble but de guérir ou de soulager les souffrances de ses habitants, je me décide à vous envoyer l'histoire générale de la maladie vulgairement nommée dans ce pays *mal du foie* (mal del higado.)

Lorsque j'eus fini mes études et que je vins exercer la médecine dans cette contrée, la maladie que je décris me frappa dans sa chronicité, la complication variée de ses symptômes et son incurabilité. Je consultai le peu de livres que j'avais et les vieux confrères du voisinage; mais je n'en obtins aucune lumière. Seulement, dans le Dictionnaire de Ballano, Espèce IV du genre lèpre, je trouvai, sous le nom de *mal de la rose des Asturies,* une maladie présentant une certaine analogie avec le *mal du foie* quant à l'intermittence et au type. Mais elle en diffère notablement; je ne fus pas surtout satisfait du traitement proposé, qui toujours a produit de mauvais résultats et a aggravé les symptômes. Sur plus de cent malades que j'observai, je notai soigneusement les symptômes qu'ils présentaient, j'essayai les traitements les plus rationnels sans en obtenir aucun bon résultat. L'usage seul des tempérants, des altérants, des mucilagineux, des analeptiques non stimulants, et particulièrement du lait, a produit une légère amélioration dans la première période.

Désolé de voir souffrir pendant si longtemps et mourir tant de malheureux, et désireux de les consoler et de les soulager, j'adressai, en octobre 1820, une circulaire à seize médecins de la contrée. Quoique la plupart m'aient répondu, ils n'ajoutèrent ni ne retranchèrent rien à la description que je leur avais transmise, la trouvant conforme à leurs propres observations, et ne proposant aucune modification avantageuse du traitement.

» J'ai eu ainsi le grand chagrin de n'assister à aucune cure, et d'être mécontent de ma manière de procéder, parce qu'elle ne reposait sur l'autorité d'aucun savant. Dans ces derniers temps, je me suis un peu rassuré en lisant l'article *Pellagre* du Dictionnaire des Sciences médicales. La maladie décrite sous ce nom est celle qui a le plus d'analogie avec celle dont je vous présente l'histoire. Je l'ai écrite sans consulter personne ; elle est le résultat de plus de cent observations que j'ai faites pendant onze années (1) et de beaucoup d'autres depuis dix ans. Je vois dans cet article que, pour l'Espagne, il fixe le siége de la pellagre dans les Asturies, qu'on la confond avec d'autres affections et que les opinions diffèrent quant à son caractère et à son traitement.

» Il importe beaucoup de discuter ces deux derniers points pour venir au secours de tant de victimes. Il me semble que les médecins espagnols qui ont observé la maladie devraient être invités à faire connaître avec détail, par la voie de votre journal, le résultat de leur traitement ; la même invitation serait aussi adressée aux sociétés scientifiques et aux savants pour avoir une bonne monographie.

» Les médecins des campagnes ne pouvant pas faire des autopsies, ils ne connaissent pas la nature de la maladie, etc. Quoique je n'aie été témoin d'aucun cas de guérison, le raisonnement et l'analogie m'ont laissé convaincu que le traitement anti-phlogistique, le seul qui ait produit de l'amendement dans les symptômes, est généralement indiqué, et si je n'en ai pas retiré les résultats que je désirais, c'est parce qu'aucun de mes malades n'était riche ni n'a consenti à se soumettre à ce traitement et que, au contraire, tous ont abusé de la diète et de l'exercice, etc.

» Quant à la nature de la maladie, je pense avec les auteurs de l'article *Pellagre*, que c'est une gastro-entérite chronique avec irritation et phlegmasie du système hépatique, phlegmasie *sui generis* ou distincte des autres,

(1) A ce compte, les premières observations de M. Eximeno remonteraient à 1800.

» Je vous répète ce que j'ai dit à mes confrères dans ma circulaire, afin que si vous le jugez de quelque utilité pour l'art, vous l'insériez dans votre journal.

» Votre affectionné confrère,

» JOAQUIN EXIMENO. »

Hijar, (district d'Alcaniz en Aragon), 22 octobre 1826.

Histoire ou Description générale de la maladie vulgairement appelée *mal del higado*. (1)

« Cette maladie est assez fréquente et est commune chez beaucoup d'habitants de presque tous les villages du district d'Alcaniz (Aragon), et, suivant des renseignements, de quelques-uns de Daroca, Teruel et Morella. Elle n'est pas contagieuse, et si elle paraît être héréditaire (2), parce que les membres d'une même famille, tels que frères et fils, en sont simultanément affectés, bien souvent son germe ne se développe pas chez les fils, petit-fils, neveux, etc. Elle attaque indistinctement les deux sexes. Elle se montre de préférence à l'âge de 35 à 50 ans : on l'a observée, mais bien rarement, à 25 ans. Elle ne respecte aucun tempérament, mais attaque plutôt le tempérament bilioso-sanguin et plus particulièrement le tempérament bilieux, les sujets qui y sont prédisposés, ou qui en sont déjà atteints, étant laborieux, ambitieux, irascibles, dissimulés, vindicatifs. On l'observe dans les diverses conditions de la vie, mais surtout chez le laboureur et l'artisan qui travaillent beaucoup et mangent peu, chez ceux qui abusent des boissons alcooliques, sont débauchés ou sujets aux passions tristes.

---

(1) Il paraît qu'un des anciens médecins de ce pays a pu faire l'ouverture du cadavre de plusieurs de ses victimes, et a trouvé des lésions organiques considérables dans ce viscère. *(Note de M. J. Eximeno).*

(2) Si l'on doit admettre des maladies héréditaires, celle qui nous occupe l'est certainement, on ne peut la considérer comme endémique à cause des différences qui existent dans les lieux où elle règne, quant à la situation, à la température et à la nature du sol ; comme aussi à la manière de vivre des habitants, à leurs professions, à leurs aliments, etc. Le peuple met obstacle aux mariages quand l'un des contractants est issu d'une famille éprouvée par la maladie. (*Id.*)

Sa marche est lente et dure de douze à quatorze ans, quelquefois cependant elle se termine en trois ou quatre ans, et, ce qu'il y a de lamentable, toujours par la mort.

» La lenteur et les intermissions avec lesquelles se succèdent ou se manifestent les symptômes sont telles, ces symptômes sont si variés, qu'il est très difficile de faire une description exacte ; c'est pourquoi je ne noterai que les plus communs, les plus remarquables et les plus nécessaires pour distinguer la maladie de celles déjà connues jusqu'à ce jour. Pour plus de clarté, je diviserai ma description en trois stades ou périodes.

Première période.

» Sans que les sujets se sentent prédisposés, la maladie commence au printemps ou au mois de mars par une éruption pareille à l'érysipèle, siégeant seulement au dos du métacarpe et du métatarse des deux mains et des pieds ; la rougeur tirant un peu sur le jaune et la cuisson durent un peu plus de trente jours, et bientôt la peau de ces parties devient rude, l'épiderme s'en détache lentement par plaques plus ou moins grandes, les surfaces deviennent lisses et tout l'exanthème a disparu au mois de juillet ou d'août. D'autres fois, s'il commence plus tôt, ou un peu avant le printemps, sa marche est plus rapide et il reparaît en juin et se prolonge jusqu'en automne.

» La plupart des malades l'attribuent à l'action des rayons solaires (1), parce que pendant sa durée et jusqu'alors ils n'ont éprouvé aucune incommodité, aucun changement notable dans l'appétit, les forces musculaires, etc., mais ils sont détrompés au printemps suivant.

» L'automne et l'hiver venus, ils éprouvent, cette première année, par intervalles et avec de longues intermissions, des lassitudes, de l'inappétence, de l'ardeur à l'épi-

______

(1) Ce qui prouve que l'éruption n'est pas produite par le soleil, c'est que beaucoup d'artisans qui ne s'exposent pas à la lumière directe en sont atteints ; d'ailleurs elle commence ordinairement quand la lumière n'est pas intense et disparaît en été. (Note de M. Eximeno).

gastre, des serrements de ventre, l'hystérie chez les femmes : symptômes qui disparaissent en partie ou presque en totalité à l'approche du printemps, lorsque l'érythème va recommencer. Les symptômes se reproduisent dans le même ordre, pendant trois ans ou plus, suivant que les sujets sont robustes ou débiles ; puis, chez ceux qui sont faibles et mal nourris, la recrudescence, la durée et l'intensité des symptômes sont moindres.

Seconde période.

» Chaque année ensuite, soit pendant l'éruption, soit quand elle a cessé, ces symptômes augmentent et successivement apparaissent des vertiges si fréquents et si violents qu'à chaque instant les malades tombent à terre, douleurs vagues au ventre et aux membres, nausées, vomissements, anorexie, boulimie, resserrement du ventre, diarrhée, insomnie, froid aux extrémités, ardeur à la tête et à l'épigastre, une tristesse et une mélancolie si profondes que rien n'en peut distraire les malades ; ceux-ci ont souvent la langue rouge et sèche avec soif. Les paroxysmes hystériques reviennent plus fréquemment et sont plus intenses. Pendant la durée de ces symptômes le pouls est plus accéléré, dur et petit, la fièvre rémittente sub-aiguë survenant.

» Tous ces symptômes ne suivent pas l'ordre régulier qu'on observe dans la plupart des autres maladies, mais plutôt ils se succèdent d'une manière bizarre, et en apparence contradictoire ; puis, à la diarrhée succède subitement la constipation et le vomissement, au sommeil modéré et profond la veille opiniâtre, à la souveraine tristesse de courts intervalles d'humeur joyeuse, et, après un appétit excessif, le dégoût des aliments. Les organes de la respiration paraissent exempts d'altération.

» Cet ensemble monstrueux d'incommodités se modère lorsque l'éruption printanière reparaît. Les malheureux malades continuent à vaquer, quoique avec peine, à leurs travaux habituels, tant que durent l'érythème et la chaleur de l'été ; mais il y a une exacerbation de tous les symptômes quand vient le froid. En général, les souffrances sont en rapport avec le régime diététique et la rigueur de la saison. Cette période dure trois ou quatre ans et plus.

Troisième période.

» A cette époque, le mal va sans cesse en augmentant. L'éruption érysipélateuse ne quitte pas les pieds et les mains. Chez tous les malades, les facultés intellectuelles sont troublées, passant tantôt de la mélancolie à la manie, tantôt, et le plus souvent, du délire lent au délire furieux. Ils éprouvent de la tension, de l'anxiété, de la douleur à l'hypocondre droit, lors même que cette partie n'a été antérieurement le siége d'aucune lésion locale. La peau et la conjonctive prennent la teinte sub-ictérique ; l'urine est tantôt aqueuse, tantôt rouge, avec sédiment briqueté ; la couleur et la consistance des matières alvines sont variables. La faiblesse est grande, quelques cas sont accompagnés de convulsions ; chez les femmes, l'hystérie prend toutes les formes dont elle est susceptible ; les affections et les sympathies nerveuses sont sans nombre. La fièvre lente et rémittente devient continue, diarrhée modérée mais opiniâtre, affaiblissement, sueur de la partie supérieure du corps, chaleur brûlante non-seulement à l'épigastre et aux hypocondres, mais dans tout le corps, pouls petit et très fréquent, respiration pénible, marasme, extrémités froides, face hippocratique et la mort. — Cette période se termine en cinq ou six mois et à la fin de l'hiver. »

Remarques sur la monographie de M. Eximeno.

Cette monographie est précieuse pour la controverse actuelle.

En 1820, il n'était pas question de l'identité du *mal del higado* avec la pellagre, on n'en avait pas besoin, on ne s'efforçait pas, comme aujourd'hui, de l'établir à tout prix. Aussi l'auteur, parlant de l'article *Pellagre* du Dictionnaire des Sciences médicales, dit-il : *La maladie décrite sous ce nom est celle qui a le plus d'analogie avec celle dont je vous présente*

l'histoire. Je l'ai écrite sans consulter personne. S'il avait rencontré des cas de suicide ou seulement de tendance au suicide, il n'aurait pu se dispenser d'en faire mention, après avoir lu dans le même article : « Mais fort souvent le malade
» avance lui-même le terme de sa déplorable existence ; car
» la disposition au suicide est presque générale chez les indi-
» vidus atteints de pellagre, qui, pour la plupart aussi, choi-
» sissent de préférence la mort par immersion. C'est même
» cette dernière circonstance qui a déterminé Strambio à
» donner le nom d'hydromanie à l'espèce particulière du
» délire frénétique qui les porte à se détruire. »

Si les sillons de la langue, les gerçures des lèvres et le ptyalisme étaient aussi manifestes, aussi fréquents dans le *mal del higado* que dans la pellagre des Landes, M. Eximeno n'aurait pas omis d'en parler.

Cependant le *mal del higado* d'Aragon est bien certaine-ment la même maladie que la *flema salada* des Castilles. Or, dans cette dernière, le ptyalisme est ordinaire, comme l'indique le nom de *flema salada* (pituite salée.) La descrip-tion de M. Eximeno est donc incomplète à cet égard. Peut-être aussi pensera-t-on que l'auteur n'aurait pas insisté sur *la tension, l'anxiété, la douleur éprouvées par les malades à l'hypocondre droit, lors même que cette partie n'a été antérieu-rement le siége d'aucune lésion locale,* s'il n'avait un peu trop tenu compte du nom donné à la maladie et du rôle mal à propos attribué à de prétendues *lésions organiques considé-rables du foie.* C'est également à tort que, dans une note, il se prononce pour l'hérédité et contre l'endémicité. Quoi qu'il en soit, les éléments de diagnostic différentiel ne man-quent pas. A ceux que j'ai déjà signalés (1) s'en joignent d'autres. Ainsi je ne pense pas qu'on ait jamais observé dans l'endémie des pays à maïs *l'exacerbation de tous les symptômes quand vient le froid,* ni la permanence en toute

---

(1) Dans ma réponse aux confrères d'Espagne *(Siglo medico,* 1861), et dans mon mémoire adressé la même année à M. le Ministre de l'agriculture.

saison *de l'éruption érysipélateuse* (érythème) *des pieds et des mains, pendant la troisième période*, et même dès le début de la maladie, comme on m'en montra un cas chez une jeune fille de quinze ans, Isabel Garcia, de Malienda.)

Si le *mal del higado* n'épargnait pas l'enfance et la jeunesse, contrairement à ce qu'on observe dans la pellagre des pays à maïs, l'auteur n'aurait pas dit : *La maladie se montre de préférence à l'âge de 35 à 50 ans; on l'a observée, mais bien rarement, à 25 ans.*

Enfin, si la maladie qu'il décrivait était le lot exclusif du pauvre, comme la pellagre des pays à maïs, un observateur aussi sagace s'en serait aperçu et n'aurait pas écrit : « On l'observe *dans les diverses conditions de la vie*, mais surtout chez le laboureur et l'artisan, qui travaillent beaucoup et mangent peu, chez ceux qui abusent des boissons alcooliques, sont débauchés et sujets aux passions tristes. »

Aucune autre monographie n'avait été publiée depuis celle de M. Eximeno, lorsque en 1847 l'annonce de la prochaine arrivée du docteur Roussel éveilla l'attention des médecins espagnols. Le *Bulletin de Médecine* publia plusieurs articles, parmi lesquels je choisis les deux suivants, parce qu'ils se rapportent, comme le précédent, à l'endémie sans maïs.

Notice sur la Pellagre, par le D\r D. F. Mendez Alvaro (12 SEPTEMBRE 1847.)

« L'attention des médecins italiens et français s'est particulièrement fixée, dans ces derniers temps, sur une affection qui n'est que trop commune dans notre pays et dont nous avons une bonne description dans l'ouvrage du D\r D. Gaspar Casal, intitulé : *Histoire naturelle et médicale de la principauté des Asturies,* imprimé à Madrid en 1762. Il parle du *mal de la rosa,* ainsi nommé à cause de la couleur que présente la peau lorsque tombent les croûtes qui la couvrent, ou de la *pellagre,* pour me servir du nom que généralement lui donnent aujourd'hui les médecins étrangers, et imposé, ou au moins propagé par Gaetane Strambio. (*Observations sur la Pellagre, 1790.*) »

» Je n'ai nullement l'intention de présenter aujourd'hui à mes illustres confrères une description de cette maladie, parce que je ne pourrais ajouter presque rien à ce qu'on trouve dans les écrits de Casal et de beaucoup d'autres, qui ont été publiés dans le siècle dernier et dans ces dernières années par les médecins italiens et français. Mais, maintenant qu'il doit venir dans notre pays un médecin (M. Théophile Roussel) envoyé par le gouvernement français pour étudier cette maladie, mon intention est : 1° d'exciter le zèle des médecins espagnols, pour qu'ils contribuent de leur côté à éclaircir ce point scientifique ; 2° de donner des renseignements à ce médecin sur la maladie qui fait l'objet de ses études, afin qu'il n'ait pas à chercher en aveugle. Si j'avais été moins poursuivi par la fatalité qui me tenait toujours éloigné des contrées où l'on peut recueillir des faits pour élucider certaines questions de médecine pratique, il aurait pu se faire qu'en ce moment l'Espagne possédât une monographie importante sur une maladie qui excite l'intérêt des médecins, comme celui des gouvernements qui s'en occupent plus que le nôtre. Mais j'ai eu la douleur d'avoir à renoncer à l'étude de la pellagre, lorsque je me disposais à l'entreprendre, avec l'espoir, qui a été déçu, de le faire en meilleure occasion.

» En novembre 1835, je fus admis comme médecin-chirurgien titulaire de Villa-Mayor de Santiago, province de Cuenca, à deux lieues de Quintanar de la Orden, à une lieue et demie du corral de Almaguer et du chemin qui conduit à Valence. Quoique la saison ne fût pas très favorable, puisque l'érythème et la desquammation qui accompagnent la pellagre se manifestent principalement au printemps, ce qui fixa surtout mon attention fut le grand nombre de personnes dont les mains et les pieds étaient couverts de petites écailles qui donnaient à la peau une rudesse notable et quelquefois plus ou moins d'irritation avec prurit peu intense. Les deux ou trois premiers malades que je vis étaient des femmes pauvres. Ne sachant quelle maladie ce pouvait être, je crus que cet état de la peau était causé par la lessive dont on se sert pour mieux dissoudre le savon dans l'eau de puits, qui est la seule dont on fasse usage. Mais je ne tardai pas à voir cette maladie chez les hommes qui ne s'exposent pas à l'action de cette cause. Alors je commençai à méditer et à feuilleter des livres, désireux de classer avec certitude cette dermatose. Ma curiosité s'accrut lorsque, un jour, je fus appelé auprès d'un homme atteint d'une affection cérébrale chronique, que l'on considérait comme incurable. Les gens du pays me prévinrent qu'il n'était pas rare de voir survenir le délire et même une espèce d'imbécillité à la suite de cette affection cutanée qu'ils appelaient *flema salada*. Dans les mois de janvier et de février 1856, que je passai dans ce pays ; j'eus l'occasion de voir quelques malades atteints de vertige et autres symptômes cérébraux évidemment causés par l'affection de la peau. Il mourut un de ces malheureux au moment où beaucoup de personnes étaient atteintes des symptômes cutanés principalement aux avant-bras et aux mains. -

» Quoique la description du mal de la rosa, par Casal, ne convienne pas à la maladie en question, pour en faire un véritable tableau, j'y reconnais une analogie : de telle sorte que lorsque je constatai tout le cortége des symptômes, tant nerveux que de l'affection gastro-intestinale qui accompagne cette maladie, je la considérai comme le mal de la rosa (pellagre d'à présent), quoique avec quelques variantes dues sans doute au climat et à d'autres circonstances. (1)

» Je désirais ardemment recueillir bon nombre d'observations pour faire la description de cette maladie, mais la résolution que je pris de quitter ce pays pour entrer dans le corps

---

(1) Monsieur Mendez Alvaro doutait alors de l'identité des deux maladies. Il était plus près de la vérité qu'il ne l'a été depuis, quand il écrivait dans le *Siglo medico* du 13 janvier 1861 : *Nous qui avons vu des pellagreux dans des contrées où l'on ne connaît pas le maïs.* Aussi lui ai-je répondu : *Comment vous en êtes-vous assuré ?*

de santé militaire, m'empêcha de réaliser mon projet. Ne
pouvant plus le faire maintenant, j'ai cru devoir publier cette
notice, et dire que la pellagre est assez commune dans certaines parties de l'Espagne et que nos confrères des environs,
comme ceux de Villa-Mayor de Santiago, pourraient facilement recueillir un grand nombre d'observations et en faire
une étude complète. Parce qu'aucune description n'a paru
depuis celle de Casal (1), il ne faut pas croire que la maladie
qu'il a décrite ait disparu de notre pays. Je puis soutenir
qu'elle existe, qu'elle est commune dans les contrées que j'ai
indiquées. Bien que la généralité des malades, atteints depuis
plusieurs années, et, même pour la vie entière, n'en fasse pas
plus de cas que d'une légère indisposition, bien souvent elle
cause des désordres très graves du système cérébro-spinal et
même la mort. Comme cette maladie est le plus souvent
insignifiante et sévit principalement sur la classe pauvre, qui
ne s'inquiète pas de la santé, ne quitte pas ses travaux et
refuse de se laisser soigner quand surviennent les symptômes graves, les médecins en ont négligé l'étude. Ne
considérant que la rougeur de la peau, ses rugosités et
quelquefois ses écailles généralement petites, la plupart des
médecins ont désigné ce mal sous le nom d'affection her-
pétique que l'on donne aux maladies cutanées les plus différentes. J'ai démontré, dans ce journal, l'immense avantage
d'une clinique des maladies de la peau. Notre gouvernement
est bien loin de prétendre l'emporter sur le gouvernement
voisin, car il a à surveiller d'autres fléaux plus funestes pour
le pays que la pellagre. Mais s'il désirait faire une fois seulement quelque chose pour la science et pour l'honneur du
pays, il pourrait envoyer trois ou quatre médecins dans
différents endroits pour étudier cette maladie (2). Mais,

(1) La belle monographie de M. Joaquín Eximeno n'était donc pas connue de M. Men-
déz Alvaro, en 1847.

(2) Treize ans après, le 12 août 1860, j'adressai à M. le Ministre de la Gobernacion
le projet qu'il m'avait fait promettre de lui envoyer. Lorsqu'il fut renvoyé au Conseil de
santé, M. Mendez Alvaro, qui en fait partie, dut être quelque peu étonné d'avoir à
donner son avis sur une proposition qu'il avait déjà faite.

comme il ne le fera pas et qu'il ne pensera pas même à le faire, j'ai pris la liberté d'inviter les médecins et chirurgiens qui habitent les pays où règne cette maladie, à recueillir des observations et à nous les envoyer. Faisons quelque chose par nous-mêmes et ne portons pas l'incurie jusqu'à laisser les étrangers venir étudier nos maladies, pour nous les enseigner ensuite. »

Notice de M. D. Juan Andrez Henriquez de Formoselle sur la Pellagre (10 octobre 1847.)

« Plusieurs fois j'ai pris la plume pour signaler à l'attention de mes confrères une maladie qui règne endémiquement au confluent de deux rivières, Douero et Tormes. Je n'ai trouvé d'elle aucune description dans les auteurs, mais elle présente plusieurs caractères d'un mal que je connais, le mal de la rosa des Asturies. Je ne m'en suis pas occupé, pensant que le temps dissiperait mes doutes à cet égard. Cependant comme vous avez engagé les médecins espagnols à faire l'histoire de cette maladie propre à notre pays, pour nous soustraire à l'humiliation de voir des médecins étrangers venir nous apprendre ce que nous devons leur enseigner, je crois que l'occasion est arrivée de leur remettre cette description.

» La maladie que l'on nomme vulgairement mal de la montagne *(mal del monte)* attaque indistinctement les deux sexes. Je n'ai vu personne en être atteint avant l'âge moyen. Ses causes me sont entièrement inconnues. Je l'ai remarquée dans la classe pauvre et sur des individus malpropres. On dit qu'elle est héréditaire comme la folie, mais on ne la croit pas contagieuse. Elle est toujours chronique comme la goutte et se reproduit comme elle par intervalles. Sa durée est indéfinie. Elle ne cesse qu'avec la vie à un âge peu avancé.

» Symptômes : Quand les personnes prédisposées à avoir la peau du dos de la main jusqu'au milieu de l'avant-bras et celle du front tirée et luisante comme du parchemin, dont il se détache de larges écailles; quand ces personnes ont des vertiges, des illusions des sens, ou une manie intermittente, on dit, dans ce pays, qu'elles ont le *mal de la montagne*. Il y a, dans cette ville et dans le quartier de Santiago, quelques êtres malheureux, qui avaient auparavant une santé robuste, qui ont perdu toute animation et gaieté. Corps voûté, visage triste, œil fixe et piteux, réponses tardives et un sentimentalisme qui leur fait répandre de fréquentes larmes quand ils se rappellent leur ancienne vigueur. A certaines époques, il se présente de larges écailles au milieu d'une peau tendue, qui occupe le dos des carpes et des métacarpes et le front. Aussi le médecin demande-t-il au malade s'il a tenu ces parties exposées aux rayons solaires. Le malade mange bien, mais ne se nourrit pas en proportion; il n'a pas de fièvre si ce n'est à la dernière période, il a de fréquentes attaques de manie, d'idiotisme et toujours des vertiges. Cet état dure quinze jours, un mois ou deux. Passé ce temps, ils se dissipent, les malades se raniment un peu, la peau acquiert de la mollesse et de la flexibilité; mais au bout de quelques mois, ou de quelques années, suivant qu'on est plus ou moins éloigné de l'époque de l'invasion, ils retombent. Bientôt les jambes vacillent, les bras, soutenus par un bâton et dans la demi-flexion, se meuvent avec lenteur, la tension de la peau et les écailles des mains disparaissent, le cerveau, inactif comme les membres, devient le siége exclusif de la souffrance. Les sens s'engourdissent au point qu'on est obligé, pour nourrir le malade, de porter les aliments dans sa bouche, sans qu'il le demande, ni que cela lui répugne. Il finit par mourir misérablement excitant la compassion de tout le monde.

» Quant au traitement, je ne puis en rien dire, parce que mes malades étaient des gens pauvres, bien convaincus de l'incurabilité de la maladie et que tout ce que j'ai pu tenter a été inutile. Les gens du pays disent qu'une plante qu'ils appellent la rose de la montagne (et que je crois être la pivoine), guérit la maladie. Malgré cette réputation, je n'ai pas vu qu'ils en fissent usage. Je prie les médecins des Asturies et des autres pays où règne le mal de la rose de publier son histoire pour voir si c'est le même mal. Je les prie aussi de faire connaître le mode de traitement le plus avantageux pour tâcher d'arracher de malheureuses victimes à une maladie si terrible. »

J'étais en Aragon au commencement d'avril 1865, et, le 18 du même mois, j'écrivais de Madrid à S. Exc. le Ministre de la Gobernacion :

« MONSIEUR LE MINISTRE,

» Il y aura bientôt trois ans que, sur votre demande verbale, j'eus l'honneur de vous adresser un plan d'études à faire en Espagne, à propos de la pellagre. Depuis lors la question a fait plusieurs pas vers la solution.

» Le Conseil de santé vous a présenté son rapport sur mon travail et vous avez prescrit des recherches statistiques.

» Le 8 mars 1861, le Bulletin officiel d'Oviédo invitait instamment les alcades à diriger, sur l'hôpital provincial, tous les pellagreux de la province qu'on promettait de guérir.

» Enfin, je viens de visiter, à l'orient de Calatayud, plusieurs villages où règne *el mal del higado* qui ressemble beaucoup à la pellagre, mais qu'on a tort de confondre avec elle. J'en ai rapporté la conviction que cette maladie et la *flema salada* de Villahoz, de Mahamud, de Villa-Mayor, etc., sont uniquement dues à l'altération du froment par le champignon parasite connu dans la science sous les noms d'*Uredo caries*, *Tilletia caries*, et qu'on nomme vulgairement *el Tizon* en Espagne, la *carie* en France.

» Je compte vous soumettre prochainement des moyens pratiques d'éteindre cette maladie ; mais pour suivre l'ordre logique, il faudrait que je fusse au courant de ce qui a été fait, c'est-à-dire que j'eusse communication : 1° du rapport du Conseil de santé ; 2° des résultats statistiques de l'enquête que vous avez ordonnée ; 3° du traitement suivi à Oviédo et de ce qu'il a produit.

» M. le sénateur d'Aldamar veut bien se charger de me transmettre ces pièces, si vous daignez ordonner qu'elles lui soient délivrées.

» Veuillez agréer, Monsieur le Ministre, mes respectueuses salutations.

» Madrid, le 18 avril 1863.

» COSTALLAT. »

————————

Avant de retourner à Paris, où j'avais promis d'aller rendre compte de mon voyage, je crus devoir faire une tournée en Auvergne, à Lyon, en Savoie, en Bourgogne, à la recherche de la pellagre sporadique.

A Clermont, M. le professeur Burgade, n'ayant aucun cas à me montrer à l'hôpital, m'invita à visiter à la *Font-de-l'Arbre*, village voisin, une malade, âgée de 32 ans, qui, l'année précédente, était affectée de pellagre sporadique. Quand j'arrivai à son domicile, la malade était partie pour la ville. Sa mère m'apprit qu'elle n'était plus malade, et que la rougeur du dos des mains ne s'était pas montrée cette année (nous étions au 6 mai.) L'érythème du dos des mains n'est pas très rare dans ce village. Une femme de 42 ans, Marie Assier, mère de six enfants, ayant d'ailleurs toutes les apparences de la santé, en est affectée tous les printemps, pendant deux ou trois mois depuis 1860. Tant que l'érythème dure, il y a suspension des règles, étourdissements, lassitude, faiblesse de la vue. Cette femme ne mange pas d'autre pain que celui qu'on fait avec du seigle récolté dans son champ et qui contient de l'ergot.

A mon passage à Lyon, du 7 au 9 mai, je m'adressai naturellement à M. le docteur Rollet, chirurgien en chef de l'Antiquaille, qui ne put, pour le moment, m'indiquer aucun cas de pellagre sporadique. M. le docteur Diday, présumant que j'en trouverais au dépôt de mendicité d'Albigny, m'adressa

à M. Provens, de Couzon, l'un des médecins de l'établissement, qui m'assura n'avoir aucun cas dans sa division.

A Aix, M. le docteur Vidal, inspecteur des eaux, n'a
observé aucun cas de pellagre.

A Chambéry, MM. Besson, médecin du dépôt de mendicité,
Mollard, médecin de l'Hôtel-Dieu, Revel père et Revel fils
m'ont fait la même réponse. M. le docteur Prallet n'a jamais
vu de pellagreux qu'à l'hôpital Saint-Louis, de Paris, dans le
service de M. Dévergie.

A Mâcon, M. le docteur Pageot, médecin de l'Hôtel-Dieu,
n'a jamais observé la pellagre ; il croit cependant se souvenir
d'avoir vu, il y a vingt ans, un cas se rapportant aux descriptions qu'on en donne. M. le docteur Aubert, médecin du
dépôt de mendicité, n'a jamais vu d'autres pellagreux que
que ceux qu'on lui a montrés dans les hôpitaux de Paris.

A l'hôpital de Dijon, M. Vallet, chirurgien en chef, n'a
jamais vu la pellagre depuis quarante ans qu'il exerce.
M. Morlot, professeur de clinique, en a rencontré cinq cas
depuis trois ans. Un pellagreux est mort, il y a quinze jours,
dans son service, d'une pneumonie hypostatique. Après sa
visite et sa consultation, M. Morlot eut l'extrême obligeance
de me conduire sur le quai du canal de Bourgogne, chez un
de ses clients affecté de pellagre. Voici, littéralement trans-
crites, les notes que je pris sous ses yeux, et, en quelque
sorte, sous sa dictée et celle du malade :

Douart Delmas, 42 ans, aubergiste, grand et fort, bon
buveur. Depuis dix ans, vers le 15 avril, érythème au dos des
mains ; rien ailleurs ; légers étourdissements ; quelque peu
de diarrhée, faiblesse des reins ; tout cela très léger. Le
malade n'est empêché en rien dans son travail. Il n'habite
Dijon que depuis six ans et demi. Avant d'être atteint du
premier érythème, il avait eu la fièvre intermittente pendant
trois mois. L'érythème, en ce moment, consiste en une
coloration jaunâtre du dos des mains. La peau, brillante et
rugueuse, présente quelques écailles argentées et une très
légère rougeur. Dans quinze jours, dit le malade, la rougeur

deviendra plus vive et durera jusqu'à la fin des chaleurs. Avant de prendre congé de M. Morlot, nous relûmes ensemble les notes ci-dessus et il ajouta : *Tous les pellagreux que j'ai observés ressemblaient à celui-là ; je n'ai jamais vu les symptômes aller plus loin.*

Ici, les rapprochements et les réflexions se présentent en foule, je m'en abstiendrai, renvoyant le lecteur au paragraphe intitulé : *Principales conséquences de l'expérimentation*, (page 180).

Je borne là ma rapide enquête sur la pellagre sporadique, et, reprenant ma narration, j'arrive à ma dernière tentative auprès du Comité consultatif :

A Son Excellence le Ministre de l'Agriculture et du Commerce.

« Monsieur le Ministre,

» Le 10 septembre 1861, j'ai eu l'honneur de vous adresser un mémoire intitulé : *La question de la pellagre ne peut être résolue définitivement que par l'expérimentation.* Un mois après, vous avez renvoyé mon travail au Comité consultatif d'hygiène de France, qui n'a pas encore fait son rapport.

» Aujourd'hui, j'apporte à l'appui de ma thèse les résultats d'un second voyage que je viens de faire en Espagne, et j'espère que le Comité consultatif, si vous daignez lui renvoyer le mémoire ci-joint, n'hésitera plus à déclarer qu'il est urgent d'instituer l'expérience que je vous ai proposée, il y a cinq ans, et de doter quelques communes des départements du Sud-Ouest, de fours aérothermes pour la préparation du maïs *au moment de la récolte.*

» Veuillez agréer, Monsieur le Ministre, etc., etc.

» Paris, le 28 mai 1865.

» Costallat. »

La question de la pellagre ne peut être résolue définitivement que par l'expérimentation. (SECOND MÉMOIRE)

Dans un précédent mémoire, j'ai donné de longs détails sur la maladie anciennement connue en Espagne, dans des contrées où l'on ne fait pas usage du maïs, sous les noms de *flema salada*, *mal del higado*, *mal del monte*, et à laquelle on n'a donné le nom de pellagre que depuis que M. le docteur Th. Roussel a fait connaître la doctrine de Balardini. J'ai dit que cette maladie n'est pas identique à la pellagre, et j'ai indiqué les moyens de l'en distinguer. Comme parfois les malades présentaient des symptômes de l'épidémie de Paris de 1828 à 1832, je lui donnai provisoirement le nom d'acrodynie jusqu'à ce qu'on fût bien fixé sur sa cause, présumant déjà qu'un jour viendrait où « las d'employer deux déno- » minations pour des maladies qui ont tant de points de » contact, on supprimerait le mot acrodynie et l'on dirait : » *pellagre par le verdet, pellagre par la carie.* » (1) Nous allons voir que ce jour est bien près d'arriver.

Quand, au mois de juin 1860, j'allai étudier la *flema salada* à Villahoz et à Mahamud (Vieille Castille), j'accusai tout de suite les entophytes des céréales usitées et surtout la carie ; mais il n'y avait plus de grain chez les malades et je n'ai pu y constater la présence de la carie ; leur pain était noir, quoique le plus souvent il fût de pur froment ; mais la farine n'était jamais blutée et l'on pouvait à la rigueur attribuer la couleur du pain à la présence de tout le son et des graines de certaines plantes parasites qui croissent dans les champs de froment. Une chose seule était bien établie ; l'insuffisance du chaulage. Tout cela n'entraînait pas une conviction complète. Aussi avec quelle réserve j'ai parlé de la carie dans ma réponse aux médecins espagnols (2).

Voulant éclaircir mes doutes et cédant aux invitations réitérées de mon bon confrère M. Calmarza, je suis arrivé là le 6 avril dernier à sa résidence de Paracuellos de Xiloca, à quatre kilomètres à l'est de Calatayud (Aragon) ; dans ce pays la maladie

---

(1) Voir ci-dessus, page 123, ma lettre du 12 décembre 1860, à M. Landouzy.

Nota. — Les liens qui unissent l'endémie des pays à froment avec l'acrodynie me paraissent si intimes que celle-ci n'est à mes yeux qu'une variété accidentelle de l'autre. J'ose prédire que si une épidémie comme celle de Paris doit reparaître, l'altération entophytique du froment, de sa farine ou du pain, y jouera le principal rôle.

(2) *Siglo medico* de Madrid, 1864,

en question portait naguère le nom d'*enfermedad del higado*. Elle a sensiblement diminué d'intensité et de fréquence dans ces dernières années, ce qu'il faut attribuer, disent les médecins du pays, aux progrès de l'agriculture, à l'établissement du chemin de fer de Saragosse à Madrid et finalement à l'amélioration du régime alimentaire. On ne sème pas plus de blé, mais il se vend mieux parce qu'on en exporte une partie. Le travail étant assuré et mieux rémunéré, l'ouvrier mange plus souvent de la viande et boit du vin. L'extension de la culture de la vigne est si rapide que les bras manquent malgré l'élévation des salaires.

Quand j'arrivai, la recrudescence annuelle venait à peine de commencer. Cependant j'ai pris des notes sur 28 cas tant à Paracuellos qu'à Malienda, Alarba, Uzed, Acered, Castéjon, Munebréga. L'usage de bluter la farine est général, contrairement à ce que j'ai observé dans la Vieille-Castille. Nous voici arrivés au point le plus intéressant du voyage.

Le 8 avril, pendant que nous déjeûnions à Acered, M. Martinez, chirurgien de la localité, nous présenta le seul malade qu'il eût alors dans la commune. Puis il nous dit : *Le pain que vous mangez là n'est pas blanc quoiqu'il soit de froment et que la farine soit blutée.* Pourquoi donc, lui dis-je, n'est-il pas blanc? *Parce qu'il renferme de la carie.* On ne lave donc pas le grain, on ne le crible pas avant la mouture, on ne le chaule pas avant de le mettre en terre? *Les gens aisés seuls,* me répondit M. Martinez, *lavent le grain et l'opération du criblage est très imparfaite. Pour ce qui est du chaulage, il se fait simplement avec de la poudre de chaux ou de la cendre quand il n'est pas nul. Mais vous seriez bien étonné si vous voyiez le pain que mange la classe ouvrière, je vais vous en chercher.*

Quelques instants après, il nous rapportait un morceau de pain dont voici un échantillon. Pendant que M. Martinez parlait, j'écrivais ce qu'il disait et j'empêchais qu'on l'interrompît. Quand il eut terminé, j'interpellai successivement les assistants sur ce qui venait d'être dit. L'aubergiste, un ancien officier employé au chemin de fer, et mon confrère M. Calmarza, tous déclarèrent que les phrases ci-dessus soulignées étaient l'exacte expression de faits connus de tout le monde dans le pays. L'ancien officier reconnut le pain comme étant tout-à-fait pareil à celui dont, pendant plusieurs années, il avait vu faire usage aux environs de Morella. Le 31 mars précédent, mon confrère et ami M. Larondo, médecin en chef de l'hôpital de Pampelune, me parlant d'un voyage qu'il avait fait dans le temps, dans la contrée où je me rendais, je n'ai trouvé, me disait-il, entre Teruel et Morella, que du pain brunâtre coloré par la carie. N'est-il pas remarquable aussi que M. Joaquin Eximéno de Hijar, auteur de la seule histoire qu'on connaisse de l'*enfermedad del higado*, ait dit, il y a 37 ans, qu'elle régnait dans les environs d'Alcaniz, de Daroca, de Téruel et de Morella. Or, à Acered, nous étions entre Téruel et Morella et tout près de Daroca.

⟨ La plupart des contrées, où règne l'endémie sans maïs, sont voisines ou font partie de l'Alcaria, où Casal, probablement né dans le pays, a fait ses premiers pas dans la carrière médicale, de 1706 à 1712. On s'étonne qu'une endémie, sans doute aussi ancienne que la culture du froment, ait échappé à la sagacité du grand observateur qui plus tard s'illustra par la première description de la pellagre ; mais le futur hippocrate espagnol était alors si jeune que, selon son propre témoignage, ce n'est que 25 ans après avoir quitté l'Alcaria, (26 mars 1835), et après 18 années de séjour à Oviédo, qu'il rencontra le premier cas du *mal de la rosa* des Asturies.⟩

La carie est donc à l'endémie des deux Castilles, de l'Aragon, etc., ce que le verdet est à la pellagre, ce que l'ergot est à l'ergotisme.

On peut se débarrasser de la carie, soit en l'empêchant de se produire, cela regarde l'agriculteur ; soit en la séparant du grain, avant la mouture, ce qui est l'affaire du meûnier. Dites à l'agriculteur : « De toutes les maladies des céréales » que l'homme a cherché à combattre, la carie est celle qui » s'est montrée le moins rebelle ; on en arrête à coup sûr le » développement par le chaulage, opération bien simple qui

» préserve en outre les grains des atteintes des rats, des
» oiseaux et des insectes ; » (1) enseignez-lui, s'il les ignore,
les procédés perfectionnés de culture et de chaulage. Quant
au meûnier, il sait que le lavage et le criblage du grain en
séparent la carie ; mais ces deux opérations impliquent une
augmentation de frais de main-d'œuvre et un déchet que le
propriétaire du grain ne se décidera à supporter que lorsqu'on lui aura demontré expérimentalement que sa santé et
celle de sa famille sont à ce prix. Pour cela, on établira à
portée d'un village le plus maltraité par l'endémie, un moulin
muni d'une de ces puissantes machines à nettoyer qui dispensent de laver le grain, et la mouture y sera gratuite jusqu'à ce que les bons effets produits sur la santé publique
soient manifestes pour tous.

Résumé et conclusions. — La pellagre endémique de la
haute Italie, des Asturies, de la Galice, des Landes, etc., ne
peut exister que dans les pays à maïs, parce qu'elle consiste
en un empoisonnement lent par le verdet. J'ai donné, il y a
cinq ans, un moyen infaillible de le prouver et d'éteindre
la maladie.

L'endémie qui portait en Espagne, avant 1847, les noms
de *flema salada, mal del higado*, etc., ressemble beaucoup à
la pellagre, mais ne lui est pas identique. Il est facile de
démontrer expérimentalement qu'elle est due à la carie du
froment, et je ne doute pas que le gouvernement espagnol
ne fasse faire l'expérience aussitôt que celle du verdet aura
réussi en France.

Tant que l'étiologie et la prophylaxie de ces deux endémies
laisseront à désirer, toute discussion sur la pellagre sporadique ne pourra qu'embrouiller la question et sera préma-
turée. Ce n'est pas quand deux mille cinq cents pellagreux,
dont cent dix suicidés, périssent chaque année *dans l'ancienne
Lombardie seulement* (2), qu'il est permis de s'occuper des cas

(1) *Le Bon Jardinier.*
(2) État officiel des pellagreux en Lombardie, à la fin de l'année 1856.

isolés qui d'ailleurs ne recevront de lumière que de la solution générale et de retarder ainsi une épreuve décisive.

Je ferai remarquer, en terminant, que si l'on veut que l'Académie des sciences puisse décerner, en 1864, le grand prix sur la pellagre, avec connaissance de cause, il est indispensable que tout soit disposé pour que l'expérience commence le 1er octobre prochain.

De toutes les manières d'instituer l'expérience du verdet, on devrait, selon moi, préférer celle qui permet d'opérer sur des communes entières en dotant quelques centres pellagreux de fours aérothermes. L'Etat se chargerait de la construction de ces fours et la commune de leur entretien. Le combustible serait fourni par la commune et les habitants les plus aisés, et la main-d'œuvre par les propriétaires du maïs.

La science et l'humanité exigent donc que l'expérience du verdet soit faite au plus tôt.

Paris, 28 mai 1863.

COSTALLAT.

Cette dernière démarche auprès du Ministre, c'est-à-dire auprès du Comité consultatif, ne m'a pas mieux réussi que la précédente.

(Il devenait de plus en plus évident que le Comité était décidé à ne prendre une décision qu'après que l'Académie des sciences aurait prononcé.)

Principales conséquences de l'expérimentation.

Passons maintenant en revue quelques-uns des points litigieux de la pellagre et portons-y la lumière de l'étiologie et de la prophylaxie nouvelles.

D'abord, il saute aux yeux qu'en dehors des deux variétés que nous venons d'établir, on n'en peut concevoir, on ne peut espérer en faire admettre d'autres, à l'avenir, qu'à la condition non-seulement de démontrer la grande similitude des divers ordres de symptômes, de la marche, des terminaisons, etc., pendant le cours entier de la maladie, y compris la période prodromique, mais encore de faire la preuve sans réplique de leur origine entophytique. Je ne prétends pas que si l'on avait appliqué cette formule à l'affection signalée en Champagne, en Auvergne, à Lyon, etc., on n'eût pas trouvé *quelques cas* d'empoisonnement entophytique, justifiant la dénomination, jusqu'alors usurpée, de pellagre sporadique; mais j'affirme qu'on ne l'a pas fait, je crois même qu'on ne le fera pas. Il est plus commode de s'en rapporter au témoignage de confrères qui, quoiqu'ils n'aient observé la pellagre endémique qu'en passant, croient pouvoir discerner à première vue les cas isolés. Pour ceux qui l'ont longtemps étudiée sur les lieux, le diagnostic est moins facile et ne saurait se baser uniquement sur les symptômes actuels. Voilà pourquoi, le 12 décembre 1860, j'écrivais à M. Landouzy : *Je n'ai pas pensé à aller à Reims où j'aurais pu commettre des erreurs en cherchant à établir en quoi nos pellagreux diffèrent des vôtres.* En effet, à cette époque je savais bien que la *flema salada* n'était pas identique à la pellagre ; mais je n'étais pas certain qu'elle fût due à la carie. Je ne pouvais pas non plus l'appeler pellagre par la carie, comme je l'ai fait depuis, ne me croyant pas suffisamment autorisé à ajouter ce correctif nécessaire pour éviter la confusion avec la pellagre par le verdet. Dans cet embarras et pressé par la polémique de prendre un parti, j'adoptai provisoirement le mot acrodynie et je dis : *Les pellagreux de Reims sont des acrodyniques*, parce que je supposais que quelques-uns pouvaient être atteints de la maladie dont je venais de constater l'existence à Villahoz et à Mahamud. Mais depuis que M. Landouzy a trouvé la pellagre *sporadique* partout où il l'a cherchée, sans s'inquiéter de la contradiction des termes, sans même soupçonner l'existence d'une cause et d'un remède spécifique, j'ai fini par croire avec M. Jacquemot (1) que la *pellagre de Reims, au lieu d'être une maladie définie, est devenue*

______

(1) Thèse sur l'*Etiologie de la pellagre.* Paris, 28 novembre 1862. Pages 56 et 57.

*un amalgame de symptômes empruntés à diverses affections.....
n'offrant que des phénomènes indépendants de la vraie pellagre.*
C'est pourquoi, le 28 mai 1865, à Paris, un professeur de clinique, partisan des idées de M. Landouzy, m'ayant demandé si une malade qu'il me montrait n'avait pas la pellagre, je lui répondis : « En voilà bien quelques symptômes, mais ce n'est pas tout, » et je lui débitai ma formule, dont, bien entendu, M. le professeur ne fut pas satisfait. « Si ce n'est pas la pellagre, reprit-il, qu'est-ce donc ? » A quoi je répliquai : « D'abord je n'en sais rien, et puis je n'ai pas à le dire ; si, depuis quarante ans, j'ai appris quelque chose en médecine, c'est à savoir douter dans l'occasion, mais ce n'est pas ici le cas. Je suis sûr que la pellagre de mon pays, des Asturies, des Landes, du Milanais, etc., est causée par le verdet, et qu'on prévient le développement du verdet en passant le maïs au four *au moment de la récolte ;* je suis sûr que l'endémie des Castilles et de l'Aragon dépend uniquement de la carie, et qu'on débarrasse le froment de la carie avec une machine à nettoyer le grain......... et vous voudriez me faire admettre comme étant la pellagre une maladie ou plutôt des maladies dont tant de praticiens distingués n'ont su découvrir ni la cause ni le remède ! »

Après l'expérimentation disparaissent les erreurs qui ont retardé le triomphe de la doctrine de Balardini. La pellagre sporadique, la pellagre foudroyante, la pellagre sans pellagre, la pellagre causée par l'effroi, à la vue d'un champ de bataille, la pellagre des aliénés, et même la pellagre du centre de la France, qui a ouvert la porte à toutes les autres, en un mot, la nombreuse famille des pseudo-pellagres rentre dans le néant ; et comme les associations pour l'extinction de la pellagre accompliront leur œuvre avec l'ardeur que donne aux âmes charitables la certitude de faire le bien, on n'éprouvera plus le besoin d'avoir sous la main des cas de cette maladie pour l'instruction des élèves, ou pour faire du nouveau à tout prix. Dès qu'on n'en cherchera plus, on n'en trouvera plus, on finira peut-être même, avec le temps, par convenir qu'il est inutile d'en chercher là où l'administration veille sans cesse à la pureté des farines, et où la consommation du maïs est bornée à une minime quantité d'innocentes gaudes de Bourgogne.

Après l'expérimentation, la pellagre n'étant plus qu'un empoisonnement lent, il ne peut être question pour elle de contagion, d'hérédité ou de guérison par une eau minérale quelconque.

(Après l'expérimentation, les sommes annuellement dépensées, dans les anciennes provinces lombardes, pour la cure ordinaire ou balnéo-alimentaire des malades dans les hôpitaux; à l'hôpital provincial d'Oviédo (Asturies), pour leur prétendue guérison; dans la Gironde, pour leur procurer des bains sulfureux artificiels; dans les Hautes-Pyrénées, pour les envoyer aux eaux de Gazost, de Barèges, de Cauterets et de Bagnères : toutes ces sommes, dis-je, seraient plus utilement employées à prévenir le mal.

Enfin, si l'expérience était faite dans les Castilles et dans l'Aragon, je n'aurais qu'à présenter mon travail, ainsi complété, de l'endémie de ces contrées, *Flema salada*, *Enfermedad del higado*, *Acrodynie endémique*, *Pellagre par la carie*, comme on voudra l'appeler, et l'Académie de médecine ne pourrait me refuser le prix Barbier qui, cette année-ci, est de 8,000 francs.)

Conclusion.

Toute mon argumentation repose sur des faits faciles à vérifier. Je crois, parce que j'ai vu et vérifié; mais qui voudra se donner la peine d'aller examiner? Les maîtres de l'art, chargés d'en constater les progrès, attendent-ils que la vraie pellagre aille les trouver dans leurs cabinets, dans leurs cliniques? Ne pouvant produire des épidémies, des endémies pour les rendre témoins de l'empoisonnement qui dévore lentement les populations laborieuses de plusieurs contrées de l'Europe, j'offre des moyens infaillibles et peu coûteux de le faire cesser, et, après sept ans de supplications, je n'ai pu obtenir qu'on les mît à l'épreuve.

Qu'on ne se figure pas qu'en donnant le prix au plus digne tout sera dit : au contraire, tout sera à recommencer. Et, d'abord, à quel signe reconnaîtra-t-on le plus digne? J'admets pour un moment que, sans expérimentation préalable, on soit parvenu à le désigner, comment fera-t-on triompher ses idées? Ici se dresse la véritable difficulté! Les déplorables discussions de ces dernières années ont tellement troublé la conscience des médecins des campagnes et, par suite, des populations sujettes à la pellagre, que je ne crois pas qu'un seul de mes malades ait suivi exactement le conseil, que je donne à tous, de s'abstenir de tout maïs qui n'aurait pas été passé au four *au moment de la récolte;* la confusion est à son comble, et tous les corps savants de l'Europe diraient unanimement : *La vérité est là*, qu'on n'en serait pas plus avancé. Tant que les yeux ne seront pas frappés par des preuves matérielles, on ne bougera pas; l'administration aura beau multiplier ses exhortations, ses circulaires, on n'en tiendra aucun compte, et les associations pour l'extinction de la pellagre ne se formeront pas. Voilà pourquoi j'ai tant insisté pour obtenir l'institution officielle de l'expérience du verdet comme seul moyen d'arriver à une solution définitive; pourquoi, le 28 mai dernier, j'ai pris la liberté de faire remarquer (1) que *si l'on veut que l'Académie des sciences puisse décerner, en 1864, le grand prix sur la pellagre, avec connaissance de cause, il est indispensable que tout soit disposé pour que l'expérience commence le 1er octobre 1863.* Le Ministre a renvoyé, le 8 juin, mon mémoire au comité consultatif, qui n'a pas cru devoir faire un rapport, et cependant un de nos maîtres les plus respectés et les plus puissants, M. Rayer, m'avait dit au mois de mars : *Allez en Espagne terminer votre étude de la flema salada, et, à votre retour, on vous accordera l'expérience que vous*

____

(1) Mémoire adressé à M. le Ministre de l'agriculture et du commerce.

demandez tant…. Encore une citation venant puissamment à l'appui de ce qui précède, et je conclus. L'auteur du rapport du comité consultatif sur la pellagre, M. A. Tardieu, aujourd'hui doyen de la Faculté de médecine de Paris, terminait, en 1862, l'article *pellagre* de la seconde édition de son dictionnaire d'hygiène par le paragraphe suivant :

« Au point où en est la question scientifique de la
» pellagre, nous pensons qu'il n'est pas permis de rejeter
» ou de différer l'expérimentation proposée par M. Costallat
» pour prévenir le développement du verdet, et nous dési-
» rons de grand cœur voir se réaliser sur ce point les espé-
» rances de ce médecin dévoué, qui débarrasserait ainsi des
» populations entières d'un des plus graves fléaux qui sévis-
» sent sur certaines contrées. »

Que faut-il donc faire?…. Je demande la permission de le dire très respectueusement.

L'Académie qui déjà, en 1861, *a réservé pour un jugement ultérieur les recherches de MM. Landouzy, Billod et Costallat sur la pellagre,* reconnaissant qu'aucun élément d'appréciation ne peut tenir lieu de la preuve matérielle, prorogerait le concours jusqu'après l'expérimentation officielle. En conséquence, elle prierait l'administration supérieure : 1° de faire établir des fours aérothermes dans trois ou quatre centres à pellagre des départements du sud-ouest; 2° d'inviter le gouvernement italien à en faire autant dans les contrées les plus maltraitées par le fléau; 3° d'adresser la même invitation au gouvernement espagnol, à qui il importerait de construire, en Galice et dans les Asturies, des fours aérothermes, contre le verdet, et, dans les Castilles et l'Aragon, des moulins munis de bonnes machines à nettoyer, contre la carie.

Quand l'évidence des faits et l'abondance des preuves aura dessillé tous les yeux, je serai le premier à demander que le prix soit donné au père de la doctrine nouvelle, à mon cher maître et ami le bon Balardini.

Nota.— Le travail que j'adressai à l'Académie des sciences, le 20 mars 1864, était composé des trois chapitres précédents, sauf les quelques rectifications ou additions comprises entre des crochets 〔 〕. Je les ai reproduits dans l'ordre des dates avec les redites inévitables, et sans y changer un iota, afin qu'on sache exactement la part que j'ai prise au concours.

Il était précédé de l'avant-propos qui suit :

« On a donné le nom de pellagre à des états pathologiques si différents, qu'il est devenu impossible de définir d'une manière satisfaisante la maladie décrite par Casal, Frappoli, Strambio, Hameau, etc., avant de l'avoir préalablement débarrassée des alliances illégitimes qui la défigurent. C'est ce que je n'ai pas craint d'entreprendre, aussitôt que l'épidémie de 1857 m'a eu convaincu de la vérité de la doctrine du docteur Balardini. On ne sera donc pas étonné, si, dans ce travail, je ne suis pas l'ordre didactique ordinaire, et si je m'attache surtout à exposer comment je suis parvenu à confirmer cette doctrine et à la féconder; comment j'ai été induit à admettre, dans la pellagre, deux variétés, ayant deux causes analogues, mais distinctes, et pour chacune desquelles j'ai donné un moyen infaillible d'en démontrer l'existence et de la faire cesser; comment enfin la question est simplifiée au point que, devançant les résultats, pour moi indubitables, de l'expérimentation, j'espère publier bientôt en une demi-feuille d'impression, une instruction populaire contenant tout ce qu'il suffira désormais de savoir pour la pratique et pour l'hygiène publique. »

Je renvoie à l'appendice, à la fin du volume, l'état officiel de pellagreux en Lombardie, à la fin de 1856, et l'article sur la pellagre des animaux.

CHAPITRE IV

*Rapport fait à l'Académie des sciences par M. Rayer. — A M. le
Ministre de l'agriculture et du commerce : sixième lettre. —
Instruction populaire pour l'extinction de la pellagre. — A
M. le Ministre de l'agriculture et du commerce : septième
lettre. — Second rapport du Comité consultatif. — Notes sur
ce rapport. — Réponse à quelques objections sur la torréfaction
du maïs. — A qui appartient l'expérience du verdet ?*

Rapport fait à l'Académie des Sciences sur le Concours de l'année 1864.

(Commissaires : MM. Cl. Bernard, Velpeau, J. Cloquet, Serres ;
Rayer, rapporteur.)

L'Académie a proposé comme sujet d'un prix de médecine
à décerner en 1864 la question suivante : *Faire l'histoire de
la pellagre.*

On croyait, il n'y a pas très longtemps encore, que la
pellagre était confinée à l'Italie. Aujourd'hui, il n'est pas
douteux que le mal qui afflige les Asturies, en Espagne,
est la pellagre, et qu'elle règne dans plusieurs départements
du sud-ouest de la France.

On croyait qu'elle était une endémie dont les conditions
locales étaient seules responsables en Italie ; mais la présence
du fléau dans des contrées très éloignées les unes des autres,
et certains faits qui se produisirent firent penser que d'autres causes que des causes locales agissaient dans le développement de cette funeste maladie.

Enfin vint se jeter à la traverse l'opinion que la pellagre, si elle était endémique, était sporadique aussi, comme l'est une pneumonie.

Ces faits, ces dires, ces opinions montrèrent à l'Académie qu'il y avait là une grande question d'hygiène, et elle voulut, par une récompense solennelle, exciter les travailleurs déjà excités par l'intérêt du sujet, par la diversité des opinions et par la vivacité des discussions.

Les travailleurs, en effet, accoururent : c'est M. Roussel avec un Traité très étendu et très complet sur la pellagre, lui qui, le premier, en 1842 et en 1845, appela en France l'attention sur cette maladie (1) ; c'est M. Costallat, dont les investigations ont pour point de départ l'émotion douloureuse ressentie à la vue de grandes calamités ; c'est M. Henri Gintrac, l'historien de la pellagre de la Gironde ; c'est M. Landouzy qui découvre, en Champagne et ailleurs, la pellagre sporadique, et qui, dans la clinique de Reims, se fait un argument contre la clinique de Milan et celle des Pyrénées ; c'est M. Billod, et, après lui, M. Brunet, qui rattachent à la folie une sorte de pellagre, tandis que jusque-là la pathologie rattachait à la pellagre une sorte de folie ; enfin, c'est M. Bouchard, qui voit dans la pellagre une modalité spéciale imprimée à un état cachectique par diverses causes, et plus particulièrement par la misère et l'insolation.

Ces hommes ont, pour la plupart, voyagé ; ils ont recueilli sur place des faits et des documents. Ils ont écrit des mémoires importants, des livres considérables, et ce n'a pas été une tâche petite pour votre commission que de prendre connaissance de tous ces travaux.

L'intérêt du concours ouvert par l'Académie se concentre

______

(1) M. le docteur Hameau fils a réclamé à bon droit contre cette dernière assertion. En effet, Hameau père a publié en 1829, sous le titre de *Mémoire sur une maladie de la peau (peu connue), observée dans les environs de la Teste,* le premier travail qui ait paru sur la pellagre des Landes.

dans la question de la nature de la pellagre. Ces questions de nature, tout abstraites qu'elles peuvent paraître, ont pourtant beaucoup de valeur et une grande portée. Quand il s'est élevé entre les médecins la mémorable discussion sur la nature de la fièvre jaune, à savoir si elle était contagieuse ou si elle ne l'était pas, il s'agissait ou de faire tomber, si elle n'était pas contagieuse, des barrières et des retards qui entravaient le commerce et les correspondances, ou, si elle était contagieuse, de préserver, comme à Saint-Nazaire, les populations de l'invasion d'un redoutable fléau, et de trouver la limite où l'on conciliait avec le plus de justesse la sécurité des riverains de la mer et la liberté des transactions commerciales.

Il n'en va certainement pas de moins dans la question de la nature de la pellagre. Si elle est due, comme quelques-uns le prétendent, à un empoisonnement lent par un épiphyte délétère, on a le moyen de la guérir ou de la prévenir, et de faire disparaître une endémie qui afflige, d'une façon cruelle, de beaux pays. Si, au contraire, cet empoisonnement n'est qu'une hypothèse que les faits détruisent, il faut renoncer à d'ambitieuses espérances et rentrer dans une ignorance qui vaut mieux qu'une fausse science.

Dans le concours dont votre commission est chargée de vous faire le rapport, quatre opinions sur la nature de la pellagre sont en présence, opinions qui se combattent et qui sont exclusives les unes des autres.

Suivant une première opinion, la pellagre est une maladie spécifique produite par un agent toxique, à savoir le *verdet* ou *verderame*, parasite épiphytique qui se développe sur le maïs altéré ; empoisonnement lent qui, renouvelé chaque fois qu'une nouvelle récolte de grains altérés entre dans la consommation, finit par causer la mort des malades. C'est l'opinion de M. Roussel et de M. Costallat.

Suivant une seconde opinion, qui est celle de M. Henri Gintrac, la pellagre est une affection générale qui, abandonnée à elle-même, marche d'une manière lente et insidieuse, et entraîne un dépérissement progressif. Les conditions qui influent le plus sur le développement de cette maladie sont l'hérédité, certaines professions, une alimentation mauvaise ou insuffisante, et la misère.

M. Bouchard se rapproche de cette manière de voir, seulement il précise plus que M. Gintrac ; pour lui, la pellagre est une cachexie qui, déterminée par toutes les espèces de misères, reçoit son caractère spécial de l'insolation.

D'après M. Landouzy, la pellagre ne connaît pas les limites que lui tracent MM. Gintrac et Bouchard ; non-seulement elle atteint tous les tempéraments, toutes les constitutions, toutes les conditions, mais encore elle peut se manifester chez les personnes qui sont en dehors de la misère, qui vivent dans l'aisance, qui jouissent de bonnes conditions hygiéniques. En conséquence, il déclare que la cause de la pellagre est inconnue ; seulement il nomme comme la principale cause occasionnelle l'insolation, et comme principales causes prédisposantes l'hérédité, la misère, l'usage d'une alimentation altérée ou insuffisante, l'aliénation mentale, et particulièrement la lypémanie.

Enfin, M. Billod nie que la pellagre existe ; il n'y voit qu'une combinaison factice, une réunion de symptômes faite par des pathologistes et non par la nature. « L'entité pathologique, dit-il, désignée sous le nom de *pellagre*, n'est pas, » comme on l'a cru jusqu'à ce jour, une maladie caractérisée » par des symptômes cutanés, digestifs et nerveux, mais un » état, une habitude du corps disposant à des maladies de la » peau, de l'appareil digestif et du système nerveux. En tant » que maladie de la peau, la pellagre se résume dans un effet » de l'insolation sur le corps débilité en des conditions » données. » Ainsi, suivant cette hypothèse, tout cachectique peut être atteint d'un érythème solaire, de troubles digestifs et de troubles nerveux, soit isolés, soit combinés deux à deux, soit combinés trois à trois, sans qu'il y ait, derrière cette cachexie et ces divers accidents, le lien d'une cause unique qui les enchaîne.

M. Brunet nie aussi l'existence de la pellagre : la triade symptomatique, lésions de la peau, lésions des voies digestives, lésions du système nerveux, à laquelle on a donné le nom de *pellagre*, ne constitue pas une individualité morbide distincte. L'insolation est la seule cause des faits qu'on attribue à la diathèse pellagreuse. Les trois espèces de symptômes cutanés, digestifs et nerveux, bien que pouvant être produits par une même cause, l'insolation, n'ont entre eux aucun lien direct; leur marche est complétement indépendante, et la guérison des uns n'influe en rien sur celle des autres.

Avant d'aller plus loin, il faut dire quel est le domaine attribué à la pellagre; sans cela on ne pourrait comprendre ni les arguments pour, ni les arguments contre les diverses théories.

La pellagre règne endémiquement dans la haute Italie, dans le sud-ouest de la France, dans le nord de l'Espagne, dans la Hongrie, le long du Danube, et dans ces pays elle sévit presque exclusivement sur les populations rurales.

Une maladie sporadique, qu'on a nommée *pellagre*, a été observée dans diverses localités, à Reims surtout, où M. Landouzy en a recueilli un bon nombre de cas. Quelques médecins des hôpitaux ont aussi recueilli des observations semblables à Paris, à Rouen et ailleurs.

Enfin, une maladie, qu'on a nommée aussi *pellagre*, a été signalée dans les maisons d'aliénés par M. Billod; après l'avoir reconnue dans l'établissement de Sainte-Gemme qu'il dirige, il l'a suivie dans une foule d'autres établissements, et rien n'est moins rare que cette espèce de pellagre dans cette sorte d'asiles.

Il y a un fait constant dans l'histoire de la pellagre endémique : c'est que, quand la maladie n'est pas parvenue à ses derniers stades, on la guérit en changeant le régime des pellagreux, c'est-à-dire en substituant une bonne et solide alimentation à l'alimentation chétive dont ils faisaient usage. L'expérience de G. Cerri est capitale : chargé, en 1795, par

le gouvernement de Milan, de recherches sur la cause de la
pellagre, il fit nourrir pendant un an dix pellagreux, dans
un état de maladie bien caractérisé, avec de bons aliments
empruntés en partie au règne animal et avec de bon pain,
au lieu du pain de maïs et de la polenta dont ces individus
se nourrissaient auparavant : il vit leur état s'améliorer rapidement, et l'année suivante l'éruption cutanée et les autres
accidents ne reparurent pas. Cette expérience, faite à dessein,
a été répétée sans dessein et avec une efficacité semblable,
en beaucoup de cas où les habitants de certaines localités
furent obligés pour une cause quelconque de renoncer à
leur aliment habituel, le maïs; on peut voir ces cas rapportés
dans l'ouvrage de M. Roussel. Ainsi on a remarqué que les
gens qui, devenant domestiques, entrent dans de bonnes
maisons, guérissent de la pellagre ; on a remarqué encore
que les conscrits pellagreux regagnent la santé au régiment ;
il faut noter surtout que l'administration militaire a cessé de
voir dans la pellagre une cause d'exemption ; ce qu'elle
n'aurait point fait, elle qui n'a point de théorie sur la cause,
si l'observation ne lui avait enseigné la certitude de la guérison par le changement de régime.

Ces cas, qui appartiennent à l'endémie italienne, ont la
plus haute importance ; car ils sont décisifs. Ils prouvent
péremptoirement que cette endémie n'a sa cause ni dans
l'air, ni dans l'eau, ni dans le logement, ni dans le vête-
ment, mais qu'elle l'a dans l'alimentation. Ils changent donc
le champ vaste de l'endémie en un champ restreint et
circonscrivent la recherche.

Il est possible de la circonscrire encore davantage. Dans
tous ces cas où le changement de régime de mauvais en bon
a été suivi de la guérison de la pellagre, on trouve que ce
mauvais régime était constitué par l'usage continuel et presque exclusif de la farine de maïs. Le maïs est donc lié d'une
façon quelconque à la production de la pellagre. Les données
historiques et géographiques confirment ce fait ; nous disons
confirment, car c'est une confirmation qu'elles apportent : la

preuve, comme on le voit, est fournie directement. On peut donc, avec assurance, accepter les dires qui assignent à la pellagre une origine récente et concomitante de l'introduction du maïs comme aliment usuel de populations entières; dires qui d'ailleurs se fondent sur de bons documents et qui n'ont jamais été contredits que par des allégations du genre de celle-ci : que la pellagre avait existé de tout temps, mais qu'elle avait été méconnue jusqu'au xviii° siècle. On peut voir, en effet, dans M. Roussel, le résumé historique fort bien fait qui montre que pour l'Italie et pour l'Espagne le maïs ne commençant à figurer parmi les grandes cultures qu'à partir de la fin du xvii° siècle, la pellagre n'est trouvée que dans la première moitié du xviii° siècle; que pour la France, le maïs n'ayant pris de l'importance parmi les cultures du midi, et produit une révolution alimentaire que dans le courant du xviii° siècle, c'est dans ce même xviii° siècle que les plus anciens faits de pellagre sont relatés. Quant à la géographie, la pellagre règne en Italie, en Espagne, en France, en Hongrie, tous pays où la population rurale se nourrit principalement de maïs. A la vérité, on fait remarquer que la Bourgogne et la Franche-Comté, qui, elles aussi, usent largement du maïs, ne sont pas sujettes à la pellagre. Mais ce fait, qui, négatif, ne peut détruire un fait positif, s'explique soit parce que les populations bourguignonnes et francs-comtoises unissent à l'usage du maïs de meilleures conditions alimentaires, soit parce qu'elles dessèchent le maïs en le passant au four, avant de l'employer, et préviennent ainsi le développement du verdet; pratique conseillée par MM. Balardini et Roussel, et sur la nécessité de laquelle M. Costallat insiste pour les pays à pellagre. Laquelle des deux explications est la véritable ? On sent que, résolue, cette question entraînerait la solution relativement à la cause de la pellagre.

Cette cause, des faits incontestables cités plus haut l'ont circonscrite dans l'alimentation, puis l'ont liée au maïs. De là résulte une tendance puissante à la circonscrire plus

étroitement et à la rattacher à la mauvaise qualité du maïs.
Déjà la remarque s'est présentée à plus d'un esprit, qu'ailleurs
il y avait des misères aussi poignantes que celles de l'Italie,
du nord de l'Espagne ou du sud-ouest de la France, qui
produisaient tous les maux de la misère, mais non la pellagre. Il y avait donc lieu de chercher dans le maïs quelque
chose de particulier qui transformait en pellagre cette misère.
C'est ce qu'a fait M. le docteur Balardini, qui a assigné
comme cause spécifique de la pellagre un champignon,
verderame en italien, *verdet* en français, qui attaque le maïs.
Et ce n'est pas par une pure hypothèse, par une conception
de l'esprit qu'il en est venu à choisir ainsi, dans le maïs, un
maïs particulier. Non, un fait considérable l'a frappé, c'est
que toutes les fois que le verdet abonde davantage, la
pellagre a des recrudescences. A cette doctrine ainsi trouvée,
M. le docteur Costallat, il nous l'apprend lui-même, a été
converti de la même façon. En 1857, dans la contrée qu'il
habite, au pied des Pyrénées, la récolte avait été mauvaise;
pour subvenir aux besoins, il se fit une large importation
de maïs venant des provinces danubiennes, à la suite de
quoi la pellagre sévit avec fureur; mais le grain importé
était avarié et en proie au verdet. L'année suivante, la
récolte fut bonne et la pellagre rentra dans ses limites
accoutumées. Dès-lors, M. Costallat soutint, sans s'être
jamais laissé ébranler par aucune objection ni apparence,
que le verdet est la cause de la pellagre, et qu'en supprimant le verdet on supprimerait la pellagre. Faut-il faire
comme lui et passer du côté de Balardini? Sans doute, les
expériences de ce genre qui se sont produites plusieurs fois
et en plusieurs lieux rendent très probable l'explication de
la pellagre par le verdet; mais pour la rendre certaine, il
faut la contre-expérience, c'est-à-dire des cas bien observés
où la pellagre déjà contractée se guérisse, tout en continuant
l'usage du maïs, mais d'un maïs sain et non infesté de
verdet. Tant que cette contre-expérience n'est pas faite, on
peut objecter avec plus ou moins de vraisemblance que ce

n'est pas le verdet qui produit la pellagre, c'est l'insuffisance alimentaire du maïs, rendu encore plus insuffisant par le verdet qui le vicie.

Ces conclusions, on a cru les frapper de néant en objectant qu'il y avait des pellagres indépendamment de l'usage du maïs; mais ces affections pellagriformes, quelle qu'en soit la nature, n'empêchent pas qu'il y ait une catégorie de pellagres que l'on guérit quand, à temps, on change le régime alimentaire.

M. Landouzy, frappé des cas d'érythème, de troubles digestifs et de troubles nerveux qu'il eut occasion d'observer à la clinique de Reims, a soutenu la cause des pellagres sans maïs, déclarant que ce qu'il avait sous les yeux était semblable, non-seulement aux descriptions contenues dans les livres, mais encore aux pellagres incontestées qu'il alla, pour satisfaire à son besoin de certitude, voir dans les lieux mêmes où règne l'endémie. M. Roussel a employé un chapitre de son ouvrage à montrer que cette ressemblance est plus apparente que réelle; par exemple, pour ne citer rien autre, la pellagre de M. Landouzy ne présente pas les accidents nerveux qui forment le début constant de la pellagre endémique avant l'apparition de l'érythème. Sans entrer dans une discussion nosographique, il suffit de rappeler ce fait bien établi, que la pellagre endémique guérit, dans ses premières périodes, par le changement de régime alimentaire et la suppression du maïs. Il faut insister sur ce point essentiel : dans la pellagre endémique on a l'épreuve (la liaison avec le maïs) et la contre-épreuve (la guérison en cessant l'usage de cette farine). Dans la pellagre décrite par M. Landouzy, on n'a ni l'épreuve (puisque de son propre aveu elle n'est liée à aucune condition), ni la contre-épreuve (puisqu'elle n'a aucun mode assuré de guérison). C'est pour cela que la pellagre sans maïs de M. Landouzy ne peut exercer aucune influence sur la doctrine étiologique de la pellagre endémique.

L'argument employé contre la pellagre sporadique de

M. Landouzy s'applique avec autant de force à la pellagre des aliénés. Il résulte des observations de M. Billod et de M. Brunet que cette pellagre (il faut laisser aux faits les noms que les auteurs leur ont donnés) survient chez des individus dont le régime alimentaire n'est pas mauvais, et ne se guérit pas par le changement de régime. Ajoutons, ce qui est également décisif, que la marche de la pellagre des aliénés et celle de la pellagre endémique sont totalement différentes. Dans la première, l'érythème survient à la folie ; dans la seconde, la folie survient à l'érythème et aux troubles digestifs. Une inversion aussi complète témoigne qu'il s'agit de faits pathologiques distincts, et elle nous fait comprendre comment MM. Billod et Brunet ont été amenés à soutenir qu'il n'y avait point de pellagre, et que ce qui restait ne représentait que trois groupes de symptômes associés indifféremment deux à deux, trois à trois. En effet, en partant, chez les aliénés, de l'état de folie pour y grouper soit l'érithème solaire, soit des troubles digestifs, on ne pouvait arriver à une autre conclusion.

D'après ce qui précède, il est permis d'écarter de la question d'étiologie la pellagre sporadique et la pellagre des aliénés. Mais il n'en est pas de même d'une complication que les recherches suscitées ont mise en lumière. M. le docteur Costallat, partisan déterminé de la doctrine de Balardini, fut averti par des médecins espagnols qu'il existait dans leur pays, la Vieille Castille et l'Aragon, une pellagre complétement étrangère au maïs. La Vieille Castille et l'Aragon se nourrissent non de maïs, mais de blé. La pellagre dont il s'agit y est connue sous le nom de *flema salada* ; il faut noter qu'en Asturie, où règne la pellagre, dite là *le mal de la rose,* on vit de maïs. M. Costallat s'empressa de se rendre sur les lieux, et il trouva, en effet, une maladie très semblable à la pellagre qu'il a sous les yeux dans le département des Hautes-Pyrénées qu'il habite. Néanmoins, l'identité ne lui parut pas complète, et il essaya de noter des différences à l'aide desquelles il crut pouvoir rapprocher la *flema salada* de l'acrodynie de Paris des années 1828 et 1829, et l'attribua à la *carie*, parasite commun dans le pain mal préparé dont usent les gens de ce pays-là. (1)

Ainsi averti, M. Roussel s'est montré disposé à se ranger à l'avis de M. Costallat sur la *flema salada*. De plus, il s'est demandé si l'on ne pourrait pas rattacher à une altération soit du millet, soit d'une autre céréale, les cas de pellagre sans usage du maïs rapportés par M. Gintrac. Ce sont là des faits importants à étudier, des vues à poursuivre dans le groupe des maladies dues aux altérations des céréales. Mais ces faits, quels qu'ils soient et quelque interprétation qu'on veuille leur donner, n'entament pas les faits relatifs au maïs et les liaisons de cette alimentation avec la pellagre.

Tout ce qui peut être allégué pour ou contre la liaison de la pellagre avec le maïs, pour ou contre l'intoxication par le verdet, vient d'être résumé, condensé dans l'exposé ainsi soumis à l'Académie. Maintenant, que faut-il conclure? Dire que l'intoxication n'est pas certaine par le maïs altéré, ce serait aller contre des faits bien établis et fort importants; dire qu'elle est la source unique de la pellagre, comme paraît le penser M. Roussel, ce serait outre-passer les conditions de la certitude scientifique. Que reste-t-il donc à faire? Conseiller fortement aux médecins et à l'Administration l'expérience que M. le docteur Costallat a eu le mérite de proposer, et qui, réduite à sa plus simple expression, consiste en ceci : « Ne changer dans le régime des pellagreux qu'une seule chose, la farine de maïs avarié, à laquelle on substituera la farine de maïs en bon état. »

---

(1) Cette étiologie, qui n'était que très probable après ma visite dans la Vieille Castille, en 1860, je l'ai pleinement confirmée, trois ans plus tard, dans les montagnes de l'Aragon, en établissant que la carie est à l'endémie des Castilles et de l'Aragon, ce que le verdet est à la pellagre et l'ergot à l'ergotisme (Voir plus haut, page 177).

On me permettra donc de regretter ici que M. le rapporteur n'ait pas signalé cet important résultat de mon second voyage en Espagne, cette partie incontestablement la plus neuve, j'allais presque dire la plus originale de mon œuvre.

De cette façon, la solution de la question est ramenée à la sûreté d'une expérience dans le laboratoire. Si avec la bonne farine la pellagre persiste, le verdet n'en est pas la cause ; si elle guérit, le verdet en est la cause ; car il n'y a de changé dans les termes du problème que la qualité de la farine. C'est la contre-épreuve nécessaire pour donner la certitude à l'épreuve.

C'est sous la réserve de l'expérience proposée que la Commission formule son appréciation du Concours et des ouvrages qu'il a suscités. Le problème de la pellagre n'est pas comme une expérience de physique ou de chimie qu'on peut répéter dans le laboratoire et juger à l'aide d'une vérification. C'est une de ces maladies confinées en certains lieux et qu'il faut aller voir sur place. Votre Commission n'hésite pas à déclarer que la connaissance de la pellagre, autrement que par les livres et par les documents, lui fait défaut. Elle a donc dû se borner à un rôle de critique, c'est-à-dire à celui de l'érudit, de l'historien, qui, avec des pièces en main, cherche à déterminer la réalité d'un fait, la certitude d'un événement. Ce procédé, qui reste seul ouvert quand la vérification directe est impossible, a ses règles auxquelles nous nous sommes efforcés de ne pas manquer. Si elle eût pu, la Commission aurait fait l'expérience de M. Costallat et apporté, au lieu d'une réserve, une décision à l'Académie.

Les principes du jugement qu'il s'agit de porter étant ainsi posés, il n'y a plus qu'à les appliquer.

M. Winternitz a envoyé un Mémoire trop peu achevé pour qu'il soit nécessaire de faire autre chose que le mentionner. Son opinion est que la pellagre n'existe pas, et n'est qu'un assemblage de symptômes variables dans leur association, chez des individus atteints de maladies chroniques diverses.

M. Benvenisti croit que la pellagre est une transformation de la lèpre du moyen âge, conclut d'un certain nombre d'autopsies de folies pellagreuses que la lésion essentielle réside dans la faulx du cerveau et dans le sinus longitudinal, fait de cette double lésion la cause organique de toute folie et se trouve ainsi conduit à ranger la pellagre parmi les aliénations. Nous ne pouvons suivre l'auteur dans une pareille manière de voir, et nous acceptons la critique détaillée et motivée qu'en a faite M. Roussel.

Une note de M. le D᾽ Legrand du Saulle appelle l'attention des médecins légistes sur la folie des pellagreux. Elle ne remplit pas l'objet du concours ouvert par l'Académie.

M. Leudet a envoyé trois observations : elles rentrent dans la catégorie des pellagres sporadiques de M. Landouzy.

Dans la voie de ceux qui nient que la pellagre soit liée au maïs, l'œuvre de M. Landouzy est la plus considérable. Les cas qu'il a recueillis forment une catégorie de faits dont la nature indéterminée pourra être éclairée par de nouvelles recherches. Le mérite de M. Landouzy sera d'avoir, en signalant cette catégorie, rendu un véritable service à l'étude de la pellagre.

C'est un témoignage du même genre, et non moins mérité, que la commission accorde à M. Billod. Lui aussi a signalé des faits qui étaient restés inaperçus, et ajouté un chapitre aux investigations pathologiques. Ses observations et son enquête resteront ; mais, dans l'opinion de la commission, ce qu'il a nommé *pellagre des aliénés* n'a pas de rapport avec la maladie qui, sous forme endémique, ravage plusieurs contrées.

A l'ouvrage de M. Billod se rattachent : le mémoire de M. Brunet, qui, ajoutant de nouvelles observations, se range à la même doctrine ; et la note de MM. Lahitte et Pain, qui affirment la fréquence des accidents pellagriformes dans les asiles d'aliénés et qui les regardent, lors même que le régime est aussi bon que possible, comme une des terminaisons de la folie.

Rentrons dans la pellagre proprement dite. M. Bouchard est un esprit net et distingué, qui met ses qualités dans ses écrits ; mais, plus frappé des ressemblances nosographiques que des conditions étiologiques, il crée une modalité cachectique, d'origine très diverse, dont le caractère est de se révéler par le coup de soleil, et il n'apprécie pas à leur juste valeur certains faits positifs et acquis, relatifs à l'action du maïs altéré.

M. Henri Gintrac, qui a remis une histoire de la pellagre du département de la Gironde, est sur son terrain. Il a visité les communes, vu les malades et compté les cas ; son livre est sans doute un bon document, mais il n'ajoute pas à ce que nous savons par les médecins italiens qui ont écrit sur ce sujet. Averti par les dires de MM. Balardini, de Roussel, de Costallat, M. Gintrac s'est enquis de l'usage du maïs ; beaucoup de ses malades n'en avaient jamais mangé. C'est un fait important à ranger peut-être à côté de la *flema salada* de la Vieille Castille et de l'Aragon.

Restent deux personnes que la Commission croit dignes de récompense : MM. Costallat et Roussel.

Le mérite de M. Costallat est d'avoir lutté avec autant d'ardeur que de persévérance contre les pseudo-pellagres ; d'avoir signalé à l'attention, comme analogues à la pellagre et à l'acrodynie, une maladie qui, dans certaines parties de l'Espagne, règne sous le nom de *flema salada*, en même temps que la *carie* affecte le blé, et d'avoir proposé une expérience décisive.

M. Roussel, dans son ouvrage, qui est très étendu et qui est le fruit de grandes lectures, de voyages, d'observations personnelles et de communications dues aux observateurs, a réuni une description complète de la pellagre, où l'on remarque la mise en lumière des accidents nerveux du début, des documents de toute espèce, une critique des opinions de Landouzy, de Billod, de Benvenisti, un historique précieux, une discussion approfondie des liaisons de la pellagre avec le maïs et le verdet, et une opinion fermement arrêtée sur la cause toxique qui préside au développement de la pellagre endémique ; en un mot, son livre est une encyclopédie de la pellagre qui répond d'une manière satisfaisante aux exigences du programme de l'Académie.

En conséquence, la Commission a l'honneur de proposer

à l'Académie de décerner le prix *(cinq mille francs)* à M. Roussel et d'accorder un accessit de *deux mille francs* à M. Costallat.

L'Académie adopte la proposition de la Commission.

A S. E. le Ministre de l'agriculture, du commerce et des travaux publics.

Monsieur le Ministre,

Le 8 juillet 1858, j'ai eu l'honneur de vous écrire, en vous présentant mon projet d'expérience du verdet :

« La question scientifique sera interminable tant qu'on » suivra les errements actuels : elle doit céder le pas à la » question pratique; car ce que l'excellent livre de M. Th. » Roussel n'a pu faire, aucun autre ne le fera. Le temps des » discussions est donc passé; il faut en venir à la démon- » stration, à la preuve.

» Il ne s'agit plus, comme on l'a proposé tant que l'étiologie » et la thérapeutique sont restées dans le vague, de mettre » les populations sujettes à la pellagre dans de meilleures » conditions hygiéniques, surtout quant à l'alimentation, ce » qui dépasserait les bornes des plus gros budgets et ne » mènerait qu'à ajouter un chancre de plus à notre état » social, la *taxe des pellagreux;* l'expérience à faire ne sera » ni difficile, ni coûteuse, ni même bien longue. On n'en » conçoit pas cependant de plus propre à dissiper les doutes » et les illusions, en un mot, de plus décisive. »

Au mois d'août 1859, le Comité consultatif d'hygiène, dans son rapport sur mes communications, donna sa haute approbation à mon *expérience*, mais ne crut pas devoir vous conseiller de l'entreprendre. Profondément convaincu qu'il n'y avait aucun autre moyen de faire triompher la vérité, j'ai eu l'honneur de vous adresser deux autres mémoires intitulés : *La question de la pellagre ne peut être définitivement résolue que par l'expérimentation.* Vous avez bien voulu les renvoyer au Comité consultatif comme les précédents. J'y

rendais compte de mes deux voyages dans la Vieille Castille
et dans l'Aragon et des perfectionnements apportés au procédé d'expérimentation ; mais déjà l'Académie des sciences
venait de fonder un grand prix sur la pellagre, cause probable
du long silence gardé depuis par le Comité consultatif.

Maintenant, l'Académie, dans sa séance annuelle du
6 février, par l'organe du rapporteur de la Commission,
vient de déclarer ce qui suit :

« Que reste-t-il donc à faire? Conseiller fortement aux
» médecins et à l'Administration l'expérience que M. le docteur
» Costallat a eu le mérite de proposer et qui, réduite à sa plus
» simple expression, consiste en ceci : *Ne changer, dans le*
» *régime des pellagreux, qu'une seule chose, la farine de maïs*
» *avarié, à laquelle on substituera la farine de maïs en bon état.*

» De cette façon, la solution de la question est ramenée à
» la sûreté d'une expérience dans le laboratoire. Si avec la
» bonne farine la pellagre persiste, le verdet n'en est pas la
» cause ; si elle guérit, le verdet en est la cause ; car il n'y a de
» changé dans les termes du problème que la qualité de
» la farine. C'est la contre-épreuve nécessaire pour donner la
» certitude à l'épreuve.

» C'est sous la réserve de l'expérience proposée que la
» Commission formule son appréciation du concours et des
» ouvrages qu'il a suscités. Le problème de la pellagre n'est
» pas comme une expérience de physique ou de chimie qu'on
» peut répéter dans le laboratoire et juger à l'aide d'une vérifi-
» cation. C'est une de ces maladies confinées en certains lieux et
» qu'il faut aller voir sur place. Votre Commission n'hésite pas
» à déclarer que la connaissance de la pellagre, autrement
» que par les livres et les documents, lui fait défaut. Elle
» a donc dû se borner à un rôle de critique, c'est-à-dire,
» à celui de l'érudit, de l'historien qui, avec des pièces en
» main, cherche à déterminer la réalité d'un fait, la certitude
» d'un événement. Ce procédé, qui reste seul ouvert quand
» la vérification directe est impossible, a ses règles auxquelles
» nous nous sommes efforcés de ne pas manquer. Si elle eût

» pu, la Commission aurait fait l'expérience de M. Costallat
» et rapporté, au lieu d'une réserve, une décision à l'Aca-
» démie.

» Le mérite de M. Costallat est d'avoir lutté avec autant
» d'ardeur que de persévérance contre les pseudo-pellagres,
» d'avoir signalé à l'attention, comme analogue à la pellagre
» et à l'acrodynie, une maladie qui, dans certaines parties de
» l'Espagne, règne sous le nom de *flema salada*, en même
» que la *carie* affecte le blé, et d'avoir proposé une expérience
» décisive. »

Après cette déclaration de notre premier corps savant, je
me crois autorisé à vous demander instamment l'institution
officielle de l'expérience si tardivement reconnue indispensable à la manifestation de la vérité.

Si vous ordonnez que des fours aérothermes, comme celui
dont les plan et devis sont joints à mon mémoire du 10 septembre 1861, soient construits aux frais de l'Etat et avant la
récolte prochaine, dans un certain nombre de centres à pellagre des départements du Sud-Ouest, au bout d'un an il ne
restera, dans la sphère d'action de ces fours, d'autres pellagreux
que ceux qui n'auront pas pu ou voulu apporter leur maïs au
four commun immédiatement après la cueillette. De cette
manière, au lieu de faire observer par des commissions *ad hoc*
un petit nombre de sujets, comme je le proposai en 1858,
on agira sur des populations entières, indirectement et pour
ainsi dire à leur insu. L'Etat viendra en aide aux populations
les plus malheureuses en faisant les premiers frais du traitement préservatif par excellence et n'aura ensuite qu'à s'en
remettre au zèle des *associations pour l'extinction de la
pellagre*. L'ouvrier des champs, à qui l'on a tant répété qu'on
ne peut le délivrer de la pellagre que par un bon régime
alimentaire, aura sans doute de la peine à croire qu'un
procédé aussi simple que la torréfaction du maïs *au moment
de la récolte* puisse l'en délivrer ; mais il s'attachera à la
pratique nouvelle parce qu'elle rendra le maïs plus savoureux, le conservera presque indéfiniment et dispensera à

l'avenir des soins minutieux et de la surveillance exigés par les anciens modes de conservation tous plus ou moins défectueux ; elle permettra, en outre, jusqu'à un certain point, d'atténuer les disettes des mauvaises années par les réserves alors praticables des bonnes.

J'ose espérer que, cette fois, le Comité consultatif déclarera urgente l'expérience qui, après tout, n'est que le commencement du traitement prophylactique le plus efficace.

Ayez pitié des pauvres pellagreux que, sous mes yeux, on continue à saigner, purger et médicamenter, quand il est si facile et si peu coûteux de supprimer le poison qui les mine et les entraîne fatalement à la mort.

Veuillez agréer, Monsieur le Ministre, mes salutations empressées.

Bagnères, le 8 mars 1865.

Costallat.

Instruction populaire pour l'extinction de la pellagre. (1)

Les grains sont sujets à des altérations dont quelques-unes, produites par de très petits champignons, donnent lieu chez l'homme à de redoutables maladies, diversement nommées, formant une famille, confondues sous le nom commun de *maladies céréales* dès qu'on soupçonna que la cause en résidait dans les grains, et qu'on n'a successivement distinguées les unes des autres qu'en s'assurant que chacune d'elles est due à une altération particulière d'une espèce de grain.

Quand le seigle s'ergote, c'est-à-dire quand une partie de ses grains est remplacée par des productions brunâtres ayant

---

(1) Le 20 mars 1864, en adressant à l'Académie des sciences mon travail de concours, j'avais pris l'engagement de publier bientôt, en une demi-feuille d'impression, une Instruction populaire contenant tout ce qu'il suffira désormais de savoir pour la pratique et pour l'hygiène publique.

la forme d'un ergot, les habitants dont le pain de seigle forme la principale nourriture, sont exposés aux convulsions, à la gangrène des extrémités, aux avortements et autres symptômes très graves, fréquemment mortels, qui constituent l'*ergotisme*, maladie ainsi nommée parce que la cause en réside dans l'ergot. Aussi suffit-il d'éloigner l'ergot de l'aliment de l'homme pour prévenir l'ergotisme.

Après l'ergotisme, l'espèce la plus récemment séparée de la masse confuse des maladies céréales est la pellagre. C'est une maladie générale, se manifestant au printemps par une rougeur vive ou *érythème* des parties exposées à la lumière, surtout au dos des mains et des pieds ; suivie de troubles très graves des voies digestives et du système nerveux ; frappant un grand nombre d'individus à la fois dans la même contrée et reparaissant tous les ans vers la même époque. Inévitablement mortelle si rien n'est changé au régime alimentaire des malades, elle n'est en réalité qu'un empoisonnement plus ou moins lent par des champignons microscopiques existant dans l'aliment principal et qu'il suffit d'en éloigner pour la prévenir ou la faire cesser.

On en distingue deux variétés qui se ressemblent beaucoup, mais qui diffèrent, non-seulement par la cause qui les produit, mais par des caractères particuliers. L'une, qui n'existe que dans les pays à maïs, c'est-à-dire ceux où l'on fait une très grande consommation de ce grain, est due à l'altération du maïs connue sous le nom de verdet. L'autre, qu'on ne rencontre que dans les pays à blé, dépend uniquement de la carie du froment.

Pellagre par le verdet ou des pays à maïs.

On l'observe chez des individus de tout âge, appartenant aux classes les plus pauvres et se nourrissant presque exclusivement de maïs. Au début, le malade éprouve de la faiblesse générale, de la lassitude, de la tristesse, des vertiges, des étourdissements, de la chaleur et de la cuisson à la langue

et au gosier, avec salive salée et dégoût plus ou moins prononcé pour la bouillie et les autres préparations de maïs.
Bientôt, au printemps, la peau des parties exposées à l'air, à
la lumière, surtout celle du dos des mains et des pieds,
devient rouge, luisante; l'épiderme se dessèche, tombe en
écailles; c'est ce qu'on appelle l'*érythème* et la *desquammation*.
Cet érythème, toujours suivi de desquammation, se reproduit
une ou plusieurs fois successivement et disparaît entièrement
en automne ou aux approches de l'hiver. En même temps la
langue est rouge, fendillée, douloureuse, avec soif plus ou
moins ardente et diarrhée; les lèvres sont gercées, la salive
abondante et épaisse. Le malade a de la peine à se tenir
debout et tombe souvent en avant sur ses genoux ou tout de
son long. Plus tard, l'état général s'aggravant, l'érythème et
les sillons de la langue ne se montrent plus régulièrement,
tendent à disparaître ou même s'effacent pour toujours. La
diarrhée ne cesse plus et s'accompagne de coliques, de
grouillements continuels du ventre. La maigreur est extrême,
le malade est obligé de rester couché; souvent ses membres
et son tronc s'enflent, sa vue se trouble. Il tombe dans le
découragement, le désespoir, l'imbécillité, le délire, la folie.
Il désire la mort, l'appelle et se la donne par divers moyens,
le plus souvent en se noyant.

La pellagre par le verdet règne, en Espagne, dans la Galice
et les Asturies; dans toute la haute Italie, d'où elle s'est
répandue, avec la culture du maïs, jusqu'aux portes de
Rome; dans les départements du sud-ouest de la France et,
très-probablement, partout où le pauvre se nourrit presque
exclusivement de maïs.

Il existe pourtant, à cette dernière règle, une exception
très remarquable qui a puissamment contribué à éclairer la
question de la pellagre. Dès les premiers temps que les Bourguignons et les Francs-Comtois cultivèrent le maïs, ils ne par-
vinrent à l'empêcher de moisir qu'en le passant au four *au
moment de la récolte.* Depuis lors, ils ont été fidèles à cette
pratique, ils l'ont même exagérée à l'effet de rendre le maïs

plus savoureux, et ils lui doivent d'avoir été préservés de la pellagre sans s'en douter. Du rapprochement de ces faits, on a conclu que le procédé bourguignon était le moyen le plus sûr et le plus économique de prévenir la pellagre et de l'éteindre. De là aussi est venue l'expérience dite du verdet comme moyen infaillible de démonstration de la spécificité du verdet.

Le verdet, sa propagation et la torréfaction du maïs par le four aérotherme.

D'après un savant botaniste, dont le travail ne tardera pas à paraître, le verdet est produit par un champignon appartenant au genre *penicillium* (petit pinceau). L'espèce étant nouvelle, il lui a donné le nom de *perniciosum* (pernicieux, funeste), qui indique que si ce champignon est nuisible à l'homme, il l'est également aux grains du maïs puisqu'il les détruit. Les organes reproducteurs, autrement dit ses *spores*, sont arrondies et si petites qu'il en tient huit millions dans un millimètre cube.

Le verdet, comme toutes les moisissures, ne peut pas attaquer le maïs pendant sa végétation (1). Il ne s'y forme qu'après que la plante a cessé de vivre et ne devient apparent que plusieurs semaines ou plusieurs mois après la récolte. Dans le maïs en épi, le verdet s'introduit par la base du rachis qui supporte les grains et pénètre dans ceux-ci par leur point d'attache. Arrivé entre le germe et la fécule, il s'y accumule et les transforme en sa propre substance. Il en a déjà dévoré une partie avant d'apparaître sous forme d'une petite tache verte au milieu du sillon de la face supérieure du grain. Le verdet continuant ses ravages tant qu'il y a de la fécule à transformer, la tache verte s'agrandit, se gonfle et la membrane extérieure qui la recouvre venant à se rompre,

---

(1) Si, par exception, on trouve du verdet dans du maïs récemment récolté, il provient, à coup sûr, de pieds rompus par le vent ou par toute autre cause et morts un certain temps avant la cueillette.

les spores se répandent et propagent de proche en proche
l'altération.

Quand le maïs a été égrené à la main et avec soin, les spores
du verdet y pénètrent toujours par le point d'insertion ; mais
s'il a été égrené au fléau ou à l'égrenoir mécanique, il présente
souvent, à la surface, des écorchures ou des cassures sur
lesquelles le verdet se montre de préférence et plus tôt.

La mouture favorise singulièrement la propagation du
verdet. N'y eût-il, dans un hectolitre de maïs, qu'un seul
grain d'altéré et ce grain ne renfermât-il qu'un millimètre
cube de verdet, c'est huit millions de germes reproducteurs
que la meule ou le blutoir répartiront dans un hectolitre de
farine. Or, une température douce et un peu d'humidité
aidant, chaque spore peut, à la rigueur, devenir grand'mère
dans les vingt-quatre heures. Qu'on fasse le calcul de cette
effrayante progression et on ne sera plus étonné du goût
détestable qu'acquiert la farine au printemps, dans l'espace
de dix à vingt jours, et de là répugnance qu'elle cause aux
malheureux dont elle est le principal et quelquefois l'unique
aliment. Ce n'est pas tout, la farine de maïs le plus pur,
placée dans un sac tout neuf, ou n'ayant jamais servi à cet
usage, finit toujours par moisir quoique avec moins de
rapidité que celle du maïs altéré, parce que les spores en
suspension dans l'air y sèment le verdet. Tous ces inconvénients, propres au maïs qui n'a subi aucune préparation, disparaissent dès qu'on emploie le procédé bourguignon. En
effet, la torréfaction du maïs au moment de la récolte en
assure presque indéfiniment la conservation. On l'obtiendra
économiquement sur une grande échelle, à l'aide de fours à
circulation d'air chaud, à température fixe, dits fours aérothermes. Un seul de ces fours, en activité nuit et jour, suffirait pour faire subir, en temps utile, une température convenable à toute la récolte de maïs d'une commune de six à
huit cents habitants. On sera ainsi dispensé à l'avenir des
soins minutieux et de la surveillance exigés par les anciens
procédés de conservation, tous plus ou moins défectueux.

Dans quelques pays, on passe le maïs au four par petites quantités, avant de le porter au moulin et dans la seule intention d'en faciliter la mouture. Ce moyen-terme, entre les anciens procédés de conservation et la torréfaction *au moment de la récolte*, prévient le développement du verdet quand il n'existe pas déjà dans le grain et, dans le cas contraire, en arrête la propagation; mais les spores déjà formées, quoique privées de vie, n'en conservent pas moins leur propriété délétère.

Cette pratique devra être adoptée comme un progrès partout où on ne pourra pas appliquer, dans toute sa rigueur, le procédé bourguignon, parce que la propagation du verdet dans le maïs non torréfié n'est jamais aussi active qu'à partir du moment où il est réduit en farine.

Le maïs attaqué par verdet ne peut pas germer, parce que son germe ou *embryon* est détruit.

Le maïs, passé au four, ne peut pas non plus germer, parce que la vie qui sommeillait dans l'embryon a été éteinte par la température artificielle nécessaire à la conservation du grain. On est donc obligé de conserver, avec un soin particulier et par les procédés ordinaires, les quelques épis de choix destinés à la semence.

Le maïs torréfié n'est plus attaqué par le charençon, il ne demande aucun soin et peut rester plusieurs années dans de grandes caisses ou dans des tonneaux défoncés qui le garantissent de l'atteinte des rongeurs. Les réserves de maïs étant dès-lors praticables, il sera facile d'atténuer les disettes en compensant les déficits des mauvaises années par les excédents des bonnes.

Enfin, si l'Administration fait construire des fours aérothermes dans quelques-uns des centres à pellagre de nos départements du sud-ouest, au bout d'un an, il ne restera, dans la sphère d'action de ces fours, d'autres pellagreux que ceux qui n'auront pas pu ou voulu apporter leur maïs au four commun *immédiatement après la cueillette*. Ainsi se trouvera réalisée l'expérience dite *du verdet;* seulement, au lieu de faire observer un petit nombre de sujets par des commissions spéciales, comme on le demandait d'abord, on opérera sur des populations entières, indirectement et pour ainsi dire à leur insu. L'État, après être venu en aide aux contrées les plus maltraitées et les plus pauvres, en faisant les premiers frais du traitement préservatif par excellence, n'aura ensuite qu'à s'en remettre au zèle des *associations pour l'extinction de la pellagre*, associations qui se formeront indubitablement quand elles auront leur raison d'être, c'est-à-dire quand on aura prouvé publiquement et expérimentalement qu'en supprimant le verdet, on supprime la pellagre des pays à maïs.

Pellagre par la carie ou des pays à blé.

Elle existe en Espagne dans plusieurs parties des Castilles et de l'Aragon et très probablement partout où le pain renferme habituellement une certaine quantité de carie.

On l'observe dans toutes les conditions de la vie, mais le plus souvent dans la classe ouvrière, et elle épargne l'enfance et la première jeunesse, tandis que la pellagre des pays à maïs est le lot exclusif du pauvre et se montre à tout âge, même chez l'enfant à la mamelle.

Contrairement à ce qu'on observe dans la pellagre par le verdet, les individus ne manquant de rien, mangeant de la viande tous les jours, buvant du vin en abondance et jusqu'à l'ivrognerie, n'en sont pas exempts. — Les sillons de la langue n'existent pas ou sont peu marqués. — L'érythème s'étend souvent aux avant-bras et aux jambes ; quelquefois, au contraire, il se concentre dans l'espace compris entre les deux os de la main ou du pied qui supportent les deux premiers doigts et prend l'aspect d'un ulcère superficiel, sanieux et bordé de croûtes épaisses. Il devient permanent en toute saison à la dernière période de la maladie et, plus rarement, au début. — Parfois il gagne la plante des pieds, et alors ces parties sont le siége d'un fourmillement habituel, la desquammation se fait par larges plaques de l'étendue d'une pièce de cinq francs. — Certains malades, quand ils posent le pied sur le plancher, éprouvent une sensation particulière, comme s'ils marchaient, disent-ils, nu-pieds sur des cailloux angu-leux. D'autres présentent aux membres et au tronc de larges taches brunes qu'on a vues, mais très rarement, envahir la totalité de la peau. Enfin, chez quelques malades, il y a un larmoiement continuel avec pâleur et gonflement de la pau-pière inférieure et excoriation de la peau au-dessous du grand angle de l'œil.

La marche de la pellagre par la carie est généralement plus rapide que celle de la pellagre par le verdet, et les cas de tendance au suicide ou de suicide par submersion y sont comparativement très rares. Partout où on la trouve, le froment renferme une plus ou moins grande quantité de carie.

La carie, sa propagation, le chaulage des grains et le nettoyeur mécanique.

La carie est un champignon parasite qui pénètre dans la plante du froment, près de sa racine, et convertit la fécule du grain eu une poussière noire, semblable à du noir de fumée, et ayant une forte odeur de poisson gâté. Cette odeur carac-téristique ne permet pas de confondre la carie avec le *charbon*, autre champignon parasite à spores noires. Porté au moulin, le blé carié empâte les meules, noircit les bluteaux et donne une farine grise et sale.

Il y a des années où la carie est si rare qu'elle passe inaperçue ; d'autres, au contraire, où elle frappe le quart, le tiers, la moitié et même les trois quarts des épis. Elle cause à l'agriculture des pertes réelles considérables ; et cependant de toutes les altérations des grains que l'homme a cherché à combattre, la carie est celle qui s'est montrée la moins rebelle. On a donc pu dire avec raison que l'ignorance et l'incurie peuvent seules expliquer sa désastreuse propaga-tion. Au point de vue de l'hygiène et de la santé publique, le rôle de la carie est encore plus grave. Car outre que le pain qui en contient une certaine proportion est plus ou moins noir et d'une odeur et d'un goût détestables, nous avons aujourd'hui la certitude que la carie est l'unique cause d'une des plus affreuses maladies qui affligent l'humanité.

On se débarrasse de la carie soit en l'empêchant de se reproduire, soit en la séparant du grain.

La carie se reproduit par les spores tombées sur le sol avant ou pendant la moisson, par celles qui y ont été apportées avec le fumier dans la confection duquel on a employé les pailles des blés cariés, et surtout par les spores qui adhèrent au blé de semence. En conséquence l'agriculteur intelligent devra détruire les pailles des blés cariés ou les enfouir dans une fosse profonde et les y laisser pendant deux ou trois ans, plutôt que d'en faire de la litière. Il changera de culture pendant une ou deux années, afin que les spores existantes dans le sol, ne rencontrant plus, au moment où elles germeront, leur plante nourricière de prédilection, soient condamnées à périr. Enfin, la propagation de la carie étant principalement due aux spores attachées aux blés de semence, l'agriculteur soumettra le grain, avant de le confier à la terre, à des opérations qui les détruisent ou du moins qui leur enlèvent la faculté de germer. Toutefois, il renoncera à l'emploi du sulfate de cuivre et de l'arsenic, qui ont souvent amené des accidents fâcheux. Le procédé de chaulage le plus efficace et le plus inoffensif est celui qui a été imaginé par Matthieu de Dombasle. Il consiste à traiter le blé de semence par le sulfate de soude et la chaux. Voici comment on le pratique. L'opération se fait dans une pièce carrelée, dallée ou cimentée ; on n'opère que sur un hectolitre de blé à la fois. On fait dissoudre huit kilogrammes de sulfate de soude par hectolitre d'eau, ou quatre-vingts grammes par litre d'eau. La dissolution doit se faire au moins quelques heures à l'avance dans un cuvier, et l'on agite fréquemment jusqu'à ce que le sel soit complètement dissous. Le liquide ainsi préparé peut se conserver pendant toute la durée des semailles. D'un autre côté, on réduit la chaux en poudre, en la faisant fuser par l'addition d'une petite quantité d'eau. On verse un hectolitre de froment au milieu de la pièce, et trois personnes, armées de pelles de bois, agitent et retournent vivement ce tas, pendant que la personne qui dirige l'opération y verse à plusieurs reprises, mais à peu d'intervalle, autant de solution de sulfate de soude que le grain peut en absorber. Cela exige communément six à huit litres de solution par hectolitre de grain. Tous les grains doivent alors être humectés uniformément de liquide sur toute leur surface, sans qu'un seul ait échappé à son action. Alors le chef, sans perdre un seul instant, prend une écuelle de chaux et la répand sur toutes les parties du tas, pendant que les ouvriers le retournent avec activité dans tous les sens. Il en ajoute successivement jusqu'à la quantité de deux kilogrammes, et les ouvriers continuent de brasser le tas jusqu'à ce que tous les grains soient exactement couverts de chaux.

En attendant que l'agriculteur, stimulé par l'espoir de faire cesser la pellagre, fasse disparaître la carie, ce qui pourra être long, il est fort heureux, pour le pauvre pellagreux, qu'il existe des moyens de la séparer du grain avant la mouture. Le meûnier sait bien que le lavage et le criblage du grain en séparent la carie ; mais ces deux opérations impliquent une augmentation de frais de main-d'œuvre et un déchet que le propriétaire du grain ne se décidera à supporter que lorsqu'on lui aura démontré expérimentalement que sa santé et celle de sa famille sont à ce prix.

Pour cela l'intervention de l'autorité supérieure est de toute nécessité. Elle dotera chacun des moulins situés à portée des populations les plus maltraitées par la maladie d'une de ces puissantes machines à nettoyer, qui dispensent de laver le grain ; le nettoyage sera obligatoire, mais gratuit ainsi que la mouture et le blutage, jusqu'à ce que les bons effets produits sur la santé publique soient manifestes pour tous. La charité publique et les associations étendront ensuite e bienfait partout où le mal sévira.

A S. E. le Ministre de l'agriculture, du commerce et des travaux publics.

Monsieur le Ministre,

J'ai eu l'honneur de recommander à votre attention et à celle du Comité consultatif le rapport fait, le 6 février 1865, à l'Académie des sciences, qui, entre autres conclusions, dit : « Que reste-t-il donc à faire ? Conseiller fortement aux » médecins et à l'Administration l'expérience que M. le doc- » teur Costallat a eu le mérite de proposer, etc. »

J'aurais dû, en même temps, vous envoyer les pièces de mon mémoire de concours qui ne font pas partie des communications que j'ai eu l'honneur de vous adresser.

Permettez-moi, en réparant cette omission, de vous faire remarquer que l'étude de l'endémie sans maïs des Castilles et de l'Aragon (pellagre par la carie) est maintenant aussi avancée que celle de la pellagre proprement dite (pellagre par le verdet.)

Je joins à ces documents une *instruction populaire pour l'extinction de la pellagre*, qu'il serait très utile de répandre dans les contrées où sévit la maladie, si vous daignez ordonner l'institution officielle de l'expérience du verdet.

Veuillez agréer, Monsieur le Ministre, mes salutations empressées.

Bagnères-de-Bigorre, le 1ᵉʳ mars 1866.

COSTALLAT.

COMITÉ CONSULTATIF D'HYGIÈNE PUBLIQUE.

Rapport sur les nouvelles communications de M. le Dʳ Costallat relatives à la pellagre.

Le Comité a été, à plusieurs reprises déjà depuis cinq ans, saisi de diverses communications très intéressantes de M. le docteur Costallat, concernant l'origine de la pellagre et les moyens d'en arrêter le développement. Cet honorable médecin renouvelle aujourd'hui, dans un long mémoire, qui n'est que la reproduction de ses précédentes recherches, les idées et les propositions qu'il a déjà soumises à l'Administration supérieure (A). M. le Ministre a désiré que ce mémoire fût examiné par le Comité, qui est invité à formuler, s'il y a lieu, un avis sur la récente communication de M. le docteur Costallat.

L'objet que poursuit avec la plus louable persévérance ce praticien plein de zèle, est toujours le même : c'est l'institution, aux frais de l'Etat, d'une grande expérience qui consisterait à faire construire, dans certaines communes choisies parmi celles où règne endémiquement la pellagre, des fours aérothermes où le maïs serait immédiatement après la récolte, exposé à une haute température qui détruirait le verdet (B), cause présumée de la pellagre, et donnerait aux populations une farine saine au lieu d'une farine altérée et nuisible.

Le Comité s'est déjà prononcé et a reconnu, en principe, l'intérêt que ne manquerait pas d'offrir une pareille expérience et l'incontestable utilité qu'aurait, dans la pratique, la mesure proposée par M. le docteur Costallat. Il n'aurait qu'à répéter une conclusion semblable, si, depuis qu'il a eu à s'occuper de cette question, un fait considérable n'était venu s'ajouter aux motifs qui pouvaient être invoqués en faveur de la proposition de ce praticien.

L'Académie des sciences, dans le jugement qu'elle a porté à l'occasion du concours ouvert sur la pellagre, a émis très explicitement l'avis, par l'organe de son éminent rapporteur, qu'il fallait « conseiller fortement aux médecins et à l'Admi-
» nistration l'expérience que M. le docteur Costallat a eu le
» mérite de proposer et qui, réduite à sa plus simple expres-
» sion, consiste en ceci : Ne changer, dans le régime des
» pellagreux, qu'une seule chose, la farine de maïs avarié
» à laquelle on substituera la farine de maïs en bon état. » (c)

Il est facile de comprendre qu'après cette déclaration de notre premier corps savant, M. Costallat, comme il le dit lui-même, se soit cru autorisé à demander à S. Exc. M. le Ministre, avec une nouvelle instance, l'institution officielle de l'expérience reconnue indispensable à la manifestation de la vérité.

Mais le Comité n'avait pas attendu ces circonstances nouvelles pour apprécier la portée de l'expérience proposée. Il la considérait et la considère encore comme utile; il exprimait et exprime encore le désir de voir s'accomplir un essai qui, il est permis de l'espérer, pourrait contribuer à faire dísparaître la pellagre. Peut-il faire davantage, et devancer les résolutions de l'Administration supérieure, pour tracer, dès aujourd'hui, le programme de l'expérience dont il s'agit? Nous ne le pensons pas. Déjà M. le Ministre, par voie d'instruction aux Préfets des départements ravagés par la pellagre, a fait appel aux autorités locales pour les inviter à adopter le procédé, dit bourguignon, du passage au four du maïs, et à surveiller la qualité des farines de maïs consommées. S'il est possible d'intervenir plus directement (D), et si l'Administration supérieure veut bien accorder les fonds nécessaires (E) à la construction des fours aréothermes que conseillent MM. Costallat et Grouvelle et dont les plan et devis lui ont été soumis depuis longtemps; si elle est disposée à confier, dans les localités choisies, à des hommes compétents, le soin de veiller à ce que tout le maïs récolté soit passé au four, et de recueillir avec exactitude les résultats obtenus, c'est à elle seule à décider. Le Comité sera tout prêt alors à formuler les règles à suivre pour que l'enquête et l'expérimentation produisent tout ce que l'on est en droit d'en attendre. Quant à présent, il ne peut, et c'est là la conclusion du Comité, que renouveler le vœu qu'il a déjà émis, et inviter l'Administration à favoriser, par tous les moyens qui sont en son pouvoir, l'emploi du procédé de mise au four du maïs, tel qu'il est proposé itérativement par M. le docteur Costallat, dont les communications méritent de nouveaux remerciements.

(Séance du 30 juillet 1866.)

Notes sur le rapport précédent.

(**A**) — Ne dirait-on pas que ces *communications et le long mémoire* n'ont rien ajouté de notable à mes études antérieures au premier rapport du Comité consultatif (août 1859). C'est faire bien peu de cas de mes deux mémoires intitulés : *La question de la pellagre ne peut être définitivement résolue que par l'expérimentation ;* de l'amélioration et de la simplification de la formule de l'expérience ; des résultats de mes deux voyages en Espagne et des polémiques avec les médecins espagnols et français ; de la découverte de la cause et du remède de la *flema salada ;* enfin, de l'*Instruction populaire pour l'extinction de la pellagre.*

(**B**) — Erreur que j'ai contribué à répandre par mes premiers écrits, dont personne ne s'est aperçu et que j'ai rectifiée dans l'*Instruction populaire.*

Le fait est que le verdet, qui, après tout, n'est qu'une moisissure, n'attaque pas le maïs pendant la végétation et ne se montre, dans le grain, qu'un certain temps après la cueillette. De sorte que, si par la torréfaction au moment de la récolte, on prévient indéfiniment l'altération du grain, ce n'est pas parce qu'on y a détruit le germe du verdet, mais parce qu'on a modifié la substance, qu'on l'a désormais rendue impropre à être attaquée par le verdet. C'est sur cette opération, non curative, mais essentiellement préventive, préservatrice, que sont fondées la prophylaxie de la pellagre et l'expérience dite du verdet.

(**C**) — C'était ici le cas de continuer à citer le rapport :
« C'est sous la réserve de l'expérience proposée que la com-
» mission formule son appréciation du concours..... Elle
» n'hésite pas à déclarer que la connaissance de la pellagre
» autrement que par les livres et les documents lui fait
» entièrement défaut..... Si elle avait pu, elle aurait fait
» l'expérience de M. Costallat et apporté, au lieu d'une

» réserve, une décision de l'Académie *(une décision,* vous
» l'entendez)..... Le mérite de M. Costallat est d'avoir lutté
» avec autant d'ardeur que de persévérance contre les pseudo-
» pellagres ; d'avoir signalé à l'attention une maladie qui,
» dans certaines parties de l'Espagne règne sous le nom de
» *flema salada*, en même temps que la carie affecte le blé, et
» d'avoir proposé une expérience décisive. »

(**D**) — Il était, il est encore *possible d'intervenir plus
directement;* cela est même nécessaire, vu qu'on ne peut
compter sur le concours des médecins des contrées à pellagre pour déterminer les administrations locales à instituer
l'expérience.

Dès que l'Académie des sciences était d'avis *qu'il fallait
fortement conseiller l'expérience,* qui pouvait remplir cet office
auprès du Ministre mieux que le Comité consultatif, son
conseiller ordinaire? Le Comité aurait dû lui demander
directement les fonds nécessaires pour la construction d'un
four aérotherme par département à pellagre, sans consulter
de nouveau les Préfets et les Conseils d'hygiène.

(**E**) — *Si l'Administration supérieure veut bien accorder les
fonds nécessaires,* (notez que personne n'ose les lui demander
directement, formellement, comme absolument indispen-
sables pour arriver, avec certitude, à la connaissance de la
vérité....) *le Comité sera tout prêt à formuler les règles à suivre
pour que l'enquête et l'expérimentation produisent tout ce qu'on
est en droit d'en attendre.* Mais pourquoi ne pas formuler tout
de suite ces règles? Celles que j'ai tracées seraient donc insuf-
fisantes ; en quoi, s'il vous plait?.... C'est par ces moyens
dilatoires que le Comité consultatif *retient l'affaire,* comme
s'il avait juré de ne pas dire son dernier mot, de ne jamais
en finir.

Réponse à quelques objections sur la torréfaction du maïs.

On a demandé pourquoi on n'utiliserait pas les fours ordinaires, comme en Franche-Comté, où le maïs est mis dans le four après la cuisson du pain?

Si l'on se donne la peine de lire les pages de mon instruction populaire, relatives au verdet et à sa propagation, on se convaincra que la torréfaction par le four aérotherme est la plus sûre, la plus prompte et la plus économique, quand on l'applique sur une grande échelle, dans un centre à pellagre par exemple. Rien n'empêche, d'ailleurs, d'utiliser la chaleur des fours ordinaires qui se perdrait après la cuisson du pain. Mais on cuit du pain toutes les semaines, tandis qu'on est obligé de torréfier toute la récolte annuelle de maïs dans un espace de temps limité, sous peine de la voir envahir par le verdet.

Il faut donc chauffer le four ordinaire à chaque fournée, opération qui devient d'autant plus coûteuse et difficile à régler que le four est plus petit. On s'expose aussi à calciner une partie des épis, ce qu'on n'a pas à craindre avec une étuve à circulation continue d'air chaud, à la température de 150 à 160 degrés.

On m'objectera encore que chaque four aérotherme coûtera cinq mille francs. Oui, sans doute, c'est, d'après MM. Grouvelle, le prix d'une excellente installation; mais, outre qu'il faut espérer qu'on trouvera, par la suite, des moyens de construire ces fours plus économiquement, l'Administration n'aura à en faire établir qu'un petit nombre. Je ne veux pas, en effet, la charger de torréfier tout le maïs, proposition aussi absurde que celle qu'on lui a déjà faite de modifier profondément l'hygiène des populations sujettes à la pellagre; je lui demande seulement de prouver publiquement et expérimentalement, dans plusieurs endroits à la fois, qu'en mettant le maïs à l'abri du verdet on préserve, à coup sûr, de la pellagre ceux qui s'en nourrissent même exclusivement. Il suffira pour cela de quelques fours fonctionnant *au moment de la récolte*, dans des centres à pellagre. Leur sphère d'action sera nécessairement restreinte par les frais de transport qui augmentent rapidement avec la distance des lieux de production. Il faudra donc, par la suite, multiplier les fours économiques, à mesure qu'on en comprendra l'utilité; ce sera l'affaire des départements, des communes, des particuliers, qui ne feront rien s'ils ne reçoivent pas l'exemple et l'impulsion d'en haut, comme on les y a habitués.

Qu'on mette le public à même de se convaincre de l'importance de la torréfaction en temps utile, et de distinguer le maïs qui a été passé au four, de celui qui n'a pas subi cette préparation, et peu à peu, si ce n'est tout de suite, l'usage s'introduira, comme en Bourgogne, de présenter le maïs au consommateur sous la forme la plus commode pour lui, c'est-à-dire en farine. Or, nous savons que, dans cet état, la propagation du verdet, quand elle est possible, est extrêmement rapide et facile à constater. Dans ce cas, la farine a un goût de moisi de plus en plus prononcé qui finit par la rendre impropre à aucun usage, tandis que, quand elle provient de maïs torréfié (gaude de Bourgogne), elle a un goût légèrement sucré et se conserve indéfiniment. Un litre de cette farine est resté vingt ans sur un rayon de ma bibliothèque, dans un sac de papier gris, et était aussi bonne que le premier jour.

On a dit encore que les marchands de grains se moqueront des précautions prises pour la conservation du maïs, et que, en temps de disette, la pellagre rentrera avec leur marchandise. Mais est-ce que ces marchands pourraient tromper les Bourguignons?.... Si vous voulez que les habitants des départements du sud-ouest puissent veiller eux-mêmes à la conservation de leur santé, enseignez-leur, *de visu et de gustu*, ce que les Bourguignons et les Francs-Comtois n'ont appris qu'en cherchant d'abord à conserver le maïs, puis à le rendre plus savoureux. Instituez l'expérience officielle.

A qui appartient l'expérience du verdet ?

« Je prouverai, disais-je, il y a deux ans, (en annonçant
» la publication de mes mémoires inédits), que l'expérience
» du verdet dont on me conteste aujourd'hui l'invention,
» est de moi, et, de plus, que, à l'époque où j'en parlai pour
» la première fois (18 mai 1858), j'étais le seul à qui l'idée pût
» en venir parmi ceux qui s'occupaient alors de la pellagre.
» J'établirai en outre incontestablement que j'ai annoncé le
» premier que l'endémie espagnole sans maïs, connue sous
» les noms de *flema salada, mal del higado*, etc., est due
» uniquement à la carie du froment et qu'on la guérit et la
» prévient en débarrassant le grain de la carie. » Voilà le
moment venu de tenir ces promesses.

Jusque dans ces derniers temps, il était admis que l'expérience du verdet m'appartenait ; mes contradicteurs n'avaient
élevé aucune réclamation à cet égard, et il a fallu qu'un
adepte de Balardini vînt, après la lutte, me contester l'invention de l'arme avec laquelle j'ai vaincu. C'est longtemps après
que le Comité consultatif a donné sa haute approbation à mon
expérience, quand les savants désintéressés la considèrent
comme la pierre de touche des fausses pellagres, et au
moment où l'Académie des sciences déclare que j'ai eu le
mérite de la proposer, que M. Th. Roussel vient prétendre
que je l'ai trouvée toute faite dans l'œuvre de M. Balardini
et dans la sienne.

Avant d'aller plus loin, mettons M. Balardini hors de cause.
« Je ne comprends pas, m'écrivait-il à la date du 8 mai 1866,
» comment il est possible de vous contester l'invention qui
» est vraiment *vôtre* de l'expérience définitive par vous pro-
» posée depuis plusieurs années : je suis persuadé qu'on
» vous rendra justice... »

Maintenant citons les passages de l'ouvrage de M. Th.
Roussel, qui m'ont tant surpris :

« Qu'il me soit permis de rappeler que tout ce qu'on a
écrit *sur la torréfaction du maïs et sur le procédé bourguignon,*

dans leur rapport avec la prophylaxie de la pellagre, provient de mon ouvrage de 1845. » *(Traité de la Pellagre. Introduction, p. VIII.)*

« La doctrine de M. Costallat se résume en deux propositions :

» 1° Que la pellagre est un empoisonnement lent par le verderame ou verdet ; — 2° que cette maladie disparaîtra, lorsque toute la farine de maïs sera passée au four suivant le procédé usité en Bourgogne.

» La première de ces propositions, relative à la cause du mal, appartenait aux travaux de M. Balardini ; la seconde, relative à la préservation, était puisée dans mon ouvrage de 1845, où, pour la première fois, l'importance de la torréfaction, ainsi que le procédé bourguignon, ont été signalés dans la science. » *(Idem, p. 474.)*

« Ce moyen (la torréfaction) sur lequel M. Costallat a tant insisté, est, il faut bien le dire, d'origine française, et a été puisé dans mon ouvrage de 1845. » *(Idem, p. 555.)*

« J'ai, le premier, en 1845, signalé ce fait remarquable et ses conséquences pour la prophylaxie de la pellagre....... »

» Douze ans avant les premières publications de M. Costallat, j'avais indiqué le moyen pratique de prévenir l'altération qui s'exprime par le verderame : *la torréfaction suivant le procédé bourguignon.*

» Telles sont les indications qui ont été pour la première fois rattachées à la prophylaxie de la pellagre, en 1845. Il est aisé de reconnaître que M. Costallat s'est borné à reproduire sommairement et presque textuellement ces indications dans sa *Note sur la conservation du maïs*, publiée, en 1860, avec ses autres études. » *(Idem, p. 566.)*

L'intention de diminuer l'importance du service que j'ai rendu est-elle assez évidente ? Et cette dernière phrase « il est aisé de reconnaître, etc., » ne laisse-t-elle pas planer sur moi le soupçon de plagiat, comme si on ne lisait pas dans ma note sur l'altération du maïs *(voyez p. 4)* : « Ce qui pré-
» cède est extrait presque textuellement du *Dictionnaire*

» *d'hygiène publique et de salubrité*, de M. Ambroise Tardieu,
» et pris en grande partie dans l'ouvrage de M. Th. Roussel. »
Depuis mon enfance, j'ai toujours plus ou moins mangé de
maïs. Pendant les premiers temps de mon séjour à Paris
(de 1822 à 1843), mes parents m'envoyaient de la farine tor-
réfiée avec soin. Je la remplaçai bientôt par des gaudes de
Bourgogne, qu'on trouve à la Halle et que je faisais préparer
à la mode de mon pays natal. Je connaissais donc, bien
avant M. Roussel, les bons effets de la torréfaction ; je ne
lui dois rien à cet égard. Le 10 septembre 1861, j'écrivais à
M. le Ministre de l'agriculture et du commerce : « Dans les
» départements de l'Est de la France, le maïs étant très
» sujet à s'altérer, on le passe au four *au moment de la récolte,*
» opération qui prévient le développement du verdet et qui
» permet de conserver indéfiniment le maïs, en grain ou en
» farine. Or la pellagre est totalement inconnue dans ces
» départements. Du rapprochement de ces deux faits éga-
» lement incontestables, il résulte que la pratique usitée en
» Bourgogne est le moyen le plus sûr et le plus économique
» de traiter la pellagre et de la faire cesser. J'ai été ainsi
» conduit à un procédé d'expérimentation qui mettra hors
» de doute la spécificité du verdet dans la pellagre. » (1)
C'est ce procédé d'expérimentation que je nomme l'*expérience
du verdet*, ou simplement *mon expérience*. On n'en trouve pas
le moindre rudiment dans tout ce que M. Roussel a écrit, en
1845, sur la torréfaction du maïs et la prophylaxie de la pellagre, et il ne pouvait pas en être autrement. En effet, pour
imaginer l'expérience du verdet, il fallait avoir dans la doctrine de Balardini cette confiance absolue que je dois à l'étude
sur place de la grande épidémie de 1857, et qui s'est traduite
par les propositions suivantes, d'abord tant critiquées et
aujourd'hui devenues des aphorismes :

1° La pellagre est un empoisonnement lent par le verdet ;

-----

(1) Voir page 144.

2° Le verdet est à l'ergot ce que la pellagre est à l'ergotisme ;

3° Point d'ergotisme sans ergot, point de pellagre sans verdet ;

4° La pellagre disparaîtra quand tout le maïs sera passé au four *au moment de la récolte ;*

5° La misère la plus complète, les infractions les plus graves aux lois de l'hygiène, la privation de toute liqueur fermentée peuvent affaiblir le sujet le mieux constitué et le conduire plus ou moins rapidement au tombeau ; mais la pellagre ne se montrera qu'avec le verdet ;

6° Il ne faut plus parler de cas existants, ou ayant existé, de pellagre sans maïs, ou de pellagre guérie par une eau sulfureuse quelconque ; il faut en montrer.

Avec une foi complète dans la nouvelle doctrine, M. Roussel aurait peut-être pensé à appliquer la méthode expérimentale ; il aurait dû, en même temps, il est vrai, refondre les feuilles de son ouvrage de 1845, qui étaient imprimées au moment où il connut la découverte de M. Balardini, et supprimer franchement les deux cas de pellagre du centre de la France, ces premières pages du roman de la pellagre sporadique ; mais, au contraire, mon honorable confrère était si peu préparé à de pareils sacrifices, qu'il m'écrivait à la date du 5 avril 1860 : « Mes opinions » n'ont jamais été de tous points celles de Balardini ; elles » sont, en effet, moins exclusives. »

Ayant à parler de la *flema salada*, qu'il n'a pas vue, M. Roussel a attaqué sans mesure le diagnostic différentiel que j'essayai d'établir, en 1861, entre cette endémie et la pellagre. Voici quelques extraits de cette appréciation :

« Dans cette notice du docteur Mendez Alvaro, on remarquera la première apparition de ce nom de *flema salada,* sur lequel, après dix-huit ans écoulés, toute la lumière nécessaire ne s'est pas encore faite. » *(Traité de la Pellagre, p. 281.)*

« M. Costallat va jusqu'à chercher dans l'âge des malades

un argument en faveur de son diagnostic.... est-ce vraiment
sérieux ? » *(Idem, p. 502.)*

« En définitive, dans l'état présent de nos connaissances,
la *flema salada* doit être considérée comme le point le plus
obscur et le plus intéressant de l'histoire de la pellagre en
Espagne. » *(Idem, p. 504.)*

N'en déplaise à M. Roussel, ma lettre à M. Landouzy, du
12 décembre 1860, et mon article du *Siglo médico* de Madrid,
de 1861, (1) avaient si bien commencé à dévoiler ce qui se
cachait sous le nom de *flema salada,* qu'un savant, qu'il
connaît aussi bien que moi, déclara que la question de la
pellagre était agrandie. Trois ans plus tard, la lumière acheva
de se faire à Acéred (Aragon), le 8 avril 1863, et S. E. le
Ministre de l'agriculture et du commerce en était informé le
28 mai suivant, et l'Académie des sciences le 20 mars 1864.
Ainsi donc, quand M. Roussel signalait en 1866 la *flema
salada* comme le point le plus obscur et le plus intéressant
de l'histoire de la pellagre en Espagne, il y avait déjà trois
ans que ce point était le plus lumineux de l'histoire générale
de la pellagre, sans cesser d'en être le plus intéressant. Mais
M. Roussel ne pouvait pas soupçonner qu'on trouvait le dernier mot de l'endémie des Castilles et de l'Aragon, la découverte de la cause et du remède d'une maladie jusqu'alors
réputée incurable et le dernier chapitre de l'histoire de la
pellagre, dans les mémoires inédits que je publie aujourd'hui
avec la plus scrupuleuse exactitude, au risque d'en rendre la
lecture fastidieuse.

---

(1) No es la pelagra la enfermedad conocida, en España, con el nombre
de *flema salada.*

Etat des Pellagreux en Lombardie à la fin de l'année 1856.

PROVINCES	POPULATION des LOCALITÉS atteintes	PELLAGREUX		AGE DES PELLAGREUX							ÉTAIENT			ÉTAIENT		AVAIENT LES FACULTÉS mentales		Suicidés		MORTS NATURELLES par la pellagre	MORTALITÉ sur 100 pellagreux
		hommes	femmes	de 1 an à 10 ans	de 10 ans à 20 ans	de 20 ans à 30 ans	de 30 ans à 40 ans	de 40 ans à 50 ans	de 50 ans à 60 ans	au-dessus de 60 ans	paysans	ouvriers	exerçant divers métiers	curables	incurables	encore intactes	altérées	hommes	femmes		
Milan	483,278	2,959	2,738	340	628	811	1,064	1,174	997	688	5,528	114	55	4,773	924	5,266	431	17	11	405	7.60
Bergame	391,259	5,039	3,483	356	974	1,401	1,919	1,704	1,367	801	7,542	669	311	6,610	1,912	7,734	788	14	4	550	6.67
Brescia	818,322	6,419	4,505	401	919	1,628	2,731	2,669	1,589	987	9,167	1,285	472	9,099	1,825	10,032	892	6	8	661	6.18
Mantoue	263,829	1,229	966	56	155	282	514	576	394	218	1,913	209	73	1,593	602	1,842	353	11	5	275	13.26
Crémone	163,832	3,568	3,041	249	380	694	1,588	1,944	1,828	431	6,062	242	305	4,550	2,059	6,156	458	11	17	199	8.43
Côme	402,893	1,048	985	90	200	347	407	437	332	215	1,968	38	27	1,585	443	1,778	255	2	»	141	7.05
Lodi	224,351	472	404	33	73	123	174	240	150	83	685	73	118	706	170	807	69	1	»	55	6.39
Pavie	143,931	393	361	25	77	101	173	183	138	57	708	27	19	545	209	611	143	2	1	88	12.07
Sondrio	68,941	18	5	1	1	3	6	3	2	7	23	»	»	15	8	17	6	»	»	11	47.83
	2,470,636	21,140	16,488	1,551	3,402	5,390	8,576	8,930	6,292	3,487	33,596	2,652	1,380	29,476	8,152	34.238	3,390	64	46	2,385	6.63
		37,628		37,628							37,628			37,628		37,628		110			

A la fin de l'année 1856, il restait dans les divers hôpitaux et asiles de la Lombardie 1149 pellagreux, dont 704 moururent et trois se suicidèrent. Le nombre total des malades s'éleva à 38,777, et celui des morts à 3,202, soit 8.26 pour cent.

Les suicides par submersion furent au nombre de 48, dont 32 hommes et 16 femmes.

APPENDICE [1]

PELLAGRE DES ANIMAUX.

On conçoit que les animaux nourris pendant un certain temps, avec du maïs altéré par le verdet ou avec du froment carié, présentent les symptômes de l'empoisonnement entophytique, mais il était réservé à M. le docteur Salas d'observer les principaux caractères de la pellagre sur les chevaux du Mexique et de confirmer de nouveau la doctrine du verdet. Voici quelques passages de la thèse remarquable que notre jeune confrère a soutenue à Paris, le 18 mars 1863, sur l'étiologie et la prophylaxie de la pellagre :

« Mais c'est l'Amérique qui nous fournira des faits irrécusables sous le rapport de la spécificité du verdet ; c'est là que le projet philanthropique d'expérience de M. Costallat se trouve naturellement vérifié sur plus de 20 millions d'individus ; car, dans tout le sud de l'Amérique à partir du Texas, le maïs fait la base de l'alimentation, non-seulement des hommes, mais encore des animaux. Nous y verrons le verdet produire chez ces derniers des désordres que l'on pourrait considérer, à juste titre, comme la pellagre, et le maïs sain y être non-seulement d'une grande innocuité, mais d'une précieuse utilité comme aliment exclusif ; car il suffit à lui seul au développement des organes et à l'accomplissement régulier de leurs fonctions.

» Nos observations personnelles ayant d'ailleurs pour point

---

(1) Voir ci-contre l'*Etat des Pellagreux en Lombardie.*

d'appui celles de plusieurs observateurs sérieux et dignes de foi, entre autres de M. Martinez de Rio, ex-professeur de l'école de médecine de Mexico, actuellement résidant à Milan, où il a pu observer la pellagre, nous permettent d'affirmer que cette maladie est inconnue au Mexique. Or, il est curieux de remarquer que, dans ce pays, les procédés de conservation et le nombre infini de préparations auxquelles on soumet le maïs avant de le manger n'ont aucune analogie avec le mode de conservation et de préparation de cette même céréale dans les pays de l'Europe où cette maladie existe; au contraire, ces procédés ressemblent à ceux en usage dans les contrées où elle est inconnue. Dans la Bourgogne et la Franche-Comté, par exemple, on passe le maïs au four immédiatement après la récolte, et c'est ce maïs, complétement desséché par l'action de la chaleur, et par conséquent incapable de donner naissance à aucun produit végétal, que l'on emploie pour la nourriture. Au Mexique et dans toute l'Amérique, on égraine le maïs immédiatement après la récolte et on expose au soleil les grains séparés de leurs épis jusqu'à ce que la dessiccation soit très avancée; puis on les garde dans des greniers bien fermés, pour les employer ensuite aux usages domestiques.

Cette dessiccation par le soleil n'est pas toujours complète. Ainsi, dans les années pluvieuses, le maïs qui est en contact avec le sol humide, ou avec le toit des greniers mal fermés, qui laissent pénétrer l'eau pluviale, est assez souvent affecté de verdet, et on en trouve de grandes quantités, surtout à la fin de l'hiver, dans le nord du Mexique. Mais la partie du maïs ainsi altérée est réservée d'ordinaire à la nourriture des chevaux; d'ailleurs, s'il se mêlait une faible partie de ce maïs altéré à celui qui sert d'aliment aux indigènes, le champignon vénéneux serait détruit, à coup sûr, par les préparations auxquelles on soumet le maïs avant de le manger. Ces préparations consistent dans la torréfaction du maïs, si l'on veut le mettre en farine, comme en Bourgogne, ou bien dans la cuisson, prolongée pendant douze heures, des grains du maïs dans une eau saturée d'un alcali, tel que la chaux, la potasse et la soude (tequesquite), si l'on veut faire de la bouillie ou tout autre aliment.

» Une chaleur au-dessus de 100 degrés et l'action d'un alcali sont bien des conditions capables de s'opposer à toute végétation parasitaire, ou de détruire le parasite s'il a été déjà formé.

» Nous ne devons pas nous étonner si, malgré l'alimentation exclusive par le maïs, la pellagre n'existe pas dans ce pays, pas plus qu'en Bourgogne : dans ces deux contrées, en effet, les mêmes procédés produisent les mêmes résultats ; dans ces deux contrées, on mange le maïs, en ayant soin de prévenir, ou de détruire le poison végétal qui altère cette céréale.

» On ne pourra pas nous dire, comme réponse à de tels arguments, que la misère n'existe pas au Mexique ; car, dans ce pays, l'indigence a pour abri le creux des rochers à côté de l'or en filons, et il suffit de se rappeler que, pendant la domination espagnole, on a hésité à considérer les indigènes comme des êtres raisonnables, jusqu'à ce point de se croire autorisé à leur faire subir les conditions de l'existence la plus rabaissée dans l'échelle des êtres humains ; la plus grande misère, la plus complète nudité, les infractions les plus flagrantes aux règles de l'hygiène, tel était le sort réservé aux Indiens par leurs dominateurs. Malgré tout cela, malgré l'alimentation exclusive par le maïs, point de pellagre dans le Nouveau-Monde ; malgré le soleil brûlant qui frappe non-seulement les pieds et les mains des Indiens, mais tout leur corps, pas d'érythème dans ce pays!! Et que l'on ne tire pas prétexte des influences secrètes et des conditions climatériques de ces pays ; car on sait bien que, depuis le climat brûlant jusqu'au climat glacé, toutes les températures intermédiaires s'y observent.

» Le maïs, préservé du verdet par la chaleur, est un bon

aliment, et ne produit aucune maladie, nous l'avons prouvé. Constatons maintenant qu'au contraire le maïs affecté du verdet produit en Amérique, aussi bien qu'en Europe, une maladie spéciale.

« Balardini a constaté l'influence pernicieuse du maïs affecté de verdet sur les animaux. Roussel raconte qu'on a été obligé d'abattre plus de 60 chevaux de la poste de Pau, qui présentaient des vertiges et des contractions spasmodiques à la suite de l'alimentation par le maïs; et Acosta a fait remarquer que, dans l'Amérique, lorsqu'on n'a pas la précaution de faire boire de l'eau aux chevaux, avant de leur donner du maïs, ils courent risque d'enfler. Or, on sait, au nord du Mexique, où l'on nourrit les chevaux avec le maïs, qu'il ne faut pas leur en donner la même quantité en hiver que pendant les chaleurs; aussi, à l'entrée du printemps, on est dans l'habitude de diminuer leur ration ordinaire de maïs et de la remplacer par le son, si l'on ne veut pas que les chevaux soient affectés d'une maladie spéciale que l'on désigne en ce pays en disant que le cheval est *emmaïsado*.

» Voici en quoi consiste cette maladie, d'après notre observation propre et d'après les renseignements qui nous ont été fournis par beaucoup de personnes de ce pays, étrangères à l'art de guérir, et par conséquent n'ayant aucune idée préconçue sur cette question. Les premiers symptômes que présentent les chevaux affectés de cette maladie s'observent au commencement des chaleurs, et consistent dans une paresse inaccoutumée et une tristesse bizarre facile à remarquer, même chez ces animaux, qui se séparent volontiers de tous les autres et restent presque toujours isolés et couchés; ils deviennent inaptes à la marche, trébuchant à chaque pas et tombant souvent : on remarque en eux une inflammation de la muqueuse buccale, qui est immédiatement suivie d'une diarrhée intarissable et plus abondante de jour en jour. Dès ce moment, la maladie est confirmée et le cheval est voué à une mort certaine; il ne se relève plus et présente un état d'abattement et de relâchement remarquable de tous les muscles, interrompu par des agitations et des contractions spasmodiques. L'animal maigrit rapidement et finit par succomber au bout d'un temps variable, suivant les progrès de la diarrhée et du marasme.

» Il serait peut-être téméraire d'affirmer que la maladie que nous venons de décrire est la pellagre ; mais ce que l'on peut assurer, ce qui est un fait vulgaire et connu de tout le monde, au nord du Mexique, c'est que cette maladie est due à l'usage immodéré du maïs pendant les chaleurs ; or nous avons dit ailleurs que la dessiccation de cette céréale par le soleil n'étant pas toujours suffisante, il se trouve, dans les années pluvieuses surtout, une certaine quantité de maïs gâté à la fin de chaque hiver, et que c'est ce maïs qu'on réserve pour la nourriture des chevaux, qui commencent à manger au printemps, pour être attaqués un peu plus tard d'une maladie analogue à la pellagre par sa cause et ses symptômes, et qu'on pourrait considérer, à bon droit, comme identique à celle-ci.

» On n'argumentera pas, dans ce cas non plus, de l'insuffisance de l'alimentation ; car, en outre du maïs altéré, on donne aux chevaux de l'avoine et du son à discrétion, de manière que c'est bien à un véritable empoisonnement par le verdet qu'ils succombent.

» Le verdet est, par conséquent, un véritable poison pour l'homme comme pour les animaux, en Europe comme en Amérique.

» Nous ne décrirons pas toutes les préparations que nous venons d'énumérer ; mais il y en a trois qui sont d'un usage journalier au Mexique, et que, pour leur économie et leur salubrité, nous serions heureux de voir adopter en France. C'est seulement sur ces trois préparations, curieuses et intéressantes à plusieurs points de vue, que nous donnerons quelques détails.

» D'abord la galette (tortilla), qui fait la base des quatre

repas, du mexicain, joue dans ce pays le même rôle que le
pain en France; elle paraît sur la table du riche comme sur
celle du pauvre; avec cette différence pourtant, que sur celle
du pauvre elle se trouve seule ou accompagnée d'une bouillie
ejusdem farinæ.

» Pour la préparer on prend un pot de terre à parois très
épaisses, on le remplit d'eau jusqu'à la moitié et l'on ajoute
à cette eau assez de chaux éteinte pour former une bouillie
épaisse. Le maïs en grain est alors mêlé à cette bouillie; on
expose le tout au feu et on l'abandonne à l'action de la chaleur
pendant dix-huit heures. Au bout de ce temps seulement le
maïs est suffisamment cuit et assez ramolli pour se laisser
moudre et façonner. Après l'avoir séparé de l'eau de chaux,
qui est devenue jaune, et après l'avoir lavé parfaitement à
l'eau pure, on le met sur une pierre de granit dont la face
supérieure, qui est naturellement parsemée d'aspérités,
forme un plan incliné et présente un parallélogramme de 50
centimètres de longueur; sur cette pierre, on fait glisser à la
main un cylindre de la même matière. Les grains de maïs,
sous l'influence de cette double pression et du frottement,
sont réduits en une pâte ductile et glutineuse dont on fait
une galette ronde et très mince, qu'on met à cuire sur une
plaque de fer chauffée, ou même souvent sur une plaque de
terre, en ayant soin de la retourner souvent. Il se forme
alors dans le centre de la pâte un dégagement de gaz qui la
fait boursoufler, et rend la galette aussi légère et aussi savoureuse que le meilleur pain.

» Le maïs en sortant de l'eau de chaux est d'une blancheur
remarquable et d'une mollesse telle qu'on peut aplatir les
grains entre les pulpes des doigts. De là résulte le peu de force
qu'il faut employer pour moudre ces grains, et le peu de
temps que cette opération demande; car, à mesure qu'il s'agit
d'apprêter chaque repas, on se met à l'œuvre et quelques
instants suffisent. Chaque famille prépare ainsi et graduelle-
ment sa provision de pain frais. Aussi l'espèce de moulin

primitif (metate) destiné à cet usage est un ustensile nécessaire à chaque ménage.

» Cette même masse, avec laquelle on fait les galettes, plus
remoulue cependant, est traitée par l'eau, à laquelle elle
transmet tous ses principes nutritifs solubles. On fait passer
à travers un tamis cette eau ainsi chargée des principes
alimentaires du maïs, on la soumet ensuite à l'ébullition jusqu'à ce que le liquide ait pris une consistance sirupeuse et on
obtient de cette manière la bouillie de maïs généralement
employée au Méxique, où on la connaît sous le nom d'*atole*.

» Il serait trop long d'énumérer les différents usages de
cette bouillie; nous dirons seulement qu'elle est l'aliment
de l'enfant qui vient de quitter le sein maternel, du pauvre
malade, du convalescent, et même de l'homme qui jouit
d'une santé florissante.

» Le troisième procédé en usage au Mexique trouve son
analogue en Bourgogne; il est aussi simple que ceux qui
viennent d'être décrits et se présente également sous les
conditions d'un aliment agréable et de facile digestion. Voici
en quoi il consiste : Après avoir torréfié le maïs, on le réduit
en poudre, et dans cet état l'opération n'offre aucune difficulté; on mêle une quantité variable de cette poudre avec
de l'eau ou du lait, on fait cuire ce mélange convenablement
assaisonné, jusqu'à ce qu'il ait la consistance voulue, et l'on
obtient ainsi ce qu'on nomme atole de pinole au Mexique, et
gaudes en Bourgogne.

» Nous avons répété ces procédés pour nous assurer de
l'effet que l'eau de chaux produit sur le maïs, et nous avons
constaté que d'abord cette substance, en retardant de
beaucoup l'ébullition du liquide, permet de faire agir sur
le maïs une température plus élevée que la température de
l'ébullition de l'eau pure; que soit par l'action de cette
température ou par celle de la chaux, l'épisperme dur et
coriace qui recouvre les grains du maïs est détruit en totalité.
Nous l'avons cherché inutilement sur du maïs soumis à une

cuisson prolongée pendant douze heures; tandis que du maïs cuit dans l'eau pure pendant le même laps de temps présentait un épisperme intact, mais crevé dans la partie opposée au germe et adhérent encore au point correspondant à celui-ci et facile à détacher. »

Nota. — Ici devrait se trouver l'histoire botanique du verdet; mais j'ai le regret d'annoncer que le docteur Léveillé, qui l'avait commencée à la fin de 1848, ne l'a pas encore terminée.

TABLE.

Chapitre IV.

Appendice.

Bagnères, imprimerie D.-L. Péré, successeur de Dossun.